Mostra-me
O TEU ROSTO

Coleção Em busca de Deus

- *A rosa e o fogo* – Inácio Larrañaga
- *Cristo minha vida* – Clarence Enzler
- *Mostra-me o teu rosto* – Inácio Larrañaga
- *O irmão de Assis* – Inácio Larrañaga
- *O silêncio de Maria* – Inácio Larrañaga
- *Suba comigo* – Inácio Larrañaga

Inácio Larrañaga

Mostra-me
O TEU ROSTO
Caminho para a intimidade com Deus

Paulinas

Dados Internacionais de Catalogação na Publicação (CIP)
(Câmara Brasileira do Livro, SP, Brasil)

Larrañaga, Inácio
  Mostra-me o teu rosto : caminho para a intimidade com Deus / Inácio Larrañaga ; tradução José Carlos Correia Pedroso. – 29. ed. – São Paulo : Paulinas, 2011.

  Título original: Muestrame tu rostro.
  ISBN 978-85-356-2012-2

  1. Deus - Adoração e amor 2. Espiritualidade 3. Oração 4. Presença de Deus 5. Vida espiritual - Cristianismo I. Título.

10-11508   CDD-242.2

Índice para catálogo sistemático:
1. Meditações : Vida cristã : Cristianismo 242.2

Título original da obra: *Muestra-me tu rostro*
© Cefepal - Chile, 1979

Direção-geral: Flávia Reginatto
Editora responsável: Andréia Schweitzer
Tradução: Fr. José Carlos Correa Pedroso
Coordenação de revisão: Marina Mendonça
Revisão: Camila Grande/Ruth Mitzuie Kluska
Direção de arte: Irma Cipriani
Assistente de arte: Sandra Braga
Gerente de produção: Felício Calegaro Neto
Projeto gráfico: Telma Custódio
Capa e diagramação: Manuel Rebelato Miramontes

29ª edição – 2011
9ª reimpressão – 2024

Nenhuma parte desta obra poderá ser reproduzida ou transmitida por qualquer forma e/ou quaisquer meios (eletrônico ou mecânico, incluindo fotocópia e gravação) ou arquivada em qualquer sistema ou banco de dados sem permissão escrita da Editora. Direitos reservados.

Cadastre-se e receba nossas informações
paulinas.com.br
Telemarketing e SAC: 0800-7010081

Paulinas
Rua Dona Inácia Uchoa, 62
04110-020 – São Paulo – SP (Brasil)
📞 (11) 2125-3500
✉ editora@paulinas.com.br

© Pia Sociedade Filhas de São Paulo – São Paulo, 1975

PRESENÇA ESCONDIDA

Não estás; não se vê teu rosto.
Estás. Teus raios se projetam em mil direções.
És a Presença escondida.

Ó Presença sempre obscura e sempre clara!
Ó Mistério fascinante para o qual convergem todas
as aspirações!
Ó Vinho embriagador que satisfazes todos os desejos!
Ó Infinito insondável que aquietas todas as quimeras!

És o Mais Além e o Mais Aquém de tudo.
Estás substancialmente presente em todo o meu ser.
Tu me comunicas a existência e a consistência.
Tu me penetras, me envolves e me amas.
Estás em torno de mim e dentro de mim.
Com tua Presença ativa alcanças até as mais remotas
e profundas zonas de minha intimidade.
És a Alma de minha alma, a Vida de minha vida,
mais Eu que eu mesmo; a realidade total e totalizante
dentro da qual estou submergido.
Com tua força vivificante penetras tudo quanto
sou e tenho.

Toma-me todo inteiro! O Tudo de meu todo!
E faze de mim uma viva transparência de teu ser e de teu amor.

Ó Pai queridíssimo!

Inácio Larrañaga

Se não falas,
vou encher o meu coração do teu silêncio
e guardá-lo comigo.
E vou esperar imóvel,
como a noite, sentinela estrelada,
cabeça pacientemente inclinada.
A manhã há de chegar com certeza
e a sombra há de desvanecer-se.

E a tua voz se há de derramar
por todo o céu
em arroios de ouro.
E as tuas palavras hão de voar
cantando
de cada um dos meus ninhos.
E as tuas melodias hão de rebentar em flores
por entre as minhas profusas ramagens.

R. Tagore

APRESENTAÇÃO

Escrevi *Mostra-me o teu rosto* em 1974. Foi a primeira redação. O livro, publicado por Paulinas Editora, teve várias edições.

Em 1979 fiz uma segunda redação. Em que consistiu esta reelaboração? Retirei todo o material que se referia exclusivamente à vida religiosa, procurando aprofundar, simplificar e completar os assuntos que poderiam ser de proveito para todo cristão. Deste modo, o livro original resultou reformulado em suas quatro quintas partes. Comparada com a primeira, esta segunda redação de *Mostra-me o teu rosto* resultou num livro novo, embora com o mesmo título. Foi por isso que achamos conveniente extrair toda a matéria nova desta reelaboração e editá--la, para o Brasil, com outro título: *Adorar em espírito e verdade.*

Entretanto, em vista da grande procura que ultimamente tem tido o livro *Mostra-me o teu rosto*, decidimos editá-lo conforme a segunda redação, deixando de editar, daqui por diante, o *Adorar em espírito e verdade.*

Fique, portanto, bem claro:

a) este *Mostra-me teu rosto* é completamente diferente do antigo;

b) o livro *Adorar em espírito e verdade* está todo contido no presente volume.

O autor

CONTEXTO

*"O cristão de amanhã será um místico,
alguém que experimentou alguma coisa,
ou não será nada."*
Karl Rahner

*"O mundo de hoje precisa, mais do que nunca,
voltar para a contemplação... O verdadeiro
profeta da Igreja do futuro será aquele que vier do
"deserto", como Moisés, Elias, o Batista, Paulo e
principalmente Jesus, carregados de mística e com
aquele brilho especial que só possuem os homens
acostumados a falar com Deus face a face."*
A. Hortelano

Muitos irmãos temem que o processo de secularização acabe minando as bases da fé, e que, por conseguinte, a vida com Deus vá se inibindo em uma decantação progressiva até acabar de uma vez.

Minha impressão pessoal é justamente contrária. A secularização poderia ser equiparada à noite escura dos sentidos. É a purificação mais radical da imagem de Deus. Justamente por isso, o crente da era secularizada poderá viver, finalmente, a fé pura e despida, sem falsos apoios.

A imagem de Deus esteve muitas vezes revestida de uma multiplicidade de roupagens: nossos medos e inseguranças, nossos interesses e sistemas, nossas ambições, incapacidades, ignorâncias e limitações. Para muitos, Deus era a solução mágica para todas as coisas impossíveis, a explicação de tudo que ignorávamos, o refúgio dos derrotados e incapazes.

Nessas muletas apoiavam-se a fé e a "religiosidade" de muitos cristãos.

A desmistificação está demolindo todo esse conjunto de imagens, retirando essas roupagens e, graças à secularização, começa a aparecer o verdadeiro Rosto do Deus da Bíblia: um Deus que interpela, incomoda e desafia. Não responde, pergunta. Não soluciona, põe em conflito. Não facilita, dificulta. Não explica, complica. Não gera meninos, faz adultos.

O Deus da Bíblia é um Deus Libertador, Aquele que nos arranca de nossas inseguranças, ignorâncias e injustiças, não fugindo delas, mas enfrentando-as e superando-as.

Deus não é o "seio materno" que liberta (aliena) os homens dos riscos e dificuldades da vida. Ao contrário, assim que são criados no paraíso, Deus lhes corta rapidamente o cordão umbilical, deixa-os sozinhos na luta aberta da liberdade e da independência, e lhes diz: Agora sejam adultos, levem adiante o universo e sejam senhores da Terra (cf. Gn 1,26). Portanto, o verdadeiro Deus não é alienador, mas libertador, e torna os homens e os povos adultos, maduros e livres.

Por isso, voltamos a insistir em que o processo de secularização é uma verdadeira noite escura dos sentidos. Mais adiante, a fé e a vida com Deus serão uma aventura cheia de riscos.

A aventura da fé consistirá em queimar os navios, deixar de lado todas as regras do senso comum e todos os cálculos de probabilidade como Abraão, esquecer raciocínios, explicações e demonstrações, desprender-se de todas as trilhas razoáveis e, de pés e mãos amarrados, dar o grande salto no vácuo da noite escura, abandonando--se no absoluto *Outro*. *Só Deus*, na fé pura e escura.

O contemplador do futuro deverá internar-se nas regiões insondáveis do mistério de Deus sem guias, sem apoios, sem luz. Experimentará que Deus é a Outra Margem, medirá, ao mesmo tempo, sua distância e sua proximidade. Como resultado disso, o ser humano chegará a sentir a vertigem de Deus, que é um misto de fascínio, espanto, aniquilamento e assombro.

Deverá correr o risco de submergir nesse oceano sem fundo, onde se ocultam perigosos desafios, de que o contemplador não poderá escapar sem olhar de frente, aceitando suas exigências, que queimam.

Os homens que retornarem dessa aventura serão figuras trabalhadas a cinzel pela pureza, pela força e pelo fogo. Terão sido purificados pela proximidade arrebatadora de Deus, e sobre eles aparecerá clara e deslumbrante a imagem de seu Filho. Serão testemunhas e transparência de Deus.

* * *

Existem, em nossos dias, fatos que são verdadeiros pontos de interrogação. Que significa, por exemplo, o consumo alarmante de narcóticos, de LSD...? Em um fenômeno tão complexo há, certamente, fuga, alienação, hedonismo. Mas, segundo psicólogos eminentes, há também uma forte, embora obscura, aspiração para alguma coisa transcendente, uma busca instintiva de sensações intensas que só se alcançam nos altos estados contemplativos.

Harvey Cox tem os hippies em consideração, e denomina-os "neomísticos". De acordo com a análise sociopsicológica desse teólogo batista, esses grupos desejam satisfazer uma profunda e ancestral aspiração humana para experimentar, de maneira imediata, o sagrado e o transcendente.

Outro grupo que vive com força veemente a experiência religiosa é o movimento chamado "Jesus People" (Povo de Jesus). Seus membros são numerosos e estão muito espalhados. É um grupo que se separou dos hippies. São jovens que não encontraram nos narcóticos o que procuravam: dessa frustração emergiu – por uma dessas reações misteriosas – a chama de uma ardente adesão a Jesus Cristo. Sua oração é um encontro pessoal com Jesus, sua vida é uma apaixonada aclamação e proclamação de Jesus, seu hedonismo mudou-se em ascese libertadora.

Desenvolveu-se, em nossas cidades ocidentais, um movimento surpreendente de inspiração orientalista. São grupos de pessoas de todas as condições que, por meio de métodos psicossomáticos, procuram chegar a fortes experiências religiosas. Improvisam em qualquer lugar um clube, organizam sessões formais ou informais, periódicas ou esporádicas, em que se exercitam na concentração das faculdades interiores para uma meditação de recolhimento total. De repente, descobrimos que na casa vizinha funciona um desses grupos.

Na minha opinião, para o ocidente cristão trata-se de um fenômeno de substituição: como entre os cristãos não se promovem nem a preocupação nem o cultivo da oração contemplativa, *gurus* importados da Índia ou do Paquistão ocupam as nossas cidades e, ao redor deles, concentram-se milhares de jovens para – mediante ginástica e mecanismos mentais – chegar ao *contato* com o Deus transcendente. Conseguiram até elaborar uma doutrina sincrética com métodos orientais e teologia cristã.

A Sociedade Internacional de Meditação do hindu Maharishi Mahesh já conta com 250 mil entusiasmados adeptos que se exercitam incessantemente na meditação transcendental ao redor de algum *guru*. Milhares de universitários, rapazes e moças, dirigem-se aos *ashams* hindus ou fecham-se nos mosteiros dos zen-budistas para iniciarem-se e progredirem nas fortes experiências extrassensoriais ou no relacionamento imediato com Deus.

Esses fatos estão demonstrando que a técnica, a sociedade de consumo e o materialismo geral não são capazes de sufocar as fontes profundas do ser humano, de onde emana a eterna e inextinguível sede de Deus.

* * *

O que está acontecendo na própria Igreja? Não há bispo, cúria geral ou alto responsável de instituto eclesiástico que, ao se dirigir a seus membros, não clame pela restauração do espírito de oração e da própria oração. Por outro lado, não é segredo para ninguém que entre os irmãos e irmãs a vida de fé e de oração, neste último decênio, tinha descido a seus níveis mais baixos.

Entretanto, das profundezas dessa depressão começou a surgir, nos últimos anos, o movimento para a vitalização da vida com Deus, com uma força poucas vezes igualada na história da Igreja. Para os responsáveis dos institutos, a recuperação do sentido de Deus é a primeira inquietação e a primeira esperança. Percebem-se, por toda parte, sinais alentadores.

O movimento de "oração carismática" estendeu-se da Califórnia à Patagônia como o furacão impetuoso da manhã de Pentecostes. Os que se destacam como profetas condutores do movimento liberacionista, na América Latina, são homens que descem da "montanha" da alta contemplação: Helder Câmara, Artur Paoli, Ernesto Cardenal, Leônidas Proano e outros menos conhecidos, mas não menos notáveis.

Ensaiam-se mil formas, estilos e métodos para avançar na experiência de Deus: as "casas de oração", os "desertos", os "eremitérios"... Na Argélia, sobre o deserto brilhante e ardente, levanta-se o oásis de Beni Abbés, por onde passam milhares de contempladores solitários vindos de todas as partes do mundo, atraídos pela lembrança de Charles de Foucauld.

As "tebaidas" começam a se povoar de novo, não por pessoas que fogem do mundo, mas por pessoas que lutam no mundo e pelo mundo, que vêm retemperar-se resistindo, sem pestanejar, ao olhar de Deus.

Por que se congregariam milhares de jovens de todo o mundo em Taizé para rezar? Entre eles há desde boêmios até dirigentes de sindicatos, desde especialistas em alta tecnologia até mineiros. Todos procuram a experimentação do mistério de Deus. Arrasta-os o *peso* de Deus.

Essa quantidade impressionante de modalidades, experiências, projetos, ensaios para promover a experiência de Deus na Igreja indica que o Espírito Santo está suscitando, talvez hoje mais do que nunca, uma aspiração incontida para elevados estados de contemplação, e que está abrindo a grande marcha dos crentes para as regiões mais profundas de intercomunicação com o Senhor Deus.

Tudo nos faz pressentir que vivemos em vésperas de uma grande era contemplativa.

Neste contexto e para este contexto, e vislumbrando esse futuro, escrevi este livro. Quer oferecer uma colaboração àqueles que desejam iniciar ou recuperar a relação com Deus, e àqueles outros que anelam avançar, mar adentro, no mistério insondável do Deus vivo.

Capítulo I

REFLEXÕES SOBRE CERTAS "CONSTANTES" DA ORAÇÃO

Quando falamos, aqui, de *orar*, entendemos um relacionamento afetuoso a sós com o Deus que sabemos que nos ama; um avançar na intersubjetividade íntima e profunda, *em* e *com* o Senhor que se nos oferece como companheiro de vida.

QUANTO MAIS SE ORA, MAIS SE QUER ORAR

Toda potência viva é expansiva. O homem, em nível simplesmente humano, tem uma tensão interior que o faz aspirar por distâncias inalcançáveis; qualquer meta atingida deixa-o, como um arco tenso, sempre insatisfeito. Que é nostalgia? Uma busca interminável de uma plenitude que nunca chegará.

No meio da criação, o *homem* aparece como um ser estranho, como um "caso de emergência"; possui faculdades que foram estruturadas para esta ou aquela função: cumprida a função, conseguido o objetivo, sente que algo lhe falta. Pensemos, por exemplo, no apetite sexual ou na sede de riqueza; satisfeitas as exigências, o *homem* continua "faminto" e, depois de cada satisfação obtida, se lança em busca de novas riquezas ou novas sensações.

Em nível espiritual, o *homem* é, segundo o pensamento de Santo Agostinho, como uma seta disparada para um universo (Deus) que, como centro de gravidade, exerce uma atração irresistível, e quanto mais se aproxima desse universo, maior velocidade adquire. Quanto mais se ama a Deus, mais se quer amá-lo. Quanto mais conversamos com ele, mais vontade temos de com ele conversar. A atração para ele está na proporção da proximidade com ele.

Sem percebê-lo, sob todas as nossas insatisfações, corre uma torrente que se dirige para o Um, o único Um capaz de concentrar as forças do *homem* e de acalmar suas quimeras.

> Ó Deus, tu és o meu Deus, por ti madrugo, minha alma tem sede de ti, minha carne anseia por ti como terra ressequida, esgotada, sem água (Sl 62).

Existe a lei do *treinamento*, válida para os esportes atléticos e válida também para os esportes do espírito. Quanto mais treinamento, mais e melhores resultados. Se me dizem, de repente, para fazer uma caminhada de 30 quilômetros a pé, hoje eu não seria capaz. Mas se treinar diariamente, fazendo longas caminhadas, depois de alguns meses não teria dificuldade alguma em percorrer os 30 quilômetros. Como se explica isso? Tinha capacidades atléticas que estavam adormecidas, talvez atrofiadas, por falta de ativação. Postas em ação, despertaram e se desenvolveram.

Do mesmo modo, temos na alma capacidades que podem estar eventualmente adormecidas, por falta de *treinamento*. Deus pôs no fundo de nossa vida um germe que é um dom-potência, capaz de uma floração admirável. É uma aspiração profunda e filial que nos faz suspirar e aspirar por Deus Pai. Se colocarmos em movimento essa aspiração, na medida em que "conhece" seu objeto e se aproxima do seu centro, mais intensa será a aspiração, maior o *atrativo* para seu objeto e maior a velocidade.

Está comprovado pela experiência diária: quem quer que tenha tratado intimamente com o Senhor, a sós, por alguns dias, quando volta à vida ordinária sente um novo *atrativo* que o arrastará ao encontro com Deus em maior intensidade. As orações e os sacramentos serão um festim, porque então se sentirá "cheio" de Deus. Deste modo, vai se tornando mais intenso o *atrativo* de Deus, que nos sustentará com maior força para ele, enquanto o mundo e a vida ir-se-ão "povoando" de Deus.

Tudo isso está comprovado na Bíblia. O autor dos Salmos sente-se sequioso de Deus, como uma terra ressequida, como uma corça que corre para a fonte de água fresca (Sl 41). Levanta no meio da noite, como um amante, para "estar" com o Amado (Sl 118). Jesus "rouba" as horas de descanso e de sono e vai para os montes para "passar" a noite com o Pai.

Guardado pelos SS, suspeitando sua morte próxima, escrevia Bonhoeffer a um amigo: "No dia de meu enterro, gostaria que me cantassem: Uma só coisa peço ao Senhor, habitar na casa do Senhor todos os dias de minha vida".[1]

Cumpre-se a lei: quanto maior a proximidade, maior a velocidade, de acordo com a lei física da atração das massas. Aumenta a atração na medida em que é maior o volume das massas e maior a proximidade delas.

* * *

Poucas coisas nos farão sentir o realismo dessas leis como a descrição feita pelo grande novelista Nikos Kazantzakis:

> Enquanto eu refletia, Francisco de Assis apareceu na entrada da gruta. Resplandecia como uma brasa ardente. A oração tinha devastado ainda mais o seu corpo, mas o que restava dele brilhava como uma chama. Uma estranha felicidade irradiava de seu rosto. Estendeu-me a mão e disse-me:
> – Bem, irmão Leão, estás disposto a escutar o que te vou dizer?
> Seus olhos brilhavam como se tivessem febre, e neles podia eu distinguir anjos e visões que enchiam o seu olhar. Senti medo. Teria perdido a razão? Adivinhando meu temor, Francisco se aproximou para dizer-me:
> – Até agora foram usados muitos nomes para definir Deus. Esta noite, descobri outros. Deus é Abismo insondável, insaciável, implacável, infatigável, insatisfeito... Aquele que nunca disse para a alma: "Agora basta!".
> Aproximou-se mais ainda, e, como se estivesse transportado a outros mundos, acrescentou com voz emocionada:

---

[1] BONHOEFFER, Dietrich. *Resistencia y sumision*. Barcelona: Ariel, 1971. p. 119.

– *Nunca Bastante!* – gritou. Não é demais, Irmão Leão, isso que Deus me gritou durante estes três dias, lá no interior da gruta: *Nunca Bastante!* O pobre homem feito de barro reage, protesta: "Não posso mais!". E Deus responde: "Ainda podes!". O homem geme: "Vou estourar!". "Estoura!", responde Deus.

A voz de Francisco enrouqueceu. Senti pena dele. Temi que cometesse qualquer disparate. Irritado, eu lhe disse:

– O que quer Deus, agora, de ti? Não beijaste o leproso, que tanta repugnância te causava?

– Não é suficiente!

– Não abandonaste tua mãe, Madonna Pica, a mulher mais bondosa do mundo?

– Não é suficiente!

– Não te expuseste ao ridículo, entregando tuas roupas ao teu pai e ficando nu diante do povo?

– Não é suficiente!

– Mas não és o homem mais pobre do mundo?

– Não é suficiente! Não te esqueças, Irmão Leão: *Deus é o "Nunca Bastante".*[2]

Se somos sinceros, se olhamos sem pestanejar nossa própria história com Deus, experimentamos também que Deus é como um abismo que atrai e cativa e que, quanto mais nos aproximamos, mais nos prende e embriaga.

Ó Trindade eterna! És um mar insondável em que, quanto mais me aprofundo, mais te encontro; e quanto mais te encontro, mais te procuro ainda. De ti jamais se pode dizer: basta! A alma que se sacia em tuas profundezas,

---

[2] KAZANTZAKIS, Nikos. *O pobre de Deus.* São Paulo: Arx, 2002.

te deseja sem cessar, porque sempre está faminta de ti; sempre está desejosa de ver tua luz em tua luz.

Poderá dar-me algo mais do que dar-te a ti mesmo? Tu és o fogo que sempre arde, sem jamais se consumir. Tu és o fogo que consome em si todo o amor próprio da alma. Tu és luz, acima de toda luz.

Tu és o vestido que cobre a nudez, o alimento que alegra com sua doçura a todos que têm fome.

Reveste-me, Trindade eterna, reveste-me de ti mesma para que eu passe esta vida na verdadeira obediência e na luz da fé com que embriagaste a minha alma.[3]

QUANTO MENOS SE REZA, MENOS VONTADE DE REZAR

Existe uma doença chamada *anemia*. É uma enfermidade particularmente perigosa, porque não produz sintomas espetaculares, e a morte chega em silêncio, sem espasmos. Consiste nisto: quanto menos se come, menos apetite; quanto menos apetite, menos se come, e sobrevém a anemia aguda. Assim se abre e se fecha num círculo, o círculo da morte.

Na vida interior também se apresenta o mesmo ciclo. Começa-se por deixar de rezar por razões válidas, pelo menos aparentemente válidas. Em vez de se dirigirem do Uno para o múltiplo *como portadores de Deus*, os irmãos são envolvidos, fechados e presos pelo múltiplo, enchendo seu interior de frio e de dispersão.

Desse modo começa a penetrar no interior do irmão, como uma lenta noite, a dificuldade para concentrar-se no

---

[3] Catarina de Sena, Santa. *Diálogos*, 2.

Uno e Único. À medida que for aumentando a dispersão interior, surgirão novos motivos para abandonar o relacionamento com Deus. O gosto por Deus vai se debilitando na medida em que cresce o gosto pela multiplicidade dispersiva (pessoas, acontecimentos, sensações fortes); começa a declinar a fome de Deus na medida em que aumenta a dificuldade para *estar* alegremente com ele. Entramos na espiral.

Aberto esse círculo, encontramo-nos numa verdadeira descida: enquanto nos vamos desligando do absoluto Outro, vamos sendo *tomados* pelos "outros". Isto é, enquanto o mundo e os homens me chamam e parecem esgotar o sentido da minha vida, Deus é uma palavra que cada vez mais vai se esvaziando de sentido, até que, afinal, acaba parecendo um traste velho que se tem na mão; olhamos, voltamos a olhar e nos perguntamos: para que isto? Já não serve. Fechou-se o círculo, chegou a anemia aguda, entramos na reta final da morte, da *morte de Deus* em nossa vida.

* * *

Existe também a enfermidade chamada *atrofia*. Nesta doença, a morte chega mais silenciosa ainda. Explicarei. Toda vida é explosão, expansão, adaptação, numa palavra: movimento. Esse movimento não é mecânico, mas dinamismo interno. Se essa tensão dinâmica for sufocada ou detida, deixará automaticamente de ser vida. Não é preciso um agente externo e mortífero para provocar um desastre. O ser vivo deixa de ser vivo desde o instante em que deixa de ser *movimento*.

Na vida interior acontece o mesmo. A graça é essencialmente *vida*, e dá à alma a faculdade de reagir dinamicamente aos dons de Deus, de mover-se para ele, conhecê-lo diretamente como ele se conhece, amá-lo como ele se ama. Em resumo, essa *graça-vida* estabelece entre Deus e a alma uma corrente dinâmica, reciprocidade de "conhecimento" e de amor.

Essa graça que é Dom-Potência é, por sua vez, expansiva e fermentadora. É como o fermento que a mulher juntou a três medidas de farinha e levedou toda a massa. Enxertada na natureza humana, essa graça, por ser vida, tende a conquistar novas zonas em nosso interior, interpenetra progressivamente as faculdades, domina as tendências egoístas e, uma vez liberadas, submete-as ao beneplácito divino até que o ser inteiro pertença completamente ao Único e Absoluto. Essa é a breve história de um Dom-Potência, infundido no âmago da alma. Mas, se essa graça deixa de *mover-se*, também deixa de viver. Se essa vida não marchar ascendente e expansivamente, tomará o caminho da morte por efeito da lei de atrofia. Também para a vida do espírito existe a "esclerose". Se os *tecidos* das faculdades interiores não forem submetidos ao exercício, rapidamente sobrevêm a rigidez e o endurecimento. Ao rezar pouco, sentimos que há dificuldade para rezar, que as faculdades interiores estão endurecidas. E, ao sentir a dificuldade, sentimo-nos inclinados a abandonar a oração, pela lei do menor esforço. E esse grande *Dom-Potência* simplesmente se "inibe", sua vitalidade toma o caminho da inação, da imobilidade e da morte.

Tenho a impressão de que entre nossos irmãos e irmãs há quem tenha recebido um *forte apelo* para uma vida profunda com Deus, e de que esse "apelo" está enfraquecendo por uma história que se repete frequentemente: deixaram de rezar, abandonaram os atos de piedade, deram pouco valor aos sacramentos, desleixaram a oração pessoal, disseram que é preciso procurar Deus no ser humano, e deixaram Deus para procurar a Deus... Conheci casos que ainda agora me entristecem: o caso de irmãos e irmãs que outrora "tiveram" uma atração pouco comum pelo Senhor, atração que, bem cultivada, poderia ter proporcionado à sua vida um grande voo. Entretanto, hoje estão frios e por que não dizê-lo: estão tristes.

Efetivamente, vemos muitos e muitas dominados por algo que poderíamos chamar de frustração e não sabem o porquê. Para mim, a explicação é muito clara: lá no fundo de si mesmos, nas muitas camadas abaixo de seu consciente, estão sofrendo aquele *forte apelo* que é feito para alguns e para outros não. Uma vida que poderia ter florescido e ficou só em possibilidade.

QUANTO MAIS SE REZA, DEUS É "MAIS" DEUS EM NÓS

Deus não muda. É definitivamente pleno, portanto, imutável. Está, pois, inalteravelmente presente em nós e não admite diferentes graus de presença. O que realmente muda são nossas relações com ele, conforme nosso grau de fé e amor. A oração torna mais firmes essas relações, produz uma penetração mais entranhável do Eu-Tu, através da experiência afetiva e do conhecimento fruitivo. E a semelhança e a união com ele chegam a ser cada dia mais profundas.

Acontece como um archote dentro de uma sala escura. Quanto mais o archote alumia, melhor se vê a "cara" da sala, a sala se faz "presente" ainda que não tenha mudado.

Podemos provar pela experiência que, quanto mais profunda a oração, mais sentimos a presença de Deus, patente e vivo. E quanto mais resplandece a glória do rosto do Senhor sobre nós (Sl 30), os acontecimentos ficam mais envoltos em novo significado (Sl 35) e a história fica *povoada* por Deus. Numa palavra, o Senhor se faz *vivamente presente* em tudo. Não há sorte ou azar, mas um timoneiro que conduz os fatos com mão firme.

Quando alguém já "esteve" com Deus, ele cada vez mais vai sendo *alguém* por quem e com quem se superam as dificuldades e se vencem as repugnâncias (elas se convertem em doçuras). Assumem-se com alegria os sacrifícios, nasce em toda parte o amor. Quanto mais se "vive" com Deus, mais vontade de estar com ele, e quanto mais se *está* com Deus, Deus é cada vez mais *Alguém*. Abriu-se o círculo da vida.

Na medida em que o contemplador avança nos mistérios de Deus, Deus deixa de ser ideia para converter-se em *Transparência* e começa a ser Liberdade, Humildade, Prazer, Amor e, progressivamente, se transforma em Força irresistível e modificadora, que tira todas as coisas de seus lugares: onde havia violência, põe suavidade; onde havia egoísmo, põe amor e muda por completo "a face" do ser humano.

Se o contemplador continua avançando pelas obscuras rotas do mistério de Deus, forças desconhecidas ativadas pelo Amor empurram a alma para dentro do Deus vivo, por uma rampa totalizadora em que Deus vai sendo cada vez mais o Todo, o Único e o Absoluto, como num torvelinho em que o homem inteiro é apanhado e arrastado enquanto se purifica e as escórias egoístas são queimadas. Deus acaba por transformar o homem contemplador numa tocha que arde, ilumina e resplandece (Jo 5,35). Pensemos em Elias, João Batista, Francisco de Assis, Carlos de Foucauld etc.

* * *

Não podemos dizer: *isso não é para mim*. Tudo depende da altura, ou melhor, da profundidade da contemplação em que nos encontramos. Esses profetas não foram excepcionais por nascimento ou por casualidade, mas porque se entregaram incondicionalmente e se deixaram arrastar cada vez mais para dentro. É verdade que essa entrega exigiu deles um estado interior de alta tensão, apesar de que o escultor de tais figuras foi, é, e será Deus. Não pensemos só nos tempos passados. Hoje em dia, há, entre nós, homens que são viva transparência de Deus.

Mas não termina aqui o processo totalizador. Tanto quanto o contemplador se deixa *tomar*, Deus monopoliza nesse homem a função de bem que contém todas as realidades humanas e tendem a converter-se em Todo o Bem: para esse homem, Deus "vale" por uma esposa carinhosa, por um bom irmão, por um pai solícito, por uma fazenda de mil hectares ou por um palácio fantástico (Mt 12,46-50; Lc 8,19-21; Mc 3,31-34). Numa palavra, Deus se converte na grande recompensa, em um festim, em um banquete (Ex 19,5; Jr 24,7; Ez 37,27). "Tu és o meu Bem" (Sl 15). "Teu nome é meu prazer, cada dia" (Sl 88).

É isso que o salmista expressa admiravelmente quando diz: "Mas tu, Senhor, puseste em meu coração mais alegria do que quando abundam o trigo e o vinho" (Sl 4). O "trigo e o vinho" simbolizam todas as compensações, emoções e prazeres que o coração humano pode desejar. Para o homem contemplador, que "saboreou quão suave é o Senhor" (Sl 33), Deus tem o "sabor" de um vinho embriagador, é mais saboroso que todos os festins da Terra.

Bem o provou Francisco de Assis, o homem mais pobre do mundo. Passava noites inteiras sob o céu estrelado, exclamando, enquanto sentia uma sensação plenificante: "Meu Deus e meu tudo!". Sentia aquilo que os vivedores, os sibaritas e amantes do mundo jamais suspeitariam:

> Saciar-me-ás de prazer em tua presença, de delícias eternas à tua direita (Sl 15).

QUANTO MENOS SE REZA, DEUS É "MENOS" DEUS EM NÓS

Quanto menos se reza, Deus vai se esfumando em um apagado afastamento. Lentamente se vai convertendo em simples "ideia" sem sangue e sem vida. Não "dá *gosto*" es-*tar, tratar, viver* com *uma "ideia"*; também não há estímulo para lutar e superar-se. Assim, Deus vai deixando de ser alguém e termina por diluir-se numa realidade ausente e longínqua.

Uma vez que nos deixamos cair nessa espiral, Deus lentamente deixa de ser recompensa, alegria, delícia e cada vez menos se "conta" com ele. Assim, surge uma crise e já não se recorre a Deus, porque é uma palavra que já "significa" muito pouco para nós. Recorremos a meios psicológicos, ou simplesmente somos arrastados pela crise.

Enquanto se efetua este processo de decantação, o edifício do ser humano é simultaneamente assaltado pela serpente de mil cabeças que se chama *egoísmo*, e renascem os apetites do homem velho, reclamando atenção. Por que isso? Porque quando começa a faltar o centro de gravidade de uma vida e, ao mesmo tempo, se vão abrindo enormes vazios no interior, surgem as compensações humanas como mecanismos de defesa pela lei das mudanças. Com qual finalidade? Para cobrir os vazios e escorar o edifício. O edifício chama-se *sentido da vida*, ou também, *projeto de uma existência*.

Quanto menos se reza, Deus tem menos sentido, e quanto menos sentido tem Deus, menos se recorre a ele. Já não podemos sair da espiral da morte.

Deixando de rezar, Deus acabará por ser "ninguém".

Se deixarmos de rezar por muito tempo, Deus acabará por "morrer", não em si mesmo, porque é substancialmente vivo, eterno e imortal, mas no coração do ser humano. Deus "morreu" como uma planta ressequida que não foi regada.

* * *

Abandonada a fonte da *vida*, chega-se rapidamente a um *ateísmo vital*. Aqueles que chegam a esta situação talvez não se tenham proposto formalmente o problema intelectual da existência de Deus. Continuam sustentando, talvez sentindo também, que a "hipótese" Deus é sempre válida, mas se ajeitaram para viver como se Deus não existisse. Quer dizer, Deus já não é a realidade próxima, concreta e arrebatadora. Já não é aquela força pascal que os *tira* dos recônditos de seus egoísmos para lançá-los num perpétuo "êxodo" para um mundo de liberdade, humildade, amor, comprometimento. Sobretudo, eis o sinal inequívoco da agonia de Deus: o Senhor já não desperta alegria no coração!

Acontece, às vezes, que a ausência de Deus pesa-lhes como um cadáver. Por isso, passam a discutir, questionar e dialogar – com frequência e insistência como nunca antes – sobre a oração, sua natureza, sua necessidade. Isso pode ser um bom sinal. Poderá também significar que a sombra de Deus não os deixa em paz.

Com alegre superficialidade, divagam até o infinito, nas tertúlias clericais, sobre as novas formas de oração: que é preciso "desmitizar" o conceito de Deus, que a oração pessoal é tempo perdido, um desperdício egoísta e alienante, que vivemos em tempos secularizantes para os quais o elemento religioso caducou definitivamente, que as formas clássicas de oração são elucubrações subjetivas, e assim até o infinito. Numa palavra, a oração se problematiza, se intelectualiza. Mau sinal!

A oração é *vida* e a vida é simples – não fácil –, mas coerente. Quando deixa de ser vida, nós a convertemos numa complicação fenomenal. Pergunta-se, por exemplo: Como se deve rezar em nosso tempo? Pergunta sem sentido. Por acaso se pergunta como se deve amar em nosso tempo? Ama-se – e reza-se – tal como há quatro mil anos. Os fatos da vida têm suas raízes na substância imutável do ser humano.

Quando se apresenta esta situação existencial, rapidamente se desencadeia uma inversão de valores e uma alteração de planos. Não se tem de buscar Deus na montanha. Ele está no homem. Não se tem de procurá-lo em "espírito e verdade", mas no gemido das multidões famintas. Não existe a *salvação da minha alma*, mas a libertação do homem da exploração e da miséria. É preciso superar a dicotomia entre a oração e a vida. O trabalho é oração... "teologias" frívolas que desmoronam com a primeira seta disparada pela autenticidade.

Quando vem a crise de Deus, começa-se a considerar tudo com os critérios da *utilidade*. A Bíblia nos recorda de que Deus está acima das categorias do útil e do inútil. No fundo, a Escritura afirma uma só coisa: *Deus é*. Escolheu um povo, cujo destino final é proclamar a todos os povos e a todos os continentes que *Deus é. Serve* somente para adorá-lo, agradecer-lhe, louvá-lo e para ser sua testemunha. Se nos esquecermos deste destino "inútil" do Povo de Deus, andaremos sempre divagando aereamente.

* * *

Quando num irmão se produz o vazio de Deus pelo abandono da oração, surge a necessidade de autoafirmar-se, passando para atividades, por exemplo, de tipo político. Que aconteceu? Ele se justificará com bonitas teologias, mas no fundo quer dar um sentido a sua vida, cobrir o vazio interior com uma ocupação que certamente tem apoios bíblicos.

Não é o caso de todos, mas de muitos. Nunca falam da vida eterna, da alma, de Deus, mas de exploração e de injustiça social. É um fato sociológico amplamente constatado, que uma boa parte de tais sacerdotes terminam secularizando-se. Não faltará quem diga que deram esse passo para realizar-se como homens e como cristãos. Razões para exportação!

Se "aqui" foram incapazes de amar, *lá* continuarão igualmente incapazes e não encontrarão o centro.

Sei que o relacionamento com Deus pode se converter em evasão. Este livro, entretanto, mostra que os verdadeiros libertadores e os grandes compromissados, na Bíblia, foram os capazes de suportar o olhar de Deus no silêncio e na solidão. Por certo, não um Deus de agradinhos, mas aquele que incomoda, desinstala e empurra o *adorador* pela rampa da paciência e da humildade rumo à aventura da grande libertação dos povos. Se a contemplação não consegue esses efeitos, será qualquer outra coisa, menos oração. Evasão e oração são incompatíveis.

* * *

Que será da vida de um irmão em cuja alma Deus desfaleceu?

Continuará falando "de" Deus, mas será incapaz de falar "com" Deus. Suas palavras serão palavras de bronze: farão barulho, mas não carregarão nada, nem mensagem, nem vida, nem calor. Os crentes jamais verão em sua fronte o "fulgor de Deus" (Ex 34,28). Dirão: procurávamos um profeta e encontramos um funcionário. Os famintos e sedentos de Deus, que se aproximam dele, encontrarão um manancial esgotado. Não ressuscitará mortos nem curará enfermos. Definitivamente, não será um "enviado".

Não tomará nada a sério, porque quem não tomou a sério Deus, na realidade, é um frívolo. Ninguém será importante para ele, nem o pobre, nem o doente, nem o explorado, nem o amigo. Só ele será importante para si mesmo. É mais cômodo e menos comprometedor acertar-se consigo mesmo que com alguém que nos vem ao encontro e põe a descoberto tudo o que temos, fazemos e somos.

Quando num grupo de irmãos se analisam as causas da crise de oração, chama a atenção a frequente coincidência em destacar o seguinte: *o medo de Deus*. Em que sentido? Discorrem mais ou menos assim: se levo Deus a sério, minha vida terá de ser outra. Deus me desafiará a não confundir carisma com capricho, a abrir-me com este irmão com quem não simpatizo, a acabar com divertimentos inúteis, a aceitar este encargo, a terminar com aquela amizade. Menos mundanismo, mais penitência, mais obediência... Numa palavra, fará de mim um arco retesado. Deus é algo sério. Melhor é fazer-me de distraído com relação a ele. É a frivolidade.

Afastado Deus, a vida é como uma flor que se despetala. Tudo perde o sentido e acontece aquela terrível descrição de Nietzsche em seu livro *Assim falava Zaratustra*:

> Não ouvistes falar daquele homem louco que em pleno dia acendeu uma lanterna, correu ao mercado e clamava continuamente: "Procuro Deus, procuro Deus". Como

ali estavam reunidos muitos dos que não acreditavam em Deus, foi recebido com grandes risadas. Um disse: "Por que se perdeu?". Outro respondia: "Extraviou-se como uma criança". Outros ironizavam: "Está escondido? Tem medo de nós? Embarcou? Emigrou?". Assim riam e escarneciam todos.

O louco meteu-se entre eles e transpassando-os com seu olhar, clamava: "Para onde foi Deus? Eu lhes vou dizer. Nós o matamos, vocês e eu. Todos nós somos seus assassinos. Está bem, mas pensemos: que fizemos? Que fizemos cortando as ligações que uniam esta Terra com seu Sol? Para onde vamos agora? Não estamos escorregando continuamente para trás, para frente, para um lado, em todas as direções? Ainda há acima e abaixo? Andamos errantes através de um nada infinito? Não sentimos o sopro do vazio? Não sentimos um frio terrível? Não está anoitecendo continuamente? Não é certo que precisamos acender a lanterna em pleno dia?".

O louco calou-se e fitou outra vez seus ouvintes. Também eles se calaram e olhavam com estranheza.

Deixamos Deus "morrer", mas nascem os monstros: o absurdo, a angústia, a solidão, o nada... Como disse Simone de Beauvoir, suprimindo Deus ficamos sem o único interlocutor que valia a pena. E a vida se torna, como disse Sartre, uma "paixão inútil", como um relâmpago absurdo entre duas eternidades de escuridão.

Muitas vezes não consigo tirar da minha cabeça esta pergunta: como será o fim de quem viveu como se Deus não existisse? É o momento culminante do sentido da vida. Quando percebem que não há outra esperança, que só restam algumas semanas de vida, a quem recorrer? A quem oferecer esse holocausto? Onde entregar-se? A quem agarrar-se? Não haverá tábua de salvação.

CAPÍTULO II

COMO SE VISSE O INVISÍVEL

*"E [Moisés] mostrou-se firme
como se contemplasse o Invisível."*
Hebreus 11,27

No mundo inteiro fazem-se, nestes últimos anos, sondagens, pesquisas e avaliações sobre o estado da oração. Fala-se de crise e abandono da oração, das dificuldades para entrar em comunicação com o Deus transcendente.

Entretanto, nessa avaliação geral, estão chegando, com unanimidade rara, à conclusão de que a decadência da oração provém de uma profunda crise de fé. Sublinha-se o sentido de que o centro da crise não está tanto no questionamento intelectual da fé, mas na vivência da própria fé. Trata-se, pois, de uma crise existencial da fé. As pesquisas mais sérias concluem que não se deve pôr muito em evidência o problema das formas de oração. A crise principal não está em *como* expressar-se na oração, mas em *quê* expressar-se.

Procurando a utilidade prática, conforme a meta que nos propusemos, vamos preocupar-nos, nesta reflexão, somente com o ato vital da fé que, na Bíblia, é sempre adesão e entrega incondicional a Deus. Vamos analisar também as dificuldades que tal ato envolve, especialmente quando sobrevém o silêncio de Deus, assim como também os desalentos que ameaçam constantemente a vida de fé! Essas dificuldades, normais e invariáveis para quem procura viver "para" Deus, hoje em dia, são aumentadas devido a certas correntes de ideias que analisaremos com atenção.

Com estas reflexões, teremos ganhado muito terreno no nosso empenho de explorar o mistério da oração, já que ela não é senão *colocar em movimento* a própria fé. Procuraremos, finalmente, alguns meios que nos ajudem a superar os desfalecimentos e situações difíceis.

1. O DRAMA DA FÉ

Ao abrir a Bíblia e contemplando a marcha do Povo para Deus no aprofundamento, esclarecimento e purificação da sua fé, chegamos a sentir vivamente como é difícil este caminho que conduz ao mistério de Deus, o caminho da fé! E não só para Israel, mas sobretudo para nós. Todos os dias vemos que o desalento, a inconstância e as crises nos aguardam em cada esquina. Isto sem esquecer que a fé, em si mesma, é escuridão e incerteza. Por isso, aqui falamos de *drama*.

Ao entrar, pois neste verdadeiro túnel, devemos recordar aquele insistente convite de Jesus: "Procurai entrar pela porta estreita" (Lc 13,24).

A prova do deserto (Ex 17,7)

Em diversos momentos, o Concílio apresenta a vivência da fé como peregrinação (LG 2,8,65). Mais ainda, no-la apresenta num nível paralelo com a travessia de Israel pelo deserto. Certamente, aquela marcha constituiu a prova de fogo para a fé de Israel no seu Deus. É verdade que dessa prova saiu fortalecida a fé de Israel. Todavia, aquela peregrinação esteve cheia de adoração e blasfêmia, rebeldia e submissão, fidelidade e deserção, aclamação e protesto.

Tudo isso é um símbolo real dos nossos relacionamentos com Deus, enquanto estamos "a caminho" e, sobretudo, é isso o que, aqui, nos interessa sublinhar. É um símbolo das vacilações e perplexidades que sofre toda a alma na sua ascensão para Deus, e mais concretamente, na sua vida de fé. Poucos homens, talvez ninguém, se viram livres de tais desfalecimentos, como veremos com a Bíblia na mão.

* * *

No momento oportuno, Deus apareceu no cenário da história humana. Entrou para ferir, libertar, igualar. Amigo de Deus e condutor dos homens, Moisés enfrenta Faraó, reúne o povo disperso e põe-se em marcha para o país da liberdade.

Saídos do Egito, começa a grande marcha da fé para a claridade total. Mas, desde os primeiros passos, a crise de fé começa a enroscar-se como uma serpente no coração do povo. A dúvida sobe às suas gargantas para gritar: "O deserto será o nosso túmulo" (Ex 14,11). "Não te dizíamos que nos deixasses servir os egípcios? E não era melhor do que morrer no deserto?" (Ex 14,12). É preferível a segurança à liberdade. No meio da confusão, só Moisés mantém viva a fé: "Não temais, Deus fará brilhar a sua glória, e amanhã mesmo vereis resplandecer essa glória" (Ex 14,17) porque Deus "combaterá" por nós e conosco.

Com essas palavras, a fé do povo inflamou-se de novo. E com os seus próprios olhos contemplam fenômenos nunca vistos. De súbito, começou a soprar um vento forte do Sul, que cortou as águas e as dividiu em duas grandes massas. E o povo passou como entre duas muralhas, enquanto os egípcios ficavam pregados como chumbo no fundo do mar. Ante semelhante prodígio, o povo acreditou em Deus e em Moisés, seu servo (Ex 14,31), e entoou um cântico triunfal (Ex 15,1-23). Entretanto, uma vez mais fora preciso um "sinal" para recuperar a fé. "Crestes porque vistes; felizes aqueles que creem sem terem visto" (Jo 20,29).

Avançou a caravana, durante três dias, internando-se a fundo no deserto de Sur. O deserto volta a provar a fé do povo. O silêncio da terra e, às vezes, o silêncio de Deus, invadem suas almas, e sentem medo. Esgotaram-se as provisões. Que comerão? Como aves de rapina, caem sobre o povo o desalento, as saudades e a rebeldia. "Trouxeste-nos ao deserto para morrermos de fome? Teria sido melhor ter morrido pela espada às mãos dos egípcios" (Ex 16,3).

O povo sucumbiu à tentação das saudades e "chorava enquanto dizia: Oh! Aquela boa carne do Egito! Oh! aquele saboroso peixe que comíamos de graça no Egito! E os melões, aqueles pepinos e aquelas cebolas e aqueles alhos!" (Nm 11,5).

Moisés, cuja fé se mantinha inabalável, porque diariamente conversava com Deus "como um amigo", disse-lhes: "Nada tenho a ver com as vossas murmurações, essas vozes são queixas contra Deus. Mas afirmo que amanhã mesmo vereis outra vez a glória de Deus. Os vossos protestos ficarão reduzidos a ridículas vozes (Ex 16,5-9). Na tarde seguinte, um bando de codornizes cobriu todo o campo e, no outro dia, apareceu sobre a terra algo semelhante a orvalho, com o que o povo se saciava todas as manhãs" (Ex 16,13-16).

* * *

A caravana continuou avançando para Cades Barne, sob um sol de fogo e sobre um mar de areia ardente. À medida que avançava, novamente o desalento e a tentação lhes perturbaram as almas: a tentação definitiva de se deterem, de abandonarem a marcha e de regressarem às comodidades antigas, ainda que fosse em estado de escravidão. "Trouxeste-nos ao deserto para matar de sede a nós, nossos filhos e nosso gado" (Ex 17,3).

Nesse momento, uma dúvida pungente destrói a recordação de tantos portentos, corrói o fundamento da sua fé e expressa-se naquela terrível pergunta: "Deus está conosco, sim ou não?" (Ex 17,7). A dúvida havia alcançado o mais alto nível. Por isso, aquele lugar chamou-se "Masá" (porque protestaram contra Deus) e "Meribá" (porque desafiaram a Deus). Essa foi a grande prova do deserto, na marcha para Canaã.

Novas provações em novos desertos

Se sempre foi áspera e difícil a rota da fé, em nossos dias as dificuldades aumentaram. Hoje, a Igreja está atravessando um novo deserto. As ameaças que espreitam os peregrinos são as mesmas de outrora: desalentos por eclipses de Deus, aparição de novos "deuses" que reclamam adoração, e a tentação de suspender a marcha para a fé, para voltar ao confortável e "fértil Egito". As dificuldades são de duas classes:

a) dificuldades intelectuais

A humanidade viveu milhares de anos sob a tirania das forças cegas da natureza, forças que ela endeusou. Para resistir às forças divinizadas, as pessoas recorreram aos ritos mágicos. Embora a Bíblia seja uma purificação desses conceitos e costumes mágicos, em nosso recôndito mais remoto ficaram reminiscências, muitas das quais nós atribuímos ao Deus da Bíblia.

A técnica desmoralizou essas convicções e costumes. A ciência dá explicações para o que antes se atribuía a divindades míticas ou se considerava atributo exclusivo de Deus. E surge um perigo: o de confundir o mágico com o sobrenatural, arrasar indiscriminadamente um com o outro, sem distinguir convenientemente o trigo do joio, e chegar à convicção de que tudo o que não for ciência técnica ou não existe ou é uma projeção de nossa impotência ou do nosso temor.

* * *

Realmente, em tempos passados, explicavam-se muitos fenômenos da natureza, relacionando-os com Deus.

Agora, ao comprovar que todo fenômeno natural se explica com métodos científicos, imperceptivelmente podemos nos desentender com Deus. À medida que nossa mente vai descrendo daquelas explicações, nossa vida consciente vai se esvaziando, gradualmente, da presença de Deus. Muitos sentem em seu coração e outros dizem abertamente que a ciência acabará por explicar o inexplicável e que, no futuro, Deus será uma "hipótese" desnecessária.

Entretanto, nem a tecnologia nem, tampouco, as ciências sociopsicológicas jamais conseguirão dar uma resposta cabal à pergunta fundamental e única do homem: a questão do sentido da vida. Quando o homem tropeça em seu próprio mistério, quando sente a maior estranheza por "estar aqui", por estar no mundo como consciência e como pessoa, só então surge esta questão central: Quem sou eu? Qual a razão da minha existência? De onde vim? Haverá um futuro para mim? Que futuro?

Hoje não se fazem campanhas contra Deus, cheias de argumentos e de paixão. Simplesmente prescinde-se dele. Ele é abandonado como um objeto que já não serve. É um ateísmo prático, mais perigoso que o sistemático, pois penetra suavemente nos reflexos mentais e vitais.

Nossa síntese teológica não resiste à visão cósmica e antropológica que nos dão as ciências. As investigações sobre a origem do homem e do mundo ficam muito longe dos dados da Escritura, apesar de hoje afirmarmos que a Bíblia não pretende dar explicações científicas.

Sem poder evitar, sentimos o contraste entre nossa dificuldade de expressar Deus com sinais e símbolos e a expressão das ciências que são fórmulas diáfanas, evidentes e diretas. A clareza dos métodos científicos de investigação desconcerta-nos pelo contraste com os nossos métodos indutivo-dedutivos, pelas vias analógicas para conhecer a Deus.

Se não tivermos amadurecido pessoalmente uma fé coerente com as descobertas científicas, sobrevém a secularização que, sem dúvida, é um processo purificador da *imagem* de Deus. Mas, como muitos não conseguem distinguir as fronteiras desse processo conveniente e necessário, passam para o terreno da secularidade e terminam num secularismo profano em que a fé em Deus se debate em agonia próxima da morte. "Tudo isso está originando uma ideologia radical e exclusiva, que só admite o século, o mundo, o profano".[1]

Como consequência dessas ideias e fatos, surge o "horizontalismo", ideologia que debilita a fé e problematiza nossos solenes compromissos com Deus, porque diz que qualquer esforço aplicado ao que não pertence a este mundo é "alienação". A vida com Deus, tempo perdido; qualquer "entretenimento" religioso, tempo mal aproveitado; o celibato, absurdo e prejudicial; a única atividade válida é a promoção humana; o único pecado, a alienação.

* * *

Essa inspiração ambiental vai penetrando na alma dos irmãos e irmãs que, outrora, por uma fé incondicional, estavam ligados a Deus, com uma forte aliança.

---

[1] Cf. KOSER, Constantino. *Vida com Deus no mundo de hoje*. Petrópolis: Vozes, 1971. Algumas das apreciações que fazemos aqui são tiradas desse livro.

Tenho a impressão de que o novo Povo de Deus se atolou outra vez em Massa e em Meriba, onde a fé descera aos níveis mais baixos, e já se encontram, como lá os lamentos e desafios. Para muitos, a fé, hoje em dia, é uma *"palavra dura, e quem pode suportá-la?"* (Jo 6,60). Como em toda época de purificação, realizar-se-á o que disseram aquelas trágicas palavras: "Desde então, muitos de seus discípulos se retiraram e já não andavam com ele" (Jo 6,66).

Depois do desconcerto virá a maturidade, quer dizer, uma síntese coerente e vital, elaborada pessoalmente, não extraída dos manuais de Teologia: síntese em que se fundem os progressos das ciências com uma profunda amizade com Deus. Entretanto, este período que estamos atravessando ajudará a purificar o conceito de Deus. A fé, como diz Martin Buber, é uma adesão a Deus, não, porém, adesão a uma imagem que se formou de Deus, nem uma adesão à fé "do" Deus que alguém concebeu, mas adesão ao Deus que existe.

> Como diz Rahner, o mundo moderno se entusiasmou com as grandes invenções científicas, com a técnica e a organização, como o menino que acaba de estrear a bicicleta e, para andar nela, falta à missa do domingo. A bicicleta se tornou um ídolo, alguma coisa absoluta. Mas quando, depois de várias trombadas com a bicicleta, toma consciência de que ela não é absoluta, e sim, um valor relativo, decide ir à missa, porém de bicicleta. Que vale ao homem, diziam os universitários de Paris, ter muitas coisas, chegar até a resolver o problema da fome, se depois morreremos todos de aborrecimento?[2]

---

[2] HORTELANO, A. *La Iglesia del Futuro*. Salamanca: Sígueme, 1970. p. 80.

b) dificuldades vivenciais

Aceitaram, como critério de vida, o imediatismo, a eficácia e a rapidez. Ao contrário, a vida de fé é lenta e exige uma constância sobre-humana. Seu progresso é oscilante e não é comprovável com métodos exatos de medição; em consequência, sentimo-nos frustrados e confusos.

Pela influência das ciências psicológicas e sociológicas, prevalecem, hoje em dia, os critérios subjetivos. O que era "objetivo", como as verdades da fé, as normas da moral ou do ideal, perdeu sua atualidade e valor, abrindo caminho livre para os valores subjetivos e instintivos. Hoje está em moda o emocional, o afetivo e o espontâneo.

Daí decorre o fato da completa desvalorização de certos critérios como o domínio de si mesmo, enquanto o comodismo se ergue como nova norma de comportamento. Não tem sentido, hoje em dia, a ascese, a superação, a privação, elementos indispensáveis na marcha para Deus. Para muitos, essas palavras são até repugnantes: pensam, pelo menos, que são prejudiciais para o desenvolvimento da personalidade.

A norma que praticamente foi adotada coincide em tudo com o ideal da sociedade de consumo: desfrutar a vida ao máximo, consumir o maior número de bens, dar-se o máximo de satisfações – ao menos as legítimas – dentro daquele ideal de "comamos e bebamos e coroemo-nos de rosas" (Sb 2,8). Claro que isso não se diz com palavras tão claras. Diz-se: temos que evitar a repressão, temos que fomentar a espontaneidade, não se deve violentar a natureza, é preciso garantir a autenticidade.

Hoje em dia, não se sabe o que fazer com o silêncio. A sociedade de consumo criou uma variada indústria para fomentar a distração e a diversão, e dessa maneira poupar o ser humano do "horror do vazio" e da solidão. Desse modo, acomoda-se o objeto ao sujeito, não se suportam as normas estabelecidas e se dão largas à espontaneidade, filha do subjetivismo.

Vivemos no novo deserto. O caminho para Deus está eriçado de dificuldades. As tentações mudaram de nome. Antigamente, as tentações eram panelas cheias, peixe frito, carne assada, cebolas e pepinos do Egito. Hoje, as tentações são horizontalismo, hedonismo, secularismo, subjetivismo, espontaneidade, frivolidade.

Quantos peregrinos chegarão à Terra Prometida? Quantos abandonarão a dura marcha da fé? Teremos de convir, também nós, que só um "pequeno resto" chegará à fidelidade total a Deus? Qual é e onde está o "Jordão" que teremos de atravessar para entrar na zona da liberdade? O horizonte está mais uma vez povoado de perguntas, silêncio e escuridão. É o preço da fé!

Estamos num processo de decantação. A fé é um rio que avança. A impureza se depositou no leito do rio, mas a corrente das águas continua.

2. DESCONCERTO E ENTREGA

A fé, na Bíblia, é um ato e uma atitude que abrangem a pessoa por completo, sua confiança profunda, sua fidelidade, seu consentimento intelectual e sua adesão emocional, abrangendo também sua vida, comprometendo sua história inteira, com seus projetos, emergências e eventualidades.

A fé bíblica, ao longo de seu desenvolvimento normal, engloba os seguintes elementos: Deus se põe em comunicação com o homem. Depois, Deus pronuncia uma Palavra e o homem se entrega incondicionalmente. Deus põe à prova essa fé. O homem perturba-se e vacila. Deus se revela de novo. O homem aceita o plano delineado por Deus, participando profundamente da força de Deus.

Esta fé é a que fez Abraão "andar na presença de Deus" (Gn 17,1), expressão cheia de um denso significado. Deus foi a inspiração da sua vida; foi também sua força e norma moral; foi, sobretudo, seu amigo. Nessa mesma linha diz a Escritura que "Abraão confiou no Senhor, e o Senhor lho imputou como justiça" (Gn 15,6). Com essas palavras, o autor quer indicar não só que essa fé teve um mérito especial, mas também que ela condicionou, comprometeu e transformou toda a existência de Abraão.

Os elementos mencionados estão vivamente expressos na Epístola aos Hebreus:

> Pela fé, Abraão, obedecendo ao apelo divino, partiu para uma terra que ia receber em possessão; e partiu não sabendo para onde ia. Pela fé, foi habitar na terra da promessa, como numa terra estrangeira, morando em tendas com Isaac e Jacó, co-herdeiros da mesma promessa, porque esperava a cidade assentada sobre os fundamentos eternos, cujo arquiteto e construtor é Deus.
>
> Foi na fé que estes todos morreram, sem atingir a verdade do que lhes tinha sido prometido. Mas somente as

viram e as saudaram de longe confessando que "eram estrangeiros e peregrinos sobre a Terra". Dizendo isto, declararam que buscavam uma pátria.

Pela fé submeteram reinos, exerceram a justiça, obtiveram as promessas, taparam a boca dos leões, extinguiram a violência do fogo, escaparam ao fio da espada, triunfaram de enfermidades, foram corajosos na luta e puseram em debandada as invasões estrangeiras.

Pela fé foram martirizados, sem aceitar resgate, para alcançar melhor ressurreição; outros sofreram a prova das injúrias, dos açoites, cadeias e prisões; foram apedrejados, serrados ao meio, tentados, e morreram ao fio da espada. Andaram errantes, vestidos de peles de ovelhas e de cabras, necessitados de tudo, perseguidos, maltratados, vagando por desertos, montanhas, cavernas e em antros subterrâneos (Hb 11,1-39).

A história de uma fidelidade

O Novo Testamento apresenta Abraão como protótipo da fé, exatamente porque nele, como em poucos crentes, talvez em nenhum, se realizaram as alternativas dramáticas da fé. Foi o verdadeiro peregrino da fé.

Deus deu a Abraão uma ordem que também era promessa: "Sai da tua terra e vai para uma terra que te indicarei, e te farei pai de um povo numeroso" (Gn 12,1-4). Abraão acreditou. Que significou este acreditar? Significou entregar um cheque em branco, confiar contra o senso comum e as leis da natureza, entregar-se cegamente e sem cálculos, romper uma situação estável, e, com setenta e cinco anos, pôr-se a caminho (cf. Gn 12,4) para um mundo incerto "sem saber aonde ia" (Hb 11,8).

Essa entrega tão confiante custaria muito caro e o obrigaria a pôr-se em estado de alta tensão, não isento de confusão e perplexidade. Numa palavra, Deus submete à prova a fé de Abraão.

Passam os anos e não chega o filho da promessa. Deus mantém Abraão num perpétuo suspense, como nas novelas em capítulos, que a cada noite terminam no instante em que surgiria o desenlace; assim, Deus, em seis oportunidades distintas, faz a promessa de um filho (Gn 12,16; 15,5; 17,16; 18,10; 21,23; 22,17). Passam-se dezenas de anos e o filho não chega. Abraão vive, nesse período, *a história de uma fidelidade* em que se alternam angústias e esperanças, como o Sol que aparece e desaparece nas nuvens. É a história do "esperando com fé, contra toda a esperança" (Rm 4,18).

Em todo esse tempo, Abraão vive uma ansiosa espera, resistindo contra as regras do senso comum e das leis fisiológicas, para não desfalecer em sua fé (Gn 18,11), parecendo ridículo à sua mulher: "Sara ria no interior da tenda de campanha, dizendo: 'Agora, velha como sou, irei florescer em nova juventude? Meu marido também está velho'" (Gn 18,12).

* * *

A solidão bate à porta do coração de Abraão. Tem de sofrer com a separação de seu sobrinho Ló (Gn 13,1-18). Apesar das vitórias contra quatro reis, do aumento da riqueza e dos servos, em seu coração começa a fraquejar a fé, e a angústia vai aumentando dia a dia.

Chega um momento em que sua fé está a ponto de desfalecer por completo. No meio de um profundo desalento, queixa-se a Deus, dizendo: "É verdade que me destes muitos bens, mas para quê? Vou morrer logo; não me destes filhos e todos os bens que me destes herdará um criado, o damasceno Eliezer" (Gn 15,2-4). Então, Deus reafirmou a promessa.

Mas, nesse momento, a fé de Abraão se debate numa profunda crise: "Caiu Abraão por terra e ria, murmurando em seu coração: 'Como terá um filho um centenário? E Sara já tem noventa anos'" (Gn 17,17). Em resposta, Deus tirou Abraão do interior da tenda para a formosa noite estrelada, e lhe disse: "Levanta os olhos para o céu, conta as estrelas se és capaz. Pois assim numerosa será a tua descendência" (Gn 15,5).

Sempre nos acontece o mesmo. Quando nossa fé desfalece, precisamos de um "sinal", um refúgio para não sucumbir. Compreensivo e compassivo ante a emergência e debilidade que está sofrendo a fé de Abraão, Deus lhe concede o *sinal*. "Perguntou Abraão: Senhor Deus, como saberei que tudo isto é verdade?" (Gn 15,8). Em meio a uma densa escuridão, após o ocaso do Sol, Deus tomou forma (sinal) de um archote resplandecente que passou entre as metades das vítimas (cf. Gn 15,17).

"Abraão tinha cem anos de idade quando lhe nasceu seu filho Isaac" (Gn 21,5).

A prova do fogo

Verificamos, na raiz desses acontecimentos, que a fé de Abraão não só se recuperou em sua totalidade, como também se consolidou definitivamente. Aprofundou-se a ponto de fazê-lo viver permanentemente em estranha amizade e trato com o Senhor, conforme se havia dito: "Anda em minha presença e serás perfeito" (Gn 17,1). Imaginamo-lo como um homem curtido na provação, imunizado contra toda possível dúvida, dono de grande maturidade e consistência interior. "Abraão plantou em Bersebá um tamarindo, e invocou ali o nome de Javé, o Deus eterno" (Gn 21,33).

Deus, vendo Abraão tão sólido, submeteu-o a uma prova final de fogo, a uma dessas terríveis "noites do espírito" de que fala São João da Cruz. Vamos ver com que grandeza e serenidade ele supera a prova.

> Depois disto, quis Deus provar Abraão, e chamando-o, disse: "Abraão!". Este respondeu: "Eis-me aqui!". Disse Deus: "Toma teu filho, o único, a quem tanto amas, sobe a Moriá e lá sacrifica-o sobre uma das montanhas que te indicarei" (Gn 22,1-3).

Na minha opinião, neste episódio a fé bíblica escalou seu mais alto cume.

Para compreender, em sua exata dimensão, o conteúdo e grau da fé de Abraão, neste episódio, temos de pensar que executar um ato heroico pode ser atraente, quando esse ato tem sentido e lógica, tal como dar a vida por uma causa nobre e bela. Mas submeter-se a uma ordem heroica, quando a ordem é absurda, ou se está louco ou a motivação dessa submissão ultrapassa nossos conceitos e regras de heroísmo.

Situemo-nos no contexto vital de Abraão e ponhamo-nos a explorar o submundo de impulsos e motivos deste grande crente. Sempre suspirara Abraão por ter um filho. Sentia-se velho e perdera a esperança de obter descendência. Entretanto, um dia Deus lhe promete o filho. Como para Deus nada é impossível, Abraão acreditou. Passados muitos anos de esperanças e desesperos, chegou o filho, que será o depositário das promessas e das esperanças. Abraão pode morrer em paz. Mas, na última hora, Deus pede que sacrifique o menino.

Uma exigência tão bárbara e louca era para aniquilar toda a fé de uma vida. O mais elementar senso comum lhe asseguraria ter sido vítima de alucinação. Contudo, Abraão mais uma vez acreditou. Este crer custou um abandono-confiança em grau ilimitado.

Imaginemos um diálogo consigo mesmo:

> – Sou velho e por isso não poderei ter mais filhos? Não sei. Ele sabe tudo. Ele tudo pode.
> – Será que vou morrer logo sem deixar herdeiro? Ele proverá: é capaz de ressuscitar um morto e até de transformar as pedras em filhos (cf. Mt 3,9).
> – Como pode ser ridículo e absurdo o que ele me pede? Ele é sábio; nós não sabemos nada.

Quer dizer, há uma disposição incondicional de entregar-se, de abandonar-se com uma confiança infinita, uma certeza infalível de que Deus é poderoso, bom, justo, sábio, apesar das evidências do senso comum; é cair no vácuo, com mãos e pés amarrados, porque ele não permitirá que os pés batam contra o solo.

Creio que esta é a substância definitiva – e o momento culminante da fé bíblica.

* * *

Vejamos agora como procede Abraão, cheio de infinita paz, de grandeza e de ternura:

> No dia seguinte pela manhã, Abraão selou o seu jumento. Tomou consigo dois servos e Isaac, seu filho, e, tendo cortado a lenha para o holocausto, partiu para o lugar que Deus lhe tinha indicado.
>
> Ao terceiro dia, levantando os olhos, viu o lugar de longe. "Ficai aqui com o jumento, disse ele aos seus servos, eu e o menino vamos até lá mais adiante para adorar, e depois voltaremos a vós".
>
> Abraão tomou a lenha para o holocausto e a colocou nos ombros de seu filho Isaac, levando ele mesmo nas mãos o fogo e a faca. E, enquanto juntos os dois caminhavam, Isaac disse ao seu pai: "Meu pai!". "Que há, meu filho?" Isaac continuou: "Temos aqui o fogo e a lenha, mas onde está a vítima para o holocausto?". "Deus", respondeu-lhe Abraão, "providenciará ele mesmo uma vítima para o holocausto, meu filho".
>
> E ambos, juntos, continuaram o seu caminho. Quando chegaram ao lugar indicado por Deus, Abraão edificou um altar; colocou nele a lenha, amarrou Isaac, seu filho, e o colocou sobre o altar em cima da lenha. Depois, estendendo a mão, tomou a faca para imolar o seu filho. O anjo do Senhor, porém, gritou-lhe do céu: "Abraão! Abraão!". "Eis-me aqui!" "Não estendas a tua

mão contra o menino, e não lhe faças nada. Agora eu sei que temes a Deus, pois não me recusaste teu próprio filho, teu filho único" (Gn 22,3-12).

Nesta narração, a fé e o abandono adquirem particular importância. *Deus providenciará* é o fundo musical que dá sentido a tudo. É muito significativo que esta narração termine com este versículo: "Abraão chamou a este lugar *"Javé providencia"*, pelo que até hoje se diz: "No monte de Javé providenciará" (Gn 22,14).

A esperança contra toda a esperança

A história de Israel é outra história de "esperar contra a esperança". Nos longos séculos que passam desde o Sinai até a "plenitude dos tempos" (Gl 4,4), Deus aparece e desaparece, brilha como o Sol ou se esconde nas nuvens; há teofanias clamorosas ou longos períodos de silêncio. É um longo caminho de esperanças e de desalentos. Deus quis que a história de Israel fosse a história de uma experiência de fé. Por isso, tanto lá como em nossa própria vida de fé, encontramo-nos frequentemente com o silêncio de Deus, a prova de Deus, a noite escura.

Israel foi tirado do Egito e jogado num interminável peregrinar rumo a uma pátria soberana. Foi uma longa rota de areia, fome, sede, sol, agonia e morte. Foi-lhes prometido que ganhariam uma "terra onde mana leite e mel". Nenhuma dádiva, mas uma conquista prolongada à custa de derrotas, humilhações, sangue e suor. Nem leite nem mel, mas uma terra calcinada e hostil, que teriam de cultivar com mil dificuldades.

Chegou um momento em que Israel se convenceu de que Deus ou não existia ou os tinha abandonado completamente, e que sua nação estava riscada do mapa para sempre. Foi no ano 587 a.C. quando os exércitos de Nabucodonosor conseguiram quebrar a resistência de Jerusalém, após dezoito meses de sítio. Caiu a cidade e a vingança foi horrível.

Jerusalém foi saqueada, arrasada e incendiada. O famoso templo de Salomão desmoronou, envolto em chamas. A arca da Aliança desapareceu para sempre. Degolaram os sete filhos do rei. Furaram os olhos do rei. Prenderam todos os moradores de Jerusalém e grande parte dos habitantes da Judeia, todos deportados para Babilônia sob a guarda dos vencedores, numa caminhada de mil quilômetros, envoltos em poeira, sol, humilhação e desastre.

Estas foram as noites escuras da rota da fé. Em meio a essa escuridão, tanto Israel como nós pensamos em abandonar Deus, porque nos sentimos abandonados por ele. Mas, depois de algum tempo, purificados nossos olhos de tanta poeira, aparecerá seu Rosto mais radiante que nunca. Provam-no os profetas Ezequiel e Isaías.

Exceto no período imperial do reinado Davi-Salomão, a vida de Israel é uma insignificante história da Liga das Doze Tribos, país invadido por ondas sucessivas de egípcios, assírios, babilônios, macedônios e romanos. Era para não confiar mais em seu Deus, ou pensar que seu Deus era "pouca coisa". Entretanto, por esse caminho de desenganos e escuridão, Deus foi levando Israel dos sonhos de grandeza terrestre para a verdadeira grandeza espiritual, até o clarão da fé no Deus verdadeiro.

Tédio e agonia

Para os que se esforçam por viver a fé total em Deus, é comovedora e impressionante a crise que sofreu o profeta Elias em sua peregrinação para o monte Horeb.

Elias era um profeta que passou pelo fogo nas lutas com Deus, temperado como uma fera na torrente de Carit, onde só comia meio pão levado pelo corvo e bebia da água da torrente. Enfrentara reis, desmascarara poderosos, confundira e exterminara os adoradores de Baal no vale de Cison. De um homem com tal têmpera e fortaleza não se esperaria um desfalecimento; entretanto, existiu, e grande. Soube a rainha Jezabel que Elias havia executado os sacerdotes de Baal e enviou um mensageiro para anunciar ao profeta que no dia seguinte ele também passaria pela espada. Jezabel tinha introduzido em Israel o culto a deuses estrangeiros.

Recebido o aviso, o profeta Elias sai em marcha forçada para o monte Horeb, símbolo da ascensão da alma, pelo caminho de fé, até Deus.

> Elias teve medo, e partiu para salvar a sua vida. Chegando a Bersabeia, em Judá, deixou ali o seu servo, e andou pelo deserto um dia de caminho. Sentou-se debaixo de um junípero e desejou a morte: "Basta, Senhor, disse ele; tirai-me a vida, porque não sou melhor do que meus pais". Deitou-se por terra, e adormeceu à sombra do junípero.
>
> Mas eis que um anjo tocou-o, dizendo: "Levanta-te e come". Olhou e viu junto à sua cabeça um pão cozido debaixo da cinza e um vaso de água. Comeu, bebeu e tornou a dormir. Veio o anjo do Senhor uma segunda

vez, tocou-o e disse: "Levanta-te e come, porque tens um longo caminho a percorrer" (1Rs 19,3-7).

É surpreendente essa profunda depressão do profeta. Suas palavras lembram as de Jesus: "Minha alma está numa tristeza mortal" (Mt 26,38; Mc 14,34). Para os que levam Deus a sério e vivem em sua presença e proximidade, essas depressões têm características de verdadeira agonia, conforme testemunho de São João da Cruz.

Todos, com mais ou menos frequência, com maior ou menor intensidade, sofrem esses processos de purificação que, fundamentalmente, são ondas de escuridão, nuvens que ocultam a Deus, são como um envoltório de cem atmosferas oprimindo a alma. Diz ainda São João da Cruz que, se Deus nos retirasse sua mão, morreríamos.

Para além da dúvida

Francisco de Assis foi um crente que, em grande parte de sua vida, gozou da segurança resplandecente da fé. Entretanto, alguns anos antes de morrer, caiu em sombria depressão, que seus amigos e biógrafos qualificaram como "gravíssima tentação espiritual", e durou aproximadamente dois anos.[3] Só sabemos que foi uma contínua agonia, em que o Pobrezinho, como se estivesse abandonado por Deus, caminhava entre trevas, tão atormentado de dúvidas e vacilações que estava a ponto de desesperar-se. Foi uma inquietação de consciência tão grave e invencível que

---

[3] II Celano 115; Legenda antiqua, 21; Speculum 99.

Francisco precisou, para sair dela, de particular intervenção divina.[4]

Nos primeiros anos de sua conversão, "o Senhor lhe revelou que devia viver de acordo com o Santo Evangelho" (Testamento). Com a fidelidade de um cavaleiro andante, e com a simplicidade de uma criança, Francisco seguiu literalmente o texto e contexto do Evangelho, abandonou o bastão, a bolsa, as sandálias (Lc 9,3). Desde então, não tocou em dinheiro. Não quis, nem para si nem para os seus, conventos nem propriedades. Quis que fossem peregrinos e estrangeiros neste mundo, itinerantes pela terra inteira, trabalhando com suas próprias mãos, depositando sua confiança em Deus, sem levar documentos pontifícios, e expostos a perseguições.

Quis que fossem pobres, livres e alegres. Não sábios, mas testemunhas. Não importavam os estudos, não havia necessidade de bibliotecas; títulos universitários eram dispensáveis. Só o Evangelho, vivido simplesmente, plenamente, sem comentários, sem meios termos, sem interpretações nem exegeses.

Esse "estilo de vida" revelado pessoalmente pelo Senhor atraiu milhares de irmãos ao novo movimento. Mas bem depressa, no movimento franciscano, nasceu, cresceu e dominou uma grande corrente de irmãos que se envergonhavam de ser pobres, *pequeninos*, "menores" e queriam dar rumos diferentes à incipiente (mas numerosa) Fraternidade. A corrente, chefiada pelos sábios que tinham

---

[4] ENGLEBERT, O. *Vida de San Francisco de Asís*. 2. ed. Santiago de Chile: Cefepal, 1973, p. 345. [Ed. bras.: *Vida de São Francisco de Assis*. Porto Alegre: EST, 2004.]

ingressado na Fraternidade e pelo representante do Santo Padre, pretendia critérios diametralmente opostos aos ideais e à "forma de vida" de Francisco.

Diziam: precisamos de sábios e bem preparados.
Francisco respondia: precisamos de simples e humildes.
Exigiam diplomas universitários.
Francisco replicava: só o diploma da pobreza.
Reclamavam grandes casas para estudos.
Francisco respondia: choças humildes para "passar" pelo mundo.
Afirmavam: a Igreja precisa de poderosa e bem ajustada máquina para combater os hereges e sarracenos.
Francisco respondia: a Igreja precisa de penitentes e de convertidos.

Francisco de Assis, homem que não nascera para governar nem para lutar, viu-se envolvido numa tormenta para defender o ideal evangélico.

O nó de todo o drama era este: enquanto Francisco tinha absoluta segurança interior de que o Senhor lhe revelara direta e expressamente a "forma de vida evangélica", em pobreza e humildade, o representante do Papa e os sábios afirmavam que a vontade de Deus, expressa nas necessidades da Igreja e nos "sinais" dos tempos, era organizar a Fraternidade sob o signo da ordem, da disciplina e da eficiência.

Este é o ponto exato de seu conflito profundo: a quem obedecer? Onde estão *efetivamente* Deus e sua vontade: na voz da Porciúncula onde mostrou o caminho da pobreza e humildade evangélicas como "forma de vida" ou na voz do representante oficial do Papa, que queria dar à Fraternidade rumos de eficácia, organização e influência, com uma sólida regulamentação para o serviço da Igreja? Qual era *realmente* a vontade de Deus?

Nesse terrível momento em que precisava ouvir a voz de Deus, Deus se calava. O Pobrezinho debatia-se numa prolongada agonia de dúvidas e questões em meio à completa escuridão. Que quer Deus? O que querem o representante do Papa e os sábios será a real vontade de Deus? Eles dizem que é preciso dar ao movimento uma estrutura monacal ou ao menos conventual. Mas o Senhor me ordenou expressamente que fôssemos uma fraternidade evangélica de itinerantes, penitentes, pobres e humildes. Deus poderia ter inspirado direções tão contrárias? Onde está Deus? A quem obedecer?

Não estaria ele, Francisco, defendendo a "sua" obra em vez de defender a obra de Deus? Ele era ignorante; os outros eram sábios. A hierarquia parecia assinalar critérios contrários aos seus. Parecia lógico pensar que se alguém estava enganado era precisamente ele, Francisco. Assim, tudo teria sido uma alucinação? A voz de Espoleto, a de São Damião e da Porciúncula foram então delírio de grandeza? Logo, certamente Deus nunca havia estado com ele? Deus mesmo não será uma alucinação inexistente?

O pobre Francisco refugiava-se nas grutas de Rieti, Cortona e do Alverne. Batia às portas do céu e o céu não respondia. Clamava chorando a Deus e Deus se calava. Perdeu a calma. Aquele homem, antes tão contente, ficou mal-humorado. Começou a ameaçar, a excomungar.

Tão alegre sempre, sucumbiu à pior das tentações: a da tristeza.

Houve momentos em sua vida em que o desânimo chegou a alturas vertiginosas como naquela noite, que eu chamaria de "a noite transfigurada" de Francisco. Na cabana de São Damião, sentiu todas as dores físicas imagináveis.[5] Mas isso era de menos; uma penetrante e torturadora dúvida sobre sua salvação o levou literalmente ao desespero. Por fim, nessa noite, o céu falou. Deus revelou a Francisco que a sua salvação estava assegurada. Nessa noite de derrotas e de dores, compôs o hino mais alegre e otimista que já saiu de um coração humano: o *Cântico do Irmão Sol*.

* * *

Como cessou a "gravíssima tentação"? Com um *ato absoluto de abandono*, tal como no caso de Jesus e dos grandes homens de Deus. Um dia, quando estava oprimido e chorando, ouviu uma voz que lhe disse:

– Francisco, se tivesses fé do tamanho de um grão de mostarda, dirias a essa montanha que se arrojasse ao mar, e ela te obedeceria.

– Senhor, que montanha é essa?

– A montanha da tua tentação.

– Senhor – respondeu Francisco –, faça-se em mim segundo a tua Palavra.

Naquele dia, a tentação desapareceu definitivamente. A paz voltou à sua alma e o sorriso, ao seu rosto. De novo e para sempre, a alegria revestiu a sua vida.

---

[5]   II Celano 213; Legenda antiqua, 43; Speculum 100.

3. O SILÊNCIO DE DEUS

Quando vivem, dia após dia, buscando o Senhor, o que mais desconcerta os caminhantes da fé é o silêncio de Deus. "Deus é aquele que sempre se cala desde o princípio do mundo; esse é o fundo da tragédia", dizia Unamuno.

Onde te escondeste

Estes olhos foram estruturados para a posse, isto é, para a evidência. Quando acabam por dominar, distinta e possessivamente, este mundo de perspectivas, figuras, cores e dimensões, os olhos descansam satisfeitos, porque já realizaram seu objetivo, chegaram à evidência.

Estes ouvidos, por sua dinâmica interna, estão destinados a apreender o mundo dos sons, harmonias e vozes. Quando atingem seu objetivo, aquietam-se, sentem-se realizados.

E assim, diferentes potências armam a estrutura humana: potência intelectiva, intuitiva, visual, auditiva, sexual, afetiva, neurovegetativa, endócrina etc. Cada potência tem seus mecanismos de funcionamento e seu objetivo. Ao alcançarem o objetivo, as potências descansam. Antes, estão inquietas. Em resumo, todas as potências do ser humano e ele próprio foram estruturados para a evidência (posse).

Mas aqui está o mistério: o ser humano põe em funcionamento todos os mecanismos e as potências, uma por uma, alcançam seu objetivo: todas elas ficam satisfeitas e, entretanto, o homem fica insatisfeito. Que significa isso? Quer dizer que o ser humano é outra coisa e mais do que a soma de todas as potências; é que o elemento especificamente constitutivo do homem é outra potência enterrada, ou melhor, uma superpotência que está por baixo e sustenta as demais.

* * *

Eu me explico. Nascido de um sonho do eterno, o homem é não só um portador de valores eternos, mas é, ele mesmo, um poço infinito, porque foi sonhado e moldado de acordo com uma medida infinita. Incontáveis criaturas jamais chegarão a encher esse poço. Só um Infinito pode ocupá-lo por completo.

Sendo fotografia do Invisível e ressonância do Silencioso, o homem carrega em seus ancestrais mais primitivos forças de profundidade que, inquietas e inquietantes, emergem, suspiram e aspiram, em perpétuo movimento, na direção de seu Centro de Gravidade, onde possa ajustar-se e descansar, esperando "alcançar a caça".

Cada ato de fé e de oração profunda é uma tentativa de posse. Acontece o seguinte: essas forças de profundidade são postas em funcionamento mediante os mecanismos da fé. Explico: o crente, como uma cápsula espacial, instalado sobre um poderoso foguete, que são as referidas forças, vai se aproximando de seu universo para possuí-lo e descansar. E, em determinado momento da oração, ao chegar ao umbral de Deus, quando o crente tem a impressão de que seu objetivo estava ao alcance da mão, Deus se desvanece como em um sonho, convertendo-se em ausência e silêncio.

O crente fica sempre com um travo de frustração. Essa decepção sutil deixada pelo "encontro" com Deus é intrinsecamente inerente ao ato de fé. Dessa combinação, entre a natureza do ser humano e a de Deus, nasce o *silêncio de Deus*: nascidos para possuir um objetivo infinito, como este está além do tempo, nosso caminhar *no tempo* tem de ser necessariamente *na ausência e no silêncio*.

Ao mesmo tempo, a vida da fé é uma aventura e uma desventura. Sabemos que a palavra *Deus* tem um conteúdo. Mas, enquanto estivermos a caminho, nunca teremos a evidência de possuí-lo vitalmente ou de dominá-lo intelectualmente. O conteúdo estará sempre em silêncio, coberto pelo véu do tempo. A eternidade consistirá em descerrar esse véu. Enquanto isso, somos caminhantes porque sempre o buscamos e nunca o "encontramos".

* * *

São João da Cruz expressa admiravelmente o silêncio de Deus com versos imortais:

> Onde te escondeste,
> Amado, que me deixaste gemendo?
> Fugiste como o cervo,
> deixando-me ferido;
> saí clamando atrás de ti,
> e tinhas ido.

A vivência da fé, a vida com Deus é isto: um êxodo, um sempre "sair clamando atrás de ti". Aqui começa a eterna odisseia dos que buscam a Deus: a história pesada e monótona, capaz de acabar com qualquer resistência. Em cada instante, em cada tentativa de oração, quando parecia que essa "figura" de Deus estava ao alcance da mão, já "tinhas ido": o Senhor se envolve no manto de silêncio e fica escondido. Parece um Rosto perpetuamente fugitivo e inacessível: como que aparece e desaparece, como que se aproxima e se afasta, como que se concretiza e se desvanece.

> Por que, sempre que a alma encontrou Deus, conserva ou torna a encontrar o sentimento de não o ter ainda encontrado? Por que esse peso de ausência até na mais íntima presença?
> Por que essa invencível obscuridade daquele que é todo luz?
> Por que essa distância invencível diante daquele que penetra em tudo? Por que essa traição de todas as coisas que, mal nos deixaram ver a Deus, já o ocultam outra vez?

O cristão foi seduzido pela tentação e se deixou levar pela debilidade. Deus cala; não diz nem uma palavra de reprovação. Suponhamos o caso contrário: vence a tentação com um esforço generoso. Deus também se cala; nem uma palavra de aprovação.

Você passou a noite inteira em vigília diante do Santíssimo Sacramento. Além de ter falado sozinho durante a noite com o seu interlocutor sempre calado, quando sair da capela pela manhã, cansado e sonolento, não vai escutar uma palavra amável de gratidão ou cortesia. O outro ficou calado a noite inteira, e também se cala na despedida.

Se você sai ao jardim, verá que as flores falam, os pássaros falam, falam as estrelas. Só Deus se cala. Dizem que as criaturas falam de Deus, mas o próprio Deus fica calado. Todo o universo é uma imensa e profunda evocação do Mistério, mas o Mistério se desvanece no silêncio.

De repente, a estrela desaparece da vista dos reis magos e eles se perdem na mais completa desorientação.

Improvisamente, o universo ao nosso redor povoa-se de enigmas e perguntas. Quantos anos tinha essa mãe? Trinta e dois anos, e morreu devorada por um carcinoma, deixando seis crianças pequenas. Como é possível?

Era uma criatura preciosa, de 3 anos, e uma meningite a deixou inválida por toda a vida. Toda a família pereceu no acidente, numa tarde de domingo, voltando da praia. Como é possível? Uma manobra caluniosa de um frustrado típico deixou-o na rua, sem prestígio e sem emprego. Onde estava Deus? Tinha nove filhos. Foi despedido por um patrão arbitrário e brutal. Todos ficaram sem casa e sem pão. Existe justiça? E essas mansões orientais, tão perto desse bosque negro e feio de cabanas miseráveis? Que está fazendo Deus? Não é Pai? Não é Todo-Poderoso? Por que se cala?

É um silêncio obstinado e insuportável, que vai minando lentamente as mais sólidas resistências. Chega a confusão. Começam a surgir vozes, não se sabe de onde, se do inconsciente, se do subsolo, ou se de parte alguma, e perguntam: "Onde está o seu Deus?" (Sl 41). Não se trata do sarcasmo de um *voltaireano* nem do argumento formal de um ateu intelectual.

O crente é invadido pelo silêncio envolvente e desconcertante de Deus e, pouco a pouco, é dominado por uma vaga sensação de insegurança, perguntando-se se tudo será verdade, se não será produção de sua mente, ou se poderá ser a mais sólida realidade do universo. Você fica navegando sobre águas movediças, desconcertado pelo silêncio de Deus. Cumpre-se então o que diz o Salmo 29: "Escondeste teu rosto e fiquei desconcertado".

O profeta Jeremias experimentou, com terrível vivacidade, esse silêncio de Deus. O profeta diz ao Senhor: "Javé Deus, depois de ter suportado por ti, ao longo de minha vida, toda espécie de atentados, enganos e assaltos, afinal, será que não passarás de um reflexo, um simples vapor de água?" (Jr 15,15-18).

A última vitória

Que aconteceu com Jesus nos últimos momentos de sua agonia? Aquilo teve todas as características de uma crise pelo silêncio de Deus. Naquele momento, o Pai foi para Jesus "aquele que cala". Mas Jesus teve uma reação magnífica, sabendo distinguir entre o *sentir* e o *saber*.

Para medir e ponderar essa crise, precisamos levar em conta certos antecedentes humanos, de ordem fisiológica e psicológica.

Segundo os entendidos, nesse momento Jesus tinha perdido quase todo o seu sangue. O primeiro efeito dessa hemorragia foi uma desidratação completa, fenômeno em que a pessoa sofre uma dor aguda ou mesmo uma sensação asfixiante e desesperada. Como efeito disso, apoderou-se de Jesus uma sede de fogo, que se fez sentir não só na garganta mas também em todo o organismo, a sede provada pelos soldados que morrem exangues no campo de batalha. Nenhum líquido do mundo pode saciar essa sede, só uma transfusão de sangue.

Além disso, como efeito dessa perda de sangue, Jesus teve uma febre altíssima que originou, por sua vez, o *delirium tremens* que, nesse caso e em termos psicológicos, significa uma espécie de confusão mental: não se trata de um desmaio, mas de uma perda, em grau maior ou menor, da consciência da própria identidade e da ubicação no ambiente vital. Numa palavra, a essas alturas Jesus estava mergulhado em profunda agonia.

Além disso, se nos situarmos em níveis mais interiores, deveremos levar em consideração que Jesus, obediente à vontade do Pai, estava morrendo em plena juventude, no começo de sua missão evangelizadora, abandonado pelas multidões e pelos discípulos, traído por um, renegado por outro, sem prestígio nem honra, aparentemente sem resultados, com uma sensação de fracasso (Mt 23,37). Seu panorama psicológico reflete-se nesta sombria descrição (Sl 68):

> Salva-me, ó Deus,
> porque as águas penetraram até a minha alma.
> Estou atolado num lodo profundo,
> e não há nele consistência.
> Cheguei ao alto mar,
> e a tempestade me submergiu.
> Cansei-me clamando,
> enrouqueceram-se as minhas fauces;
> desfaleceram os meus olhos à espera do meu Deus.

Mas existem no ser humano níveis mais profundos que o fisiológico e o psicológico. Esses dois níveis poderiam estar, em Jesus, arrasados. Mais adiante, na zona do espírito, Jesus tinha conseguido manter uma admirável serenidade durante toda a Paixão.

Entretanto, a certa altura de sua agonia, as circunstâncias descritas o arrastaram a um estado de desorientação e confusão. Crise? Queda em sua estabilidade emocional? Não saberíamos qualificá-lo ou classificá-lo. Que foi? Desânimo? Pesadelo? Um momento de noite do espírito? Aridez em grau extremo? O peso do fracasso? O espanto de encontrar-se sozinho diante de um abismo?

O certo é que, de repente, todas as luzes se apagaram no céu de Jesus, como se fosse um eclipse total. A desolação estendeu suas asas cinzentas sobre as alturas infinitas. Ao seu redor, de horizonte a horizonte do mundo, não se via nada, não se ouvia nada, ninguém respirava. A ausência, o vazio, a confusão, o silêncio e a escuridão abateram-se de improviso sobre a alma de Jesus como feras implacáveis. O nada? O absurdo? Também o Pai estaria entre os desertores?

Era o juízo do Justo. Os injustos julgaram-no injustamente e o condenaram. Isso era normal. Mas, no momento oportuno, o Pai apostaria pelo Filho, inclinando a balança em seu favor. Entretanto, quando chegou a hora decisiva, ninguém se apresentou em defesa do Filho. Estaria também o Pai assentado no tribunal junto de Caifás e de Pilatos? Estaria também o Pai sentado à porta para ver passar o condenado?

Como em todo pleito, sobrava-lhe, em última instância, o recurso de amparo apelando para o Pai. Mas tudo indicava que o Pai tinha abandonado a causa do Filho e passara para o lado contrário, pedindo sua execução. Agora, a quem recorrer? Todas as fronteiras e todos os horizontes estavam fechados. Estaria a própria razão contra o Filho? Então Jesus tinha sido um intrometido e não um enviado? Um sonhador? Teria sido tudo inútil? No final, ia desvanecer-se tudo como um pesadelo psicodélico, em um caleidoscópio alucinante?

Sobre os abismos infinitos, o pobre Jesus flutuava como um náufrago perdido. A seus pés, nada. Sobre sua cabeça, nada. "Meu Pai, por que me abandonaste?" (Mt 27,46). Era o silêncio de Deus que tinha caído sobre sua alma como a pressão de cinquenta atmosferas.

* * *

Mas tudo isso foi a *sensação*. E a fé não é *sentir*, mas *saber*.

Jesus nunca foi tão magnífico como nos últimos instantes de sua agonia. Abriu os olhos. Sacudiu a cabeça como quem desperta e afasta um maldito pesadelo. Venceu rapidamente o mau momento. A consciência de sua identidade emergiu das brumas do *delirium* e tomou posse de toda sua esfera vital. Já sereno, travou seu último combate: o combate da certeza contra a evidência, do *saber* contra o *sentir*. E do último combate nasceu a última vitória.

Sem falar, disse: "Pai querido, não te *sinto*, não te vejo. Minhas sensações interiores me dizem que estás longe, que te transformaste em fumaça, em sombra fugitiva, em distância sideral, em vazio cósmico, não sei, em nada".

Entretanto, contra todas essas impressões, eu *sei* que estás *aqui, agora, comigo*; e "em tuas mãos entrego minha vida" (Lc 23,46). Em plena escuridão, Jesus deu um salto mortal em um abismo profundíssimo, sabendo que o Pai o esperava lá embaixo com os braços abertos. E não se enganou: acordou nos braços do Pai. Foi um final de glória. O Pai não o havia preservado da morte, mas haveria de resgatá-lo bem depressa de suas garras.

Três alegorias

Não é fácil expressar o significado concreto do *silêncio de Deus* em termos precisos. A Bíblia diz mil vezes que Deus está conosco e também diz que estamos (nos sentimos) "longe do Senhor" (2Cor 5,6). Contradição? Não. Trata-se simplesmente de vivências profundas, cheias de contrastes que, para explicar, parecem contraditórias, mas para viver não o são.

O veículo mais adequado para explicar o inexplicável é a alegoria. Por isso imaginei três alegorias para dar alguma transparência ao conteúdo do silêncio de Deus.

Longe do Senhor

Que fizeram comigo? Deixaram-me aqui. Encontrei-me neste pampa sem fim, com todos os cabos cortados.

De desconhecidos subsolos nascem impressões vagas, lembranças difusas que se parecem com sonhos esquecidos. Algo me diz que, em tempos pretéritos, vivi em uma pátria remota e feliz. Mas não sobra nada disso;

nem imagens nem recordações, só as saudades. Eu sou só isto: uma saudade como uma chama ao vento. Tenho a alma errante dos desterrados.

Desde a madrugada, meu coração começa a buscar seu rosto entre as brumas. Às vezes delineia-se ao longe uma figura apagada daquele a quem procuro. É um rosto de névoa sobre a névoa.

De repente me gritam: "Passou por aqui esta noite! Vocês não o viram?" – pergunto. "Não" – respondem. "Estávamos dormindo". "Então, como sabem?". "É que vimos as pegadas de manhã. Veja-as, aqui estão". Tudo está claro: ninguém o viu passar, mas sabemos que passou esta noite por aqui.

"No mar!" – gritaram-me os rios. Sobre as águas profundas e azuis está desenhado o seu rosto. E voamos para o mar nas asas do desejo. Entre a espuma e as ondas começaram lentamente a desenhar um rosto nunca visto. Mas as águas se mexeram e a figura se apagou.

Internamo-nos em uma floresta tão espessa que, mesmo ao meio-dia, só as sombras imperavam. Filtrou-se, de repente, um raio de luz. "É o Sol!" – gritaram alguns. "Não" – responderam outros. "É um pequeno reflexo do Sol". Agora já sabemos que por trás desse negrume espesso e nos amplos firmamentos brilha o Sol, mesmo que ninguém tenha visto seu disco de fogo, só um fugidio clarão.

* * *

Acossado pela sede, percorri vales e estepes em busca de uma fonte. Inútil! Pensei: não há água, minha vida vai acabar. Na mesma hora levantaram-se da terra mil vozes para gritar-me em coro: "Caminhante, se há sede, tem de haver uma fonte. Caminha".

No pampa infinito, ao entardecer, cruzam o céu condores negros planando para mundos ignorados. Se todas as tardes os condores passam nessa direção é porque além dessa planura infinita. levantam-se as altas cordilheiras, embora ninguém tenha visto suas cabeças coroadas de neve.

Se as grandes aves voam, todos os dias, de seus ninhos para as montanhas eternas, é sinal de que elas descansam à espera de minhas aves, mesmo que ninguém tenha enxergado suas alturas adormecidas.

* * *

Cruzei vales e colinas. Gritei mil vezes: "Onde está aquele que minha alma procura?". O mundo inteiro transformou-se em uma resposta universal: o vento clamava, os rios cantavam, as estrelas riam, as árvores perguntavam, a brisa respondia... mas o meu amado se calava. Continuei perguntando: "Onde mora aquele que eu busco desde a aurora? Para lá das estrelas azuis? Naquele risco que toca o firmamento? Nas nevadas da serra violenta? No rumor do bosque? Na solidão última de meu ser?" Outra vez o silêncio levantou sua cabeça sobre as pedras obstinadas.

Da cordilheira ao mar, da aurora ao ocaso, o planeta encheu-se de perguntas e de vozes que me nasceram desde as raízes eternas. "Onde estás? Por que esse silêncio? Por acaso não sou teu eco? Por que te calas? Por acaso não sou a voz de tua voz?

Sou uma fagulha de teu fogo. Por que não brilhas? Por que não me queimas? Por que me cegas? Oxalá me transformasses em um incêndio pelo mundo afora e me consumisses totalmente como um holocausto final! Transformaste-me naquela antiga sarça que ardia sempre e não se consumia. Até quando? Por que tenho de ser sempre uma chama inquieta? Acalma as minhas febres.

És água imortal, por que não sacias de uma vez a minha sede? Oxalá te transformasses em um rio ou em um furacão e me arrastasses, quanto antes, para o fundo de teu seio. És Remanso e Descanso, por que me manténs eternamente no ar, pendurado por um fio?

Fizeste-me como um bosque de mil braços, abertos para abraçar. Por que, quando estou para te alcançar, te transformas em uma sombra eternamente errante?

Tu és o mar; eu sou o rio. Quando descansarei em ti? Tu és o mar; eu sou a praia. Inunda e cobre tudo."

* * *

Disseram-me que agarrasse uma estrela com a mão. Comecei a subir nos telhados para alcançá-la. Continuei escalando montanhas. Ergui-me no cume das cordilheiras, lá aonde não chegam nem os condores. E a estrela? Cada vez mais longe de minha mão. Eu sou isso: um simples impulso, uma chama desprendida da madeira. Eterno peregrino que sempre busca e nunca encontra, quando haverá para mim um planeta ou uma pátria em que possa descansar e dormir?

Eu te aclamo e te reclamo. Eu te afirmo e te confirmo. Eu te exijo e tenho necessidade de ti. Eu te anelo e te conjuro. Tenho saudade e anseio por ti.

Minhas asas já estão fatigadas de tanto voar. Neste dourado entardecer, agora que se apagaram os fogos do dia e a serenidade inunda a terra, suba a ti minha humilde súplica: "Tu que sustentas os mundos em tuas mãos, acalma e sacia todas as minhas expectativas. Tenho sono. Quero dormir".

Agonia e êxtase

Sou um homem de 44 anos, com sete filhos. Com minha esposa, formamos um casal feliz e honrado. As pessoas pensam e dizem que as estrelas sempre brilharam no meu céu. Homem de sorte! Assim é que me definem na rua. Mas eles não têm olhos para entrar em minhas remotas latitudes.

Desde jovem, quase desde menino, habita em mim uma força de contradição que me perturba e me sossega. Nunca me deixa em paz e sempre me deixa a paz. Molesta como a febre e refresca como a sombra. E, ao mesmo tempo, agonia e êxtase. Às vezes, tenho vontade de agir como com um hóspede impertinente: pô-lo na rua. Mas não é possível: veio ao mundo comigo e vai comigo para a sepultura. É tão meu como o meu sangue.

Não sei como chamá-lo. Sensibilidade divina? Piedade? Uma coisa é certa: não posso viver sem meu Deus. Não sei se o Senhor acendeu expressamente em mim essa chama, ou se é uma predisposição inata, combinação fortuita de códigos genéticos, resultado feliz de leis hereditárias. Em outras palavras: não sei se é graça ou natureza. Às vezes, acho que é o maior presente da vida. Outras vezes, parece-me um "desmancha-prazeres".

Tenho uma certeza inabalável: Deus é e está comigo. Mas nunca vi um raio do resplendor de seu rosto. Entretanto, há alguma coisa dentro de mim que me diz que esse resplendor existe e brilha. É uma certeza mais "certa" que as evidências geométricas.

Há alguns anos, uma impiedosa competição profissional derrubou meus negócios por terra. Foi então que eu soube o que é uma noite sem estrelas. O rosto de meu Deus se desvaneceu como uma sombra esquiva. O mundo se me converteu em um deserto imenso; e sobre a areia sem fim eu caminhava sozinho, só eu. Clamava a meu Deus e ele me respondia com silêncios. Isso durou não sei quantas semanas. Quando parecia que a desolação ia tocar o fundo, tive uma "visita" inesperada do meu Senhor. Se contasse o que aconteceu, ninguém o acreditaria: mas também seria impossível contá-lo. Só direi que neste mundo não há êxitos, conquistas nem emoções que deem tanta alegria como uma dessas "visitas".

* * *

Às vezes, o absurdo aparece na minha porta e me dispara uma chuva insistente de perguntas, depois se vai. Eu fico aturdido durante dias e semanas sem saber para onde olhar. Lembras-te? O menino de 3 anos atacado pela leucemia e condenado a morrer? A vizinha que, depois de anos de martírio, foi abandonada por um marido cruel? A família amiga que desapareceu em um acidente? Aquele assassínio; este roubo, esta violação; aquela calúnia... Lembras? Onde está teu Deus?
Dirijo-me ao meu Deus para lhe transmitir essas perguntas e buscar um pouco de alívio. A cada *por quê*, um golpe de silêncio. Como um eco, sobra apenas o risco do absurdo assobiando.
Às vezes, eu me pergunto como a vida seria mais bonita, com a fé ou sem a fé. É evidente que, apagada a fé, vai acender-se a luz verde para todos os apetites. Mas, quando chegarem os golpes, quando o fastio invadir ou a velhice se aproximar, o homem sem fé tem de

sentir-se miserável, impotente e desarmado. Não quisera estar em sua pele nesses momentos.

Conheço meus amigos por dentro. Grande parte deles arrastou a fé para o canto dos trastes velhos como um objeto inútil, ou mesmo como uma companhia molesta. Não os invejo. Sei que eles dão rédeas soltas a todas as suas vontades. E também conheço o vazio infinito de suas vidas.

Um mês atrás, mais ou menos, a tentação apresentou-se em minha porta vestida de flores. Disse-me que a gente só vive uma vez; que os velhos não querem saber de nada e ninguém quer saber deles; que agora, ainda em pleno vigor, é a oportunidade para coroar-se de rosas. Nesses dias, tive a impressão de que Deus era uma sombra inconsistente e inexistente, que estou perdendo o tempo, que o banquete da vida não se repete. Conseguindo forças não sei onde, invoquei meu Senhor para que me tirasse daquela furna desolada. Como única resposta, mais uma vez o silêncio levantou sua cabeça obstinada.

Minha esposa me dizia outro dia que, onde há drama, não há fastio. E acrescentou: como a fé é drama, estamos salvos do mal supremo, o vazio da vida. Eu lhe respondi: do vazio da vida sim, mas não do desconcerto.

Mas há um meteoro que cruza o meu céu tanto nas noites estreladas como nas noites sem estrelas: a *certeza*.

Estou *certo* de que meu Senhor vai guardar o tesouro de minha vida, em um cofre de ouro, até o dia da coroa final. Tenho certeza de que estamos destinados a uma vida incorruptível e imortal.

"*Sei* que meu Redentor vive, que no último dia ressurgirei da terra, serei novamente revestido de minha pele, e na minha própria carne verei meu Deus. Eu mesmo o verei, meus olhos o hão de contemplar, e não outro; esta é a esperança que está depositada no meu peito. Quem me dera que minhas palavras fossem escritas, quem me dera que se imprimissem num livro com um ponteiro de ferro e sobre uma lâmina de chumbo, ou com cinzel se gravassem na rocha!" (Jó 19,25-28).

Todas as noites escuras, todos os silêncios, todos os desconcertos do mundo serão incapazes de derrubar essa certeza.

Como é maravilhosa a aventura da fé!

Vaivém da dúvida

Aqui estou, metido na vida religiosa. Um dia escutei claramente a voz de Deus que me convidava a segui-lo. Saí atrás dele. E ele me colocou neste deserto da fé. Nos primeiros tempos, o Senhor é um presente. De dia, transforma-se em uma nuvem branca: cobre-me contra os raios do Sol. De noite, toma a forma de uma tocha de estrelas toda resplandecente: protege-me contra a escuridão e o medo.

Vão passando os anos. Tudo continua igual, levanto-me todos os dias e começo a buscar o rosto do Senhor. Às vezes, fico cansado de tanto buscar e não encontrar nada. Pergunto, e ninguém responde.

Ainda sou jovem. Tenho um coração solitário e virgem. Deus é o seu habitante. Mas às vezes sinto que ninguém mora lá. Passei a noite inteira diante do Santíssimo. Ao amanhecer, estava com sono e decepção. Só eu falei. Deus foi "aquele que sempre se cala".

Meus anos estão acabando. Em minha alma alternam-se dias claros e dias nublados. Pela primeira vez senti a mordedura de umas perguntas que, como um exército em ordem de batalha, assaltaram minha pobre alma. Terei sido vítima de uma alucinação? Não será uma desventura essa aventura em que estou metido e comprometido? Vive-se só uma vez, e o projeto de minha vida que escolhi para esta única vez não será uma "paixão inútil"? Fiz essas perguntas ao Senhor, entre lágrimas. Mas também não tive resposta.

Minha juventude já se foi para sempre. Sou invadido frequentemente pela depressão, algo assim como o tédio da vida. Foram-se para sempre os arroubos juvenis e começaram a chegar os sinais da decadência. Muitas vezes sinto uma sensação estranha: para não desfalecer, procuro me agarrar a Deus e tenho a impressão de apalpar uma sombra. Hoje pude distinguir claramente o rosto do Senhor. Nesses momentos, sinto que me nascem asas e uma vontade enorme de voar alto como as águias.

Sinto-me como um saco de areia, tão cansado de lutar contra a obstinada escuridão da fé. Disse: "Esta noite o Senhor vai me visitar para me dar um pouco de consolo e força". Mas o Senhor também não apareceu esta noite. Entretanto, ao amanhecer, abandonei-me em suas mãos e senti uma estranha alegria, profunda como nunca. Passaram-se muitos anos. Estou no ocaso da vida. Não tive filhos. Meu sangue não vai ser perpetuado em outras veias. Será que me enganei? Terá sido tudo estéril? Não. "Porque eu sei em quem coloquei a minha fé, e estou certo de que ele tem poder para guardar o meu depósito até aquele dia" (2Tm 1,12). "Com estes mesmos olhos verei o meu Salvador" (Jó 19,26).

Um sinal

São muitas as pessoas comprometidas a fundo com o Senhor as quais ouvi desabafar em expressões como essas.

Tenho, neste momento, a segurança de estar tocando nesta pedra e pisando neste solo. Se eu tivesse a mesma segurança de que o meu Deus *é* verdadeiramente o Deus vivo, seria a pessoa mais feliz do mundo. Se o silêncio se transformasse em voz, mesmo que fosse em uma voz mais leve do que a brisa, se o invisível se transformasse em teofania, mesmo que com a duração de um relâmpago, se uma gratuidade infusa marcasse sobre a substância de minha alma a cicatriz de Deus, mesmo que fosse uma só vez na vida, eu seria valente, alegre, forte, meter-me-ia em todos os combates, assumiria, sem me arrebentar, todos os golpes da vida, perdoaria com facilidade, superaria com felicidade as crises, amaria sem medida.

Se houvesse para mim uma "visitação" súbita, marcante e inefavelmente consoladora, se por um único instante o fulgor do rosto do Senhor rasgasse como um relâmpago a escuridão da minha noite, haveria em minha vida "mais alegria do que se houvesse abundância de trigo e vinho" (Sl 4).

Mas não há tréguas. Na retaguarda mental do crente, fica sempre assobiando um eco de incerteza. Certa insegurança parece pertencer à própria natureza da fé. O crente sempre tem a impressão de estar correndo um risco. É justamente daí que brota a grandeza da fé.

Surpreendemos frequentemente muitos homens da Bíblia dominados por esse desconcerto clássico causado pelo silêncio de Deus. Também eles se sentem naufragar em águas inseguras e buscam um sinal visível e inequívoco de que aquele com quem tratamos é ele mesmo e não um produto mental subjetivo.

Gedeão disse a Deus: "Se eu achei graça diante de ti, dá-me um sinal por onde conheça que és tu quem me falas. E não te vás daqui antes que eu volte trazendo um sacrifício e to ofereça" (Jz 6,17-18).

Os derrotados pelo silêncio

Na enorme variedade de situações produzidas pelo silêncio de Deus, consigo distinguir, hoje, três grupos bem diferenciados, principalmente entre os homens e mulheres consagrados completamente a Deus. O primeiro grupo é dos derrotados.

Esses abandonaram definitivamente a vida com Deus e deram um jeito de viver como se Deus não existisse. Durante longos anos, esforçaram-se por viver sua fé. Acordavam à meia-noite, invocavam a Deus, e Deus não respondia. Levantavam-se de manhã, clamavam ao Senhor, e tinham a impressão de que o interlocutor estava longe, ou simplesmente não estava. Cada tentativa de oração acabava em fracasso. Mil vezes tiveram vontade de jogar tudo pela janela, mil vezes reagiram contra essa tentação pensando que, apesar de tudo, a única coisa que dava sentido à vida era Deus. Nunca se propuseram formalmente o problema da "hipótese" de Deus. Tinham medo de se encontrar diante do sepulcro vazio.

Hoje, se dão por perdidos. Sentem-se em uma situação contraditória e singular: por um lado desejam que Deus seja ou fosse uma realidade *real* e *viva*, mas o "sentem" como morto. Não negam a Deus diante de si mesmos e, menos ainda, diante dos outros. Gostariam de crer. Mas faltam-lhes as forças até para levantar a cabeça. Parece-lhes que já não há o que fazer.

Abandonaram a estrutura eclesiástica ou estão para fazê-lo. O sintoma específico dos derrotados é a agressividade na linha da típica reação de todos os frustrados: a violência compensadora. A gente os vê amargurados. "Precisam" destruir. Só assim conseguem diminuir a própria derrota diante de si mesmos e dos outros. Criticam sombriamente e sem trégua o edifício geral da Igreja: estruturas, instituições, autoridade, sistemas de formação, doutrina social...

Não falam contra Deus. Pelo contrário, silenciam-no sistematicamente. Mas, ao que me parece, fazem uma transferência psicológica. Isto é: quando atacam tão obsessivamente a Igreja, no fundo estão atacando Deus, a quem consideram como um inimigo inexistente mas alucinante, que estragou a festa de sua vida. Por via de transferência, dirigem sua decepção e frustração contra o próprio Deus.

Ouvi alguns desses fazerem as declarações mais sombrias que se possa ouvir neste mundo: "Já tenho cerca de 40 anos; tenho que começar a viver e não se pode voltar à infância ou à juventude para começar a fazer projetos e a sonhar. Vive-se uma só vez, e nessa única vez eu me enganei. Desperdicei os melhores anos da vida e não os posso recuperar".

Quando se ouvem declarações como essas, não se pode deixar de sentir um reverente respeito por tais casos.

Os desconcertados pelo silêncio

Durante muitos anos mantiveram a tocha no alto. Mantiveram uma lua de mel em que Deus era uma *festa* para eles. Naqueles anos, os ideais tremulavam ao vento, as renúncias passavam a ser liberdades e as privações eram plenitudes. Eles sentiam que não lhes faltava coisa alguma neste mundo. Foi uma época de ouro.

Os anos passaram, e a noite do silêncio começou a oprimi-los. As forças da juventude foram se esfumando como em uma contagem regressiva. Nessas alturas, o Senhor já não era para eles aquela festa de antes. A vida foi envolvendo-os e, como por osmose, foi subtraindo o seu entusiasmo. Durante esses anos nunca receberam uma extraordinária gratuidade infundida do alto, uma dessas graças que marca, afirma e confirma na fé as pessoas, instalando-as na certeza. A rotina foi invadindo seus dias como uma névoa invisível.

Longa, muito longa foi aquela noite do silêncio. Surgiu a fadiga que começou a corroer os peregrinos. Eles continuaram a afundar lentamente até ficarem quase sem vontade de seguir o caminho. Foi (como dizer?) uma sensação de desânimo, impotência e fracasso, como quem diz: "não tenho asas para voos tão altos". Mas uma palavra mais exata para definir essa situação é a seguinte: desconcerto. "Escondeste teu rosto e fiquei desconcertado" (Sl 29).

Sua ilusão pelo Senhor morreu e foi substituída pela apatia. Abandonaram o esforço pela oração pessoal, frequentam algum sacramento mais por rotina do que por fome, assistem a algumas orações comunitárias. Substituem o vazio de Deus com fortes doses de compensações. Para escapar da sensação de fracasso, lançam-se desordenada e impulsivamente na atividade chamada apostólica e, dentro da lei dos equilíbrios, para maior vazio interior, maior atividade.

O sintoma típico deste grupo – além do desânimo – são as *saudades*. Sem pretender e sem poder evitá-lo, esses desconcertados regressam aos anos do primeiro amor, anos em que o encanto pelo Senhor revestia todas as coisas de beleza e de sentido.

> Ao recordar-me dessas coisas,
> a minha alma derrete-se dentro de mim.
> Unir-me-ei com o povo,
> guiá-lo-ei até a casa do Senhor;
> entre vozes de alegria e de louvor
> da multidão em festa (Sl 41).

Mesmo no meio das atividades alvoroçadas, são seguidos e perseguidos por uma voz que não conseguem silenciar, a velha queixa do Senhor: "Eu me lembro de teu carinho juvenil" (Jr 2,2).

Dariam todos os seus êxitos profissionais atuais para recuperar aquele primeiro amor, aquele encanto vivo de antes pelo Senhor. O que mais sentem é que perderam a alegria. E além, muito além, em uma região perdida de si mesmos, carregam a convicção de que, fora Deus, não existe outra fonte de alegria. E estão sempre dispostos a refazer o caminho de volta para essa fonte. A maioria dos desconcertados acaba recuperando, cedo ou tarde, o encanto primitivo.

Os confirmados

Estes confirmados carregam nas costas uma história longa e dolorosa. Houve de tudo em suas vidas: marchas e contramarchas, crises, quedas e recaídas. Mas uma fidelidade elementar cobriu com um manto as ruínas transitórias. E "aquele que sempre se cala" foi curtindo e endurecendo, forjando e confirmando, em uma maneira nobre e definitiva, os que se lhe entregaram na luz e na escuridão.

Deu-lhes, desde o princípio, a graça de perceber nitidamente que, na travessia da vida, Deus e só Deus podia dar sentido e solidez a seu projeto de existência. E, por anos sem fim, elevaram seu clamor ininterrupto ao Senhor Deus. "Por favor, não me escondas teu rosto, não me abandones" (Sl 26). "Não escondas teu rosto ao teu servo" (Sl 68; 87; 101). "Faze brilhar o teu rosto sobre o teu servo" (Sl 30). "Caminharei à luz de teu rosto" (Sl 88). "Brilhe teu rosto sobre nós e seremos salvos" (Sl 79).

Mas qual foi a receita secreta que instalou e confirmou esses crentes na fé? Foi um profundo e universal *espírito de abandono*. Não resistir, mas *entregar-se*, essa foi a chave de sua confirmação. Também para eles Deus foi "aquele que se cala". Contudo nunca se impacientaram, não se irritaram, não se assustaram, nunca exigiram uma garantia de credibilidade, um sinal para ver, muletas para andar. Entregaram-se, repetidas vezes, sem resistir, em silêncio, em silêncio.

Atravessaram longos períodos de aridez e de secura. Não se deixaram abater por causa disso. No meio da mais completa escuridão, mantiveram-se entregues. Sofreram golpes inesperados que sacudiam sua árvore até as raízes. Mas não se agitaram. Abandonaram-se em silêncio, ao silêncio.

Vieram as crises. Por longos períodos, o céu ficou mudo e o mundo parecia governado pelo absurdo ou pela fatalidade. Não se confundiram por causa disso nem desanimaram, mas se deixaram levar, de pés e mãos amarrados, pela corrente do silêncio e da escuridão, seguros de estar navegando no mar de Deus. A bússola de sua navegação foi a certeza.

Como Abraão e outros homens de Deus, estes confirmados começaram queimando os navios, isto é, deixaram de lado as seguranças da retaguarda como também as regras do senso comum e os cálculos de probabilidade, e continuaram dando pouca importância às explicações que não explicam e às evidências que não satisfazem. Acabaram por se entregar, de braços cruzados e olhos fechados, vezes sem conta, ao absoluto Outro, repetindo perpetuamente o amém. No estilo dos *pobres de Deus*, abandonaram-se sem pontos de apoio, em plena escuridão, confiando incondicionalmente em Deus seu Pai.

Foi assim que ficaram confirmados para sempre na certeza da fé.

Fortaleza no silêncio

Nos tempos modernos, temos um alto expoente dessa fé de abandono: Santa Teresinha do Menino Jesus. Dela são estas palavras de grandeza patética e quase sobre-humana:

A aridez mais absoluta e quase que o abandono foram meu patrimônio. Jesus, como sempre, continuava adormecido em minha barquinha.[6]

Para qualquer um de nós é uma consolação infinita pensar que uma alma de tão alta qualidade tenha vivido com tal paz e sorriso o abandono da fé, sob a abóbada do espesso silêncio de Deus.

Esse testemunho adquire nova grandeza, quando se completa com estas outras palavras:

> Pode ser que (Jesus adormecido) não acorde até minha grande retirada para a eternidade. Mas isso, em vez de me entristecer, me traz grandíssima consolação.[7]

Essa frágil mulher é da estirpe de Abraão. Como veremos mais tarde, algumas pessoas passam pelo mundo entre as consolações de Deus. Mas para muitas Deus é tortura. Só o abandono – a fé absoluta – transforma a tortura em doçura. Santa Teresinha pertence a esta classe de pessoas. As declarações que fez, alguns dias antes de morrer, fazem-nos emudecer e a elevam acima de muitos homens de Deus que, na Bíblia, pediam um "sinal" para ter a segurança de que Deus é Deus. Nossa santa recusa essa "graça".

> Não desejo ver Deus na terra... Prefiro viver de fé (*Últimas conversações*).

---

[6] Teresinha do Menino Jesus, Santa. *Obras completas*, p. 289.

[7] Ibid.

Com palavras simples e numa bela comparação, expõe--nos o mistério da fé:

> Eu me considero como um fraco passarinho coberto apenas por uma leve penugem. Não sou águia: dela só tenho os olhos e o coração, mas apesar de minha extrema pequenez, atrevo-me a olhar fixamente o sol divino, o sol de amor, e meu coração sente em si todas as aspirações da águia. O passarinho gostaria de voar para esse sol brilhante que fascina seus olhos... Que será dele? Morrerá de pena vendo-se tão impotente? Oh! não! O passarinho nem sequer chega a se afligir. Com um abandono audaz, quer continuar a olhar fixamente o seu divino sol. Nada seria capaz de assustá-lo, nem o vento nem a chuva. E se nuvens escuras vierem a ocultar-lhe o astro de amor, o passarinho nem muda de lugar; sabe que, além das nuvens, seu sol continua a brilhar, que seu esplendor não poderia eclipsar-se um momento sequer.[8]

Esse é o mistério final da fé. Nós fomos *estruturados* para um objetivo infinito. Mas a estrutura foi deteriorada por um desastre que dificulta o objetivo original.

Não somos mais que um pardal, mas temos um coração de águia. Esse é o terrível e contraditório mistério do ser humano: sentir-se, ao mesmo tempo, pardal e águia; ter um coração de águia e asas de pardal.

Que fazer? Sei que não posso voar alto. Nem vou tentá--lo. Não vou nem agitar as asas, mas me abandonarei nas asas do vento. O vento é Deus. O resto ficará por conta

---

[8] Ibid., pp. 251-252.

dele. Sei que sou um pardal, mas também sei que, se me abandonar em Deus com grande paz, ele poderá emprestar-me as asas poderosas de uma águia. Há alguma coisa impossível para ele? Sei que sou um montão de ruínas e de desolação; mas também sei que, se me abandonar em Deus, ele pode transformar-me em uma mansão deslumbrante. Ele é poder e graça.

Se Deus se envolve em um manto de silêncio ou se oculta por trás das nuvens, continuarei a olhar "com um abandono audaz", mesmo que não veja nem sinta coisa alguma. Mesmo que me assaltem milhares de vozes falando de ilusão, eu sei que, por trás do silêncio, está ele; continuarei a olhá-lo obstinadamente e em paz. E mesmo que Deus fique "adormecido" em minha barca durante toda a minha vida, não importa. Eu sei que ele "acordará" no grande dia da eternidade.

> Você pensa que agora, quando as nuvens se dispersaram, apareceu a lua. Engano. A lua brilhava por trás das nuvens desde a mais extensa eternidade (*Refrão oriental*).

4. PARA A CERTEZA

Eram como dois *velhos amigos*. Estavam levando a cabo, juntos, uma epopeia memorável. Lutando, lado a lado, em um combate sem igual, sem dar nem receber quartel, tinham convocado um povo oprimido. Depois o tiraram da pátria dos livres, que é o deserto. E, caminhando sobre as areias douradas, puseram-no em marcha para um sonho longínquo e quase impossível. Os dois se tratavam com a camaradagem dos veteranos de guerra. Eram Deus e Moisés.

Mas Deus tinha sido um "camarada" invisível. Moisés, entretanto, como era um ardente contemplador, fazia muito tempo que desejava ver o rosto de Deus. E, em certa ocasião, quando já estava desfalecendo de ansiedade, dirigiu-lhe diretamente esta súplica, contida havia tanto tempo: "Senhor meu Deus, mostra-me tua glória". E o Senhor lhe respondeu:

> Eu te mostrarei todo o bem... mas não poderás ver a minha face, porque o homem não pode ver-me e viver". Disse mais: "Eis um lugar junto de mim, e tu estarás sobre aquela pedra. Quando passar a minha glória, eu te porei na concavidade da pedra, e te cobrirei com a minha direita, até que eu tenha passado. Depois tirarei minha mão e me verás pelas costas; mas meu rosto não poderás ver (Ex 33,19-23).

Nesta cena tão rústica e quase cômica, desvela-se admiravelmente todo o mistério da fé: enquanto dura o combate da vida, não é possível contemplar o rosto do Senhor. Só será possível vislumbrá-lo em algum vestígio fugaz, subindo dos efeitos para a causa, caminhando pela vereda das deduções e analogias, por entre penumbras, indiretamente, numa palavra, "pelas costas".

A noite escura

São João da Cruz não se cansa de repetir, com palavras diferentes, que a fé "é um hábito da alma, *certo e escuro*". Sempre considerei São João o grande *doutor da fé*. Se é mestre e guia em todos os caminhos do espírito, é mestre de maneira especial nos caminhos noturnos da fé. Entre os numerosos e elevados conceitos que desenvolve em seus livros sobre esse assunto, poderiam ser consideradas como síntese de todas as suas ideias as seguintes palavras:

> [...] a fé é substância das coisas que se esperam, e mesmo que o entendimento consinta nelas com firmeza e certeza, não são coisas que possam ser descobertas ao entendimento porque, se o fossem, já não seria fé. Isso, embora dê certeza ao entendimento, não lhe dá clareza mas escuridão (2 *Subida* 6,2).

Vou tentar fazer um amplo raciocínio, procurando explicar esses dois conceitos que, vertebrados, constituem a essência da fé: *escuridão* e *certeza*.

* * *

Chama-se – com uma palavra difícil – *processo cognoscitivo*. É daí que parte o mistério da fé.

Pelo viaduto dos sentidos, entram na mente humana as impressões e sensações dos diferentes objetos. Na realidade, a mente é isto: uma rede filtradora ou uma fábrica de elaboração. Efetivamente, de cada objeto detectado pelos diversos sentidos, a mente separa o que o objeto tem de próprio ou individual, extrai e retém o que tem em comum com todos os demais objetos de sua espécie. Isto é, deduz uma ideia comum a todos os objetos e, por conseguinte, universal. É um trabalho de *universalização*. Vamos dar um exemplo concreto.

Vejo aqui uma cadeira. Lá longe vejo outra cadeira, mas como é diferente desta! Neste canto há outra cadeira que não se parece nada com as duas primeiras, nem no tamanho nem na forma. E assim, entraram em minha mente suponhamos, 50 cadeiras de 50 formas diferentes. Agora começa o trabalho elaborador da mente. De todas as cadeiras, ou melhor, de todas as imagens concretas de cada cadeira, a mente, deixando de lado aquilo que é próprio de cada uma, tira e guarda o que é comum a todas: uma ideia universal de cadeira.

Uma vez terminado esse trabalho de elaboração, podem apresentar-se a meus olhos mil cadeiras no meio de dez mil outros objetos. Minha mente toma aquela ideia universal como um candeeiro e, com sua luz, vou distinguindo, reconhecendo e identificando as mil cadeiras entre os dez mil objetos, sem me enganar.

O mesmo acontece em outras áreas. Se me apresentam cinco mil objetos, saberei dizer com precisão quais deles são frios, quais são quentes ou mornos. Ou, em outra ordem, quais são duros ou moles; quais são verdes, vermelhos ou amarelos.

Esse é o funcionamento e a gênese do pensamento humano.

Mas é aí mesmo que começam os desenganos. Como o Senhor nosso Deus não se veste de cores nem de perfumes, não tem quilos nem centímetros, não pode ser apreendido pelos sentidos. Por não poder ser detectado pelos sentidos, Deus não pode *passar* a esse laboratório da mente para ser submetido a um processo de análise e síntese. Por isso, o Senhor Deus nunca será propriamente *objeto de inteligência*, porque na mente não há nada que não tenha passado previamente pelos sentidos. Como não pode ser objeto direto de inteligência, o Senhor é, por outro lado, *objeto de fé*. Só o podemos "entender" cabalmente na fé.

Por isso, Deus nunca vai entrar em nosso jogo. Fica sempre *fora*, é transcendental: está *acima* do processo normal do conhecimento humano. Está em outra órbita. Deus é *outra coisa*.

Quero dizer: Deus não é para ser "entendido" analiticamente porque nunca entrará em nosso jogo acrobático de silogismos, premissas e conclusões, induções e deduções. "Entendemos" Deus de joelhos: assumindo-o, acolhendo-o, vivendo-o. O "Alcançar a caça" de São João da Cruz não pode ser entendido no sentido intelectual – o que não é possível –, mas no vital. Conquistar (intelectualmente) a Deus? Nesse sentido, o Senhor Deus é "inexpugnável". O difícil e necessário é deixar-se conquistar por ele.

Se não é possível "alcançar a caça" analiticamente, então Deus é mistério. Não quer dizer que é uma *coisa misteriosa*, mas que é inacessível à potência intelectual. Como diz a Bíblia, nunca poderemos vê-lo face a face.

Em todos os sentidos, Deus é totalmente diferente. Um processo que nos leva a outros seres ou a outras verdades não seria capaz de levar-nos a ele, como também as representações que são aptas para expressar outros seres não são capazes de expressá-lo.

Mesmo depois que a lógica nos obrigou a afirmar que Deus existe, seu mistério continua inviolado. Nossa razão não chega até ele. Dialética e representação não podem passar do umbral.

Mas ainda, antes de toda dialética e de toda representação, nosso espírito já afirma que aquele que é alcançado pela dialética e pela representação está além de toda representação e dialética.

E essa afirmação, passando das trevas para a luz e da luz para as trevas, permanece sempre em pé.[9]

Esse formoso parágrafo ressalta admiravelmente o "obséquio" da fé: antes, além e aquém da dialética e da representação, o verdadeiro crente *entrega-se* na escuridão, e só então começa a entender o mistério e vê nascer a certeza.

É como se quiséssemos explicar em que consiste o amarelo a um cego de nascimento, que nunca viu as cores. Eu abro os olhos e vejo uma flor amarela. Como transmitir ao cego o fato de que a flor é amarela? Impossível! Quando a comunicação se torna impossível, recorremos a aproximações ou outros pontos de referência. E assim dizemos ao cego: a cor amarela é algo aproximativo ou intermediário entre... (o quê?)... o vermelho e o branco... é inútil continuar. O cego não "sabe" o que é branco, roxo, marrom, nada. As cores nunca entraram em seu mundo. Quanto a elas, para ele é *noite*. As cores transcendem-no. Mas seguramente o cego "entenderá" o amarelo por referência a outras impressões que ele tem, recebidas por outros sentidos:

---

[9] LUBAC, Henri de. *Por los caminos de Dios*. Madrid: Encuentro, 1993. p. 94.

o amarelo será "entendido" como morno, brando, sensações suaves, por exemplo. E depois de tantas explicações, quando o cego acreditar que "entendeu" a cor amarela, precisaríamos dizer-lhe: Meu filho, o amarelo não é nada do que você "entendeu". É *absolutamente outra coisa*.

Essa é exatamente a nossa situação com respeito a Deus. Como ele nunca entrou nem vai entrar pelos sentidos no laboratório mental, para conhecê-lo temos de lançar mão de outras referências que, ao menos, nos "aproximem" cognoscitivamente dele. Isto é, vamos por um caminho indireto. Sabemos, por exemplo, o que quer dizer *pessoa*. Transferimos o conteúdo dessa palavra e o aplicamos a Deus, dizendo: *Deus é pessoa*. Mas, falando com precisão, teríamos de acrescentar: mas Deus não é exatamente pessoa. Deus é absolutamente *outra coisa* em relação às pessoas. Deus está na penumbra. Nossos conceitos, aplicados a ele, não concordam. Numa palavra: Deus é absolutamente distinto de nossas ideias, conceitos e preconceitos, representações e imagens.

Diz Santo Agostinho:

> Crês que sabes quem é Deus? Crês que sabes como é Deus? Não é nada do que imaginas, nada do que teu pensamento pode abraçar.
> Ó Deus que estás acima de todo nome, acima de todo pensamento, além de qualquer ideal e de qualquer valor, ó Deus vivente (*Contra Adimantum*, II).

Por isso, as palavras humanas nunca poderão ser propriamente "portadoras" da substância real de Deus. As palavras levam e transmitem imagens das realidades que vivemos, ouvimos e sentimos. Como Deus está fora do alcance dos sentidos, nunca nos entenderemos, com relação a Deus, por meio de nossa fonética. Todas as palavras referentes ao Senhor Deus teriam de ser usadas no negativo: in-finito, in-visível, i-menso, in-compreensível, in-criado, i-nomeado... As palavras não podem contê-lo. Isto é, o Senhor é muito maior, mais admirável e magnífico do que tudo o que possamos conceber, sonhar, desejar, imaginar. Realmente, é o In-comparável.

Deus deve ser *assumido* na fé. Mais que objeto de intelecção é objeto de contemplação. É muito bom que nos aprofundemos nas coisas de Deus. Mas, originalmente, o ato de fé consiste em acolher o mistério na escuridão da noite. São João da Cruz diz:

> Aquele que deverá juntar-se em uma união com Deus não deverá ir entendendo, mas crendo... porque por mais que possamos entender de Deus, estaremos infinitamente longe dele (2 *Subida* 4,4).

Qual é teu nome

Os homens da Bíblia não se atrevem a definir nem a descrever Deus, nem sequer a nomeá-lo. Definir é de certa forma abarcar alguma coisa, e o Senhor Deus é in-abarcável. Nome, para os semitas, equivale a pessoa; e dar nome é, em certo sentido, aprender e medir a essência da pessoa, e Deus não é mensurável.

Por isso tudo, a Bíblia, a respeito de Deus, faz um jogo por alto ou transcendental: passa por alto e evita dar-lhe um nome. Em vez disso, usa uma forma rústica de designar a Deus: "O Deus de Abraão; o Deus de Isaac, o Deus de Jacó". Seguindo o mesmo estilo, Paulo falará do "Deus e Pai de nosso Senhor Jesus Cristo". A maneira mais adequada para representar ou significar a Deus seria esta: *aquele* que se revelou aos patriarcas; *aquele* que se revelou em Jesus Cristo. Para referir-se a Deus vale só o pronome, não o nome.

É por isso que os israelitas não podiam pronunciar o nome de Javé. Só por baixo desse detalhe palpita uma grande carga de profundidade: a transcendência do Deus de Israel.

* * *

Segundo o que foi dito, para o israelita havia três perguntas reversíveis e de conteúdo idêntico: *Quem és? Que és? Como te chamas?* Nesse contexto podemos entender a seguinte cena bíblica.

Fugindo das iras do faraó, Moisés refugiara-se na região de Madian e guardava as ovelhas de seu sogro. Deus lhe disse: Tira o meu povo da opressão do Egito. Moisés respondeu: Está bem, meu Senhor, mas tenho uma dúvida. Quando eu convocar e comunicar: Filhos de Israel, vosso Deus me enviou para vos libertar dos trabalhos forçados, e eles me perguntarem: Como se chama esse Deus? Que é que vou responder, meu Senhor? Qual é teu nome?

Deus escapou da pergunta e saiu pela tangente: "Eu sou o que sou". Mas, na realidade, Deus não saiu pela tangente. Esse versículo (Ex 3,14) vale por um livro.

Ele nos diz que o verdadeiro Deus não tem nome. Se tivéssemos de dar-lhe um nome concreto, seria este: eu me chamo *Inominado*; chamo-me *Sem-Nome*. E, precisamente, o *Inefável*. Não pode ser classificado. Não pode ser qualificado. Nem as palavras mais altas e inesperadas poderão encerrá-lo em suas fronteiras. Não está na órbita da fonética articulada, mas na do ser. Por acaso poderíamos canalizar um rio caudaloso pelo sulco de um arado? Deus não se deixa manipular. Os silogismos não o alcançam. As dialéticas jamais vislumbrarão um segmento do fulgor de seu rosto bendito.

Esse é também o significado daquele episódio misterioso e dramático: o combate noturno entre Jacó e o anjo de Deus (cf. Gn 32,25-33). Ao amanhecer, Jacó pergunta: "Por favor, diz-me teu nome". E a resposta sempre evasiva de Deus: "Para que queres saber meu nome?". A mesma coisa foi ressaltada na resposta que deu a Manué: "Por que perguntas meu nome? É misterioso" (Jz 13,18). Na Bíblia, Deus é aquele que não se pode nomear, isto é, aquele que transcende, transborda e supera toda realidade, toda representatividade, toda palavra, toda ideia.

Nosso Deus é muito mais amplo que os horizontes dos pampas. Mesmo que juntássemos os adjetivos mais brilhantes da linguagem comum, mesmo que tirássemos todas as palavras do dicionário e as colocássemos em fila, ou com tudo isso armássemos um monumento mais profundo que os abismos, mais largo que os espaços e mais alto que os céus, seria inútil. As palavras não valem nada, ele é muito mais, é outra coisa, está em outra órbita. É outra coisa e mais inefável que as melodias que nos chegam de outros mundos. Não é som, é Ser.

Na noite profunda da fé, quando a alma como terra cega e sedenta se abre docilmente para a ação divina e acolhe o mistério infinito como chuva mansa que cai, inunda e fecunda... só assim, entregues, receptivos, começaremos a "entender" o Ininteligível.

Quando a música cala, quando as palavras silenciam, quando a inteligência emudece, e permanecem apenas o Silêncio e a Presença, na fé pura, sem entender nada e entendendo tudo, sem dizer nada e dizendo tudo, quando o abraço se consuma não de ideia para ideia, mas de ser para Ser, então a certeza e a escuridão se elevam e dão as mãos como um arco-íris, por cima das dialéticas e das induções, para plantar um altar no meio do mundo, onde, mudos, possamos adorar e ser assumidos pelo Mistério.

Analogias, vestígios e símbolos

Caminhantes da meia-noite, sem gozar sequer os resplendores das estrelas, como poderão evitar ser devorados pelo medo? Onde vamos nos agarrar para não sucumbir ao desânimo? Que faróis, que indicadores teremos para saber se estamos bem orientados? Onde está Deus? Que fazer para contemplá-lo ao menos "pelas costas"?

A Bíblia oferece-nos imagens e símbolos. O Invisível torna-se transparente por meio das forças cósmicas, palavras escritas, acontecimentos históricos ou fenômenos telúricos, que são um convite para mergulharmos nas profundas águas divinas, cuja natureza só pode começar a ser entendida quando o crente nela submerge.

Frequentemente Deus toma a forma de fogo, sinal muito adequado por causa do resplendor com que ilumina as escuridões, e pela energia de seu calor calcina, cauteriza ou vivifica. No monte Horeb, Moisés é fascinado pelo espetáculo da sarça ardente que não é *devorada* pelo fogo (Ex 3,2). No Sinai, a montanha arde, mas não se consome (Ex 19,18). Deus é um fogo que não destrói, mas purifica. São os símbolos.

* * *

Temos também os vestígios. Se eu fosse cego, *sentiria*, por meio de emanações, que há um objeto perto de mim. Abro os olhos e continuo sem saber que objeto é, não vejo nada. Para mim é noite. Se tivesse boa visão, saberia imediata e diretamente que tipo de objeto está na minha frente. Quando me falta a visão, começo a tateá-lo com as mãos, seguindo a via indireta das exclusões para a das deduções. Digo: *não* é tal coisa, e também não é outra coisa. Esta mola serve para esta finalidade, aqui há um aro que serve para outro objetivo. E assim o cego chega à conclusão firme: o que tenho nas mãos *é tal coisa*. Fez um caminho escuro e fatigante.

Hoje, tudo amanheceu coberto de neve. Sabemos que passou por aqui uma manada de javalis. Aqui estão as pegadas. Não são pegadas de lobos nem de raposas. As marcas são claramente de javalis. Conclusão: embora ninguém tenha visto os javalis passarem, sabemos que uma manada passou por aqui nesta noite de inverno.

Assim, pelo caminho das deduções e dos vestígios vamos fatigosamente descobrindo o ser e o rosto do Senhor.

Basta esgravatar um pouco na pele do homem para descobrir que suas medidas são medidas infinitas. Quem cavou aqui um poço tão fundo? Quem colocou aqui este fogo que queima sempre e não se apaga nunca? De onde vem essa fome que nenhum alimento do mundo é capaz de satisfazer? E essa sede que não é saciada por todos os mananciais das montanhas? Mesmo que não diga nada, *tem de haver* por trás de tudo uma fonte da vida, uma causa original e uma meta final.

E esse espelho brilhante que é o mundo... Por trás de tanta beleza, tem de existir a Beleza; por trás de tanta vida, tem de existir a Vida; por trás de tanta ternura, tem de existir o amor.

E assim, vamos subindo das criaturas para o Criador, dos efeitos para a Causa, mas sempre por um caminho cego, conduzidos pela mão, por analogias e deduções, tenteando entre penumbras, pela fé.

* * *

É verdade que, chegada a maturidade dos tempos (Ef 1,10), Deus se manifestou com portentos e com palavras de salvação. Mas seu mistério continua velado e retido no silêncio.

Mediante a palavra foi descerrado o véu e "foi-me comunicado por revelação... o conhecimento do Mistério de Cristo" (Ef 3,3). Contudo, a realidade profunda e última do Mistério ainda continua ligada e retida nas palavras e sinais, e contemplamos a "glória do Senhor" apenas "como em um espelho" (2Cor 3,18).

Mais adiante, ao longo dos séculos, o destino da Igreja consiste em descobrir, cada vez com maior claridade, esse Mistério, até que o véu se abra de uma vez. Em cada etapa de sua história, a Igreja avança para o coração do Mistério: é um avançar no crescimento, penetração, aprofundamento e esclarecimento do Mistério de Jesus Cristo.

A Revelação é um acontecimento *histórico*, no sentido em que foi produzido *no passado*. Essa revelação, porém, não se esgota no passado, pois continua a desdobrar-se ao longo da História. Isto é, o conhecimento do Mistério de Cristo não se esgota com os dados da Escritura, mas se enriquece e se aprofunda com a colaboração contemplativa dos séculos e das culturas. A História não é outra coisa senão um avançar para o interior da Palavra.

O grande salto no vazio

O crente "adulto" é aquele que crê entregando-se.

Poderíamos, portanto, falar em *fé adulta*. Para entendê-la, comecemos juntando aqui os conceitos simples da linguagem comum. *Criança*, na vida, é aquele ser essencialmente dependente: precisa apoiar-se em alguém para andar, comer, viver. *Adulto* é quem é capaz de ficar em pé, sem se apoiar em ninguém: basta-se a si mesmo para viver, ganhar a vida, formar um grupo familiar...

Aplicando esses conceitos ao nosso caso, *fé infantil* será aquela que, para entregar-se, precisa de apoios, seguranças, tranquilizantes. *Fé adulta* será aquela outra que, sem apoios, sai de si mesma, corre todos os riscos, confia, permite e se entrega. Entrega-se no vazio de seguranças, evidências ou tranquilizantes. Vai a pé, sozinha.

A pessoa que precisa de seguranças apologéticas para crer tem fé infantil. É como se alguém lhe dissesse: "Pelo que parece, o que você acredita é insuportável para o senso comum, está contra as leis do universo e até contra a razão. Mas pode ficar tranquilo. Estou trazendo um livro que se chama *Apologética*, de onde poderemos tirar quinze argumentos de razão para provar que o que você acredita não é tão absurdo. Com esses argumentos você vai se convencer de que a fé não está contra a razão nem a razão contra a fé. Vou apresentar-lhe um arrazoado em ordem, provando que os milagres são possíveis porque aquele que deu as leis pode retirá-las, e, enfim, que as verdades fundamentais da fé podem aguentar o desafio das ciências... Fique calmo, agora você vai poder acreditar em tudo, tranquilamente".

Essa fé é infantil porque precisa de muletas para caminhar. É bom que o crente se aprofunde intelectualmente nas matérias da fé. Entretanto, se a fé exigir tranquilizantes para ser aceita e suavizar o susto do salto, não é fé. Falando radicalmente, o ato adulto de fé é dar um salto sem apoios.

* * *

O crente adulto não se preocupa em "pôr" Deus na claridade de uma indução aristotélica. Sabe perfeitamente que o Deus da fé, embora seja "demonstrável" com absoluta certeza, vai continuar sendo sempre um mistério que nossa inteligência jamais conseguirá "dominar" enquanto vivermos.

Que faz? O "adulto" na fé supera todas as distâncias e limitações inerentes à fé, saindo de si mesmo; solta-se de todos os corrimãos intelectuais que lhe são proporcionados pelo raciocínio e dá o grande salto no vazio, em plena noite escura, abandonando-se ao absolutamente Outro. É um salto no vazio, porque o crente abandona as "razões" e se deixa cair no abismo profundo que é o Mistério.

Tive oportunidade de tratar a fundo com milhares de pessoas, principalmente pessoas completamente comprometidas com Deus, recebendo suas confidências e problemas. Essa experiência me convenceu de que são poucos os crentes que, ao longo dos anos, vão se livrando de vacilações e de perplexidade da fé.

O crente sempre tem a sensação de correr um risco. Não são pensamentos coordenados, mas pressentimentos cegos e "irracionais" que se apoderam dele para "dizer-lhe" coisas parecidas com estas: "Olhe, você apostou tudo por alguém, e se perder a aposta? Você fez de sua vida um holocausto, renunciou aos mais belos sonhos; a gente vive só uma vez e não está certo você ter acertado ou errado nessa única vez; você se jogou inteiro por alguém e não está demonstrado se esse alguém é quimera ou substância. Fica tudo no ar: se sua vida é absurda ou sublime, aventura ou desventura depende de esse alguém ser solidez ou não. Quem o prova? Como pode ser demonstrado? Quem já veio do outro lado? Você diz que a Palavra de Deus afirma tudo isso. E como prova que essa Palavra não é outro engano? Você se meteu na grande aventura e ainda não sabe se vai acabar em uma grande desventura. Você me diz: vamos deixar essas perguntas para o tribunal de Deus, para depois da morte. E se também isso for outro engano, o último e pior?".

E o crente fica sem nada de sólido para se agarrar, sem nenhuma prova empírica, sem nenhuma explicação que explique, sem nenhuma evidência que tranquilize... E é sobre esse vazio que tem de dar o grande salto, não uma vez só, mas permanentemente.

Esse é o grande momento da fé. Eis o ato radical em que subjaz todo seu mérito e valor transformador. Só é bonito crer na luz quando é noite. Creio que por trás desse silêncio, vós respirais. Creio que por trás dessa escuridão, brilha o vosso rosto. Mesmo que tudo saia mal, mesmo que chovam infortúnios, creio que me amais. Mesmo que tudo pareça fatalidade, mesmo que nos pareça que só o absurdo manda no mundo, e embora eu veja os homens odiarem e as crianças chorarem, os maus triunfando e os bons fracassando, mesmo que a tristeza reine e tenha sido degolada a pomba da paz, mesmo que tenha vontade de morrer... eu creio, eu me entrego a vós. Sem vós, que sentido teria esta vida? Vós sois a vida eterna.

Essa é a fé que transporta montanhas e dá aos crentes uma consistência indestrutível. Com esse "salto", compreende-se que o ato de fé seja um *obséquio*. Não há dúvida de que, por parte de Deus, a fé é um dom, o primeiro dom. Eu acho, porém, que, por parte do crente, há um belo e fundamental ato de *gratuidade*. É gratuito por parte do ser humano porque, para dar essa adesão vital, o crente não dispõe de motivos empíricos nem de razões aquietantes.

Em plena escuridão, lança-se nos braços do Pai, a quem não vê, sem ter outro motivo e outra segurança senão sua Palavra. Há muita *gratuidade* (e mérito), por parte do ser humano, no ato de fé. E, repetimos, é o ato máximo de amor.

Por tudo o que foi dito, é claro que a fé adulta não é principalmente uma adesão intelectual às verdades, doutrinas e dogmas, e sim, uma adesão vital e comprometedora a uma Pessoa. Trata-se de assumir uma Pessoa e, ao assumi-la, assumir também toda sua Palavra que condiciona e transforma a vida do crente.

> Fé não quer dizer apenas ter alguma coisa como verdadeira, nem é só ter confiança. Crer significa dizer *amém* a Deus, confiar e fundamentar-se nele. Crer significa deixar Deus ser totalmente Deus, ou seja, reconhecê-lo como a única razão e sentido da vida. A fé, portanto, é o existir na receptividade e na obediência.[10]

Noite transfigurada ou certeza

Se é verdade que o ato de fé abrange a pessoa toda (sentimentos, pensamentos, comportamentos), não deixa de ser fundamentalmente um ato de vontade, porque se trata de uma adesão vital. Nas coisas evidentes, a vontade não intervém em nada. A luz do meio-dia, todo mundo vê que é luz, e não há discussão.

Onde, porém, uma verdade ou realidade não pode ser *comprovada* analítica ou empiricamente, e onde, por outro

---

[10] KASPER, Walter. *Jesús, el Cristo*. Salamanca: Sígueme, 1986. p. 265.

lado, estão em jogo os interesses pessoais e a posição vital, para entregar-se a essa verdade ou realidade (que de tal maneira compromete tudo) é preciso ter muita coragem e muita vontade.

No processo da fé, a *razão pura* não é a *vedete* que age como senhora indiscutível, aceitando ou rejeitando as verdades conforme seu grau de racionalidade, ponderando a pureza dos princípios e a exatidão lógica das premissas entre si, para dar no fim o seu assentimento à conclusão, dizendo: Está tudo em ordem. Agora, podemos crer. Repetimos que são, principalmente, a decisão e a convicção que preparam e fundamentam a entrega.

Pois bem, com essa entrega, o crente consegue franquear de um salto toda a noite da fé, e supre essa incapacidade radical de nossa inteligência para "dominar" intelectualmente a Deus. O crente que se entrega, salta por cima dos processos mentais, por cima dos problemas sobre fórmulas e conteúdos... e "alcança" Deus. E é assim que o Senhor se transforma em certeza.

A segurança, que o raciocínio não nos pôde dar, será dada por aquele mesmo que é o conteúdo da fé, com a condição de ter sido *aceito* por meio de uma entrega "obsequiosa" e incondicional.

Dessa maneira, a noite da fé é *vencida* e, sem deixar de ser noite, transfigura-se, toma a figura da luz, ou melhor, faz as vezes da luz: é a certeza. São Dionísio chama a fé de *raio tenebroso*: um feixe de escuridão penetra no mundo e "ilumina" tudo, não com uma visão nem com evidências, mas com seguranças que vêm de dentro e são diferentes da clareza. Na fé não há clareza, e sim, segurança ("às escuras e segura"). Essa segurança não é produto derivado das verdades evidentes; pelo contrário, emana da própria entrega. Por isso é que o salmista afirma:

A noite não é escura para ti,
a noite é clara como o dia (Sl 138).

Então Deus, já transformado em luz (certeza) para o crente adulto, precede e preside a caravana dos crentes pelo deserto da vida, caminhando na luz e na esperança (Ex 13,30). E, para que o povo não se desoriente pela escuridão da noite, o próprio Deus tomará a forma de uma tocha de fogo para iluminá-lo (Ex 13,21-22).

* * *

Podemos, portanto, qualificar a fé com esta palavra: *certeza*. Como a fé é o primeiro dom de Deus, a certeza também é a *primeira graça* daquele que é a fonte de toda graça. Entretanto, olhando a certeza como fenômeno humano (e espiritual) buscamos aqui as molas fontais que a originam.

São João da Cruz mostra-nos, em versos imortais, como a noite da fé se transforma em luz do meio-dia:

[...] sem outra luz e guia
senão a que no coração ardia,
esta me guiava
mais certo que a luz do meio-dia.

A certeza ("mais certo") não provém dos vestígios da criação nem das deduções analógicas, mas da estrutura interna da própria fé ("a que no coração ardia"). Sem crer, nada se entende. Sem entregar-se, em nada se crê. E ninguém se entrega sem decisão vital. Para o que se entrega, não há conflitos intelectuais de fé. Da vida nasce sempre a segurança.

O crente começa não se assustando com a escuridão nem resistindo ao silêncio. Seduzido pela voz daquele que o chama da escuridão profunda e brilhante, sai de si mesmo, supera as perplexidades e inseguranças de quem nada vê e pisa em terra desconhecida. Assim como as estrelas iluminam com tênue esplendor as trevas da meia-noite, assim também a luz semivelada do Rosto vai iluminando os passos do crente. Contudo, havia também "outra luz e guia": era "a que no coração ardia".

A confluência das duas luzes (que não impediam que a noite continuasse escura) fez com que o caminhar do crente fosse mais firme e seguro do que se estivesse brilhando a luz do meio-dia. Era uma noite misteriosa e brilhante como uma noite de bodas: o crente entregou-se, confessou-o, afirmou-o; sem ver, "viu"; sem sentir, aclamou, entregou-lhe as chaves e se uniram os dois em aliança eterna, transfiguradora aliança. E, ó prodígio! No mesmo instante, dissiparam-se todas as inseguranças: o céu, a terra, o mar e tudo que está debaixo do mar, tudo cobriu-se de certeza, uma certeza serena como o entardecer, e o crente foi confirmado para sempre na fé.

Realmente, da vida nasce a certeza. É fruto do coração, não da cabeça.

Como eu sei bem

Uma vez mais, foi São João da Cruz quem nos fez um jogo genial entre a certeza e a escuridão, em seu *Cântico da alma que tem prazer em conhecer a Deus pela fé*. Transcrevo alguns fragmentos.

> Como eu sei bem,
> a fonte que mana e corre,
> mesmo que seja noite,
> aquela fonte eterna está escondida
> como eu sei bem onde tem sua guarida,
> mesmo que seja noite.

> Nesta noite escura da vida,
> como eu sei bem, pela fé, a fonte fria,
> mesmo que seja noite.

> Sua claridade jamais é escurecida,
> e eu sei que toda luz por ela é produzida,
> mesmo que seja noite.

> Esta fonte viva que desejo,
> neste pão de vida eu a vejo,
> mesmo que seja noite.

O mistério profundo da fé está justamente nestas duas expressões antitéticas que percorrem, alternam e dominam o cântico: *como eu sei bem* (certeza), *mesmo que seja noite* (escuridão). O ato de fé consiste nessa força contrastante e unitiva que deixa de ser paradoxo, no momento em que começa a ser vivida.

Mesmo que a injustiça levante seu martelo vingador, mesmo que os hospitais não deem acolhida, e no centro psiquiátrico não haja vagas, e nos cemitérios estejam precisando contratar mais pessoal... como eu sei bem que foram a Sabedoria e o Amor que organizaram a vida.

Mesmo que ninguém tenha virado o rosto, e os que morrem permaneçam terrivelmente silenciosos... como eu sei bem que somos portadores de uma alma indivisível e imortal e que do outro lado está a verdadeira vida!

Embora eu saiba que existe a lei da transmutação universal, pela qual as moléculas que dão consistência a este meu corpo vão se desintegrar e não irão para o vazio, mas tomarão parte em outros corpos incontáveis... como eu sei bem que, nesta mesma carne e revestido por esta mesma pele, meus olhos vão contemplar o Redentor!

Mesmo que as tristezas se vistam de sorrisos e o egoísmo, às vezes, se pareça com amor, e mesmo que se organizem guerras cruéis falando de paz, e a sociedade pareça um circo de palhaços... como eu sei bem que Jesus passou pelo mundo revestido de sinceridade!

Mesmo que não se escute outra língua senão a da força, e que só se levantem monumentos para os que têm fama ou beleza, e só os campeões sejam reconhecidos e adorados... como eu sei bem que as crianças, os pobres e os doentes foram os favoritos de Jesus!

Mesmo que o tédio visite velhos e jovens, e o ódio se aninhe nos corações, mesmo que quebrem a cabeça tramando vingança, mesmo que as flores acabem no lixo e os sinos toquem afinados, e o suicídio seja a única saída para alguns, e a fatalidade, a crueldade e a deslealdade pareçam as únicas rainhas do mundo... como eu sei bem que o Amor governa o mundo e que, se meu Deus é todo-poderoso, também é, e acima de tudo, um Pai todo-carinhoso que cuida de nós com a ternura de uma mãe.

CAPÍTULO III

ITINERÁRIO PARA O ENCONTRO

"Ano da Graça, 1654,
Segunda-feira, 23 de novembro, dia de São Clemente.
Desde as vinte duas e trinta, aproximadamente,
até, mais ou menos, à meia-noite e trinta, o fogo!

Deus de Abraão, Deus de Isaac, Deus de Jacó,
não dos filósofos e dos sábios,
certeza, alegria,
certeza, sentimento, alegria,
Paz!"
Pascal

"Fecha os olhos e verás.
Faze silêncio e escutarás."
Refrão oriental

Ao escrever estes capítulos, penso especialmente nos cristãos que não podem dispor de guias ou orientadores para alimentar e canalizar suas aspirações mais profundas.

Querendo facilitar-lhes o caminho, dei às orientações uma ordem prática, para que possam ir por si mesmos, sem precisar de ajuda, para dentro do mistério infinito de Deus, transformando suas vidas em amor.

Sentido deste capítulo

A paciência, a constância e a esperança serão três anjos da guarda que nos hão de acompanhar constantemente no caminho, sem deixar que a noite da desolação nos surpreenda.

Precisamos de *calma*. Um cristão dominado pela dispersão interior, desintegrado pela agitação e pelo nervosismo, não pode chegar à união transformadora com Deus. Para acalmar o nervosismo apresentamos uma série de exercícios, fáceis de praticar.

Precisamos de *paz*. Um cristão povoado de cargas agressivas, resistências secretas e rejeições profundas não pode entrar no templo da paz que é Deus. Para pacificar a alma, apresentamos um processo de purificação profunda, com exercícios práticos de abandono.

Precisamos, também, de *unidade interior*. Ondas enormes impedem a navegação espiritual: distrações, securas, aridez... Que fazer? Indicamos meios práticos para superar esses escolhos.

Para dar os primeiros passos, vamos nos apoiar na *palavra* como ponte de união entre a alma e Deus. Como meios práticos, colocamos a oração vocal, a leitura meditada etc.

Há aspectos aparentemente secundários e que, entretanto, incidem no resultado da oração. Onde, quando, como orar? Posição, respiração... Damos orientações práticas para problemas concretos.

Orar não é fácil

Na minha opinião, uma coisa que prejudica e desorienta os cristãos é afirmar que orar é coisa fácil, tão fácil como conversar com o pai, a mãe ou um amigo. Compreendo que é fácil fazer uma oração vocal, alguns pedidos comunitários, algumas jaculatórias ou uma comunicação superficial com Deus.

Porém, aprofundar os inescrutáveis mistérios de Deus, habituar e habilitar as faculdades psicológicas para o crescimento da graça, condicionando esse crescimento aos vaivéns da estrutura humana e continuar avançando pelas escaladas escuras e fatigantes das exigências de Deus até a união transformadora... todo esse processo é de uma lentidão e dificuldade enervantes. Entre as operações humanas, avançar bem fundo na vida com Deus é a operação mais complexa e difícil. Orar não é fácil.

A graça oferece um leque ilimitado de possibilidades, desde o zero até o infinito. Não foi dada a todos a mesma capacidade de desenvolvimento; não será exigido de todos na mesma medida; a cada um de acordo com a medida de sua doação. O caso é que ninguém pode dizer: só me deram tanta capacidade, só me exigirão tal resultado. Só Deus que é o doador é que tem a medida. Cabe a nós sermos totalmente fiéis, sem elucubrar sobre quanto me deram e quanto devo corresponder.

De qualquer maneira, com pouca oração, sem perseverança e disciplina, não podemos esperar uma forte experiência de Deus, nem transformação da vida e, por conseguinte, profetas que resplandeçam.

Orar é uma arte

Embora orar seja fundamentalmente uma obra da graça, também é uma arte e, como arte, depende, em nível psicológico, das normas de toda aprendizagem, como qualquer atividade humana. Por isso, orar bem exige método, ordem e disciplina. Numa palavra, exige técnica.

Compreendo que Deus pode descobrir insondáveis panoramas do mistério do seu amor e do seu ser a uma camponesa simples, sem precisar de nenhuma técnica, só através de graças infusas e de gratuidades extraordinárias. Mas essas graças não são merecidas nem conseguidas à força. São "recebidas" fora de qualquer cálculo ou lógica, porque são gratuidade absoluta.

A técnica, sem a graça, não conseguirá resultado nenhum. Mas, no sentido inverso, também tenho observado muitas vezes almas dotadas de muita potência e *fortemente chamadas* acabarem parando nas primeiras rampas da vida com Deus, por falta de esforço ou disciplina, apesar de, na realidade, terem "recebido" asas e fôlego para ascensões extraordinárias.

Pensemos quantos anos são necessários, quantas energias, métodos e pedagogias para qualquer formação humana: um pintor, um compositor, um profissional, um técnico. Se orar é, entre outras coisas, uma arte, não sonhemos em alcançar um alto estado de vida com Deus sem energia, ordem e método.

É claro que neste ponto contamos com um pedagogo original que pode jogar fora todos os métodos, levar-nos pelos caminhos mais surpreendentes, passando por cima das leis psicológicas e pedagógicas.

Mas, normalmente, Deus se submete às leis evolutivas da vida, como no caso do grão de mostarda: é uma semente insignificante, quase invisível. Semeia-se. Passam dias e semanas, parece que não acontece nada. Porém, depois de algum tempo, começa a surgir uma coisa parecida com projeto de planta, que mal se enxerga. Passam meses, cresce, cresce até ficar um arbusto cheio, com ramos onde os passarinhos vêm fazer os ninhos (Mc 4,30-33).

Esse processo lento e evolutivo é válido para toda vida, para o crescimento da oração, na vida fraterna, para plasmar em nossa vida a figura de Nosso Senhor Jesus Cristo.

Em rápido olhar

Se olharmos rapidamente a marcha da vida com Deus, desde a oração vocal até as comunicações mais profundas, teremos o seguinte panorama. Nas primeiras etapas, Deus deixa a iniciativa para a alma, com o funcionamento normal dos mecanismos psicológicos. A participação de Deus é pouca. Deixa que o ser humano procure seus próprios meios e apoios, como se fosse o único pedreiro de sua casa. E, embora seja verdade que nessas etapas são frequentes as consolações divinas, a oração parece uma edificação apoiada exclusivamente pelos andaimes humanos.

À medida que a alma avança para graus mais elevados, Deus vai tomando a iniciativa, paulatina e progressivamente, e intervém de maneira direta, com apoios especiais. A alma começa a sentir que os meios psicológicos que tanto a ajudavam anteriormente passam a ser muletas inúteis. Deus, com decisões cada vez maiores, arrebata a iniciativa da alma; vai fazendo com que passe para a submissão e o abandono, à medida que vai entrando em cena outro sujeito, o Espírito, que acaba passando a ser o único arquiteto até transformar a alma em "filha" de Deus, imagem viva de seu Filho, Nosso Senhor Jesus Cristo.

> Assim também o Espírito socorre a nossa fraqueza. Pois não sabemos o que é pedir como convém; mas o próprio Espírito intercede por nós com gemidos inefáveis, e aquele que perscruta os corações sabe qual o desejo do Espírito; pois é segundo Deus que ele intercede pelos santos (Rm 8,26-28).

Os primeiros passos são complicados. A alma, como uma criança que começa a andar, precisa de apoios psicológicos, métodos de concentração, maneiras de relaxar, pontos de reflexão.

Mas quando Deus irrompe no cenário, a alma, diante da proximidade de Deus, sente o contraste entre sua "face" e a "face" de Deus e se sente arrastada para purificações sucessivas, por meio de uma desapropriação geral. Tendo conseguido a pureza, a liberdade e a paz, a alma já não sente mais impedimento nenhum para avançar velozmente, de velas abertas, sob a direção de Deus para a união transformadora, enquanto nela vai sendo esculpida, cheia de maturidade, grandeza e capacidade de serviço, a figura de Nosso Senhor Jesus Cristo.

Essas transformações interiores têm um eco que repercute na consciência psicológica. Independentemente dos favores extraordinários, que causam verdadeiros choques na consciência e nela deixam uma saudável ferida, cria a graça na alma, silenciosa e lentamente, através de gozos passageiros e algumas vezes transbordantes, através dos sofrimentos violentos e até com eles mesmos, uma região de paz: refúgio a que não chegam se não excepcionalmente o ruído e as tempestades, oásis de fontes de forças e gozo.[1]

A paciência

Muitos empreendem o caminho da oração. Alguns o abandonam logo de saída, dizendo: "não nasci para isso". Também dizem: é tempo perdido; não vejo resultados. Outros, cansados, param nas primeiras rampas, estacionam na mediocridade, continuam na atividade da oração, mas roçando o chão. Há também alguns que avançam, por entre dificuldades, até as regiões insondáveis de Deus.

O inimigo principal é a inconstância, que nasce da sensação de frustração que a alma sofre quando percebe que os frutos não aparecem ou não correspondem ao trabalho empregado. "Tanto esforço e tão pouco resultado", dizem. Tantos anos dedicados assiduamente à oração e tão pouco progresso.

Estamos acostumados a duas leis típicas da civilização tecnológica: a rapidez e a eficácia. Em qualquer atividade

---

[1] EUGÊNIO DO MENINO JESUS, Padre. *Quiero ver a Dios*. Madrid: [editor desconhecido], 1951. p. 170.

humana, o circuito dinâmico funciona assim: para tal causa, tal efeito; para tanto de ação, tanto de reação; para tais esforços, tais resultados. Os resultados são saboreados como prêmios e estimulam o esforço. Continuamos a nos esforçar porque podemos palpar os resultados positivos, enquanto os resultados dinamizam o esforço. E assim se desenvolve a corrente circular da atividade humana, sem curtos circuitos. Mas na vida da graça não é a mesma coisa. Parecemo-nos mais com os pescadores que passaram a noite em vigília com as redes estendidas e de madrugada viram que estavam vazias (cf. Lc 5,5).

* * *

Precisamos de *paciência* para aceitar que grandes esforços vão dar resultados pequenos ou, ao menos, para aceitar a eventual desproporção entre o esforço e o resultado.

Alguns dizem que a paciência é a arte de esperar. Outros respondem que é a arte de saber. Nós poderíamos completar, combinando os dois conceitos: a paciência é a arte de saber esperar. Espera-se porque se *sabe*. Ou, com outras palavras: a paciência é um ato de espera porque se aceita em paz a realidade como ela é.

Que realidade? Em nosso caso, trata-se de duas realidades. A primeira é que Deus é essencialmente gratuidade e, por conseguinte, que sua "conduta" é essencialmente desconcertante. A segunda é que toda vida avança lenta e evolutivamente.

* * *

O mais difícil para os que embarcam na milícia da fé é ter paciência com Deus. A "conduta" do Senhor para com os que se entregaram a ele é, muitas vezes, desorientadora. Não há lógica em suas "reações". Por isso mesmo não há proporção entre nossos esforços para descobrir seu rosto abençoado e os resultados desses esforços. Muitos perdem a paciência e abandonam tudo.

Deus é o manancial de onde tudo nasce e onde tudo se consuma. É o poço inesgotável de toda vida e de toda graça. Dispõe tudo e distribui tudo de acordo com o seu beneplácito. No dinamismo geral de sua economia, só existe uma direção: a de *dar*. Ninguém pode exigir nada dele. Ninguém pode questioná-lo, enfrentando-o com perguntas.

As relações com ele não são da mesma natureza que as nossas relações humanas. Em nosso inter-relacionamento há contratos de compra e venda, trabalho e salário, mérito e prêmio. Na relação com Deus não existe nada disso. Só há presente, graça, dádiva. Ele é de outra natureza: ele e nós estamos em órbitas diferentes. A primeira coisa que tem de fazer quem resolve levar Deus a sério é tomar consciência dessa diferença e aceitá-la em paz. Isso quer dizer ter paciência com Deus.

Sim. Ele está em outra órbita, na órbita da gratuidade pura. Nós não podemos traçar coordenadas paralelas, como quem diz: "depois de fazer milhares de experiências em matéria pedagógica, chegou-se a esta constante: em 15 horas de ensino de matemática, com esta pedagogia, um aluno de coeficiente intelectual normal aprende (é uma constante) nove lições. É um experimento científico: tal causa, tal efeito. Está comprovado".

Mas nós não podemos fazer um paralelismo, dizendo: "15 horas de oração, com este método e estas circunstâncias, tem de dar, em uma pessoa normal, o seguinte resultado palpável: cinco graus de paz e dois graus de humildade". Não podemos fazer essas deduções: estamos em órbitas diferentes. Pelo contrário, podem acontecer coisas completamente imprevisíveis. Por exemplo, que 15 horas de oração nos deem um grau de paz e que, no dia seguinte, uma hora de oração nos dê 15 graus de paz.

Se na vida com Deus houvesse *constantes*, ninguém neste mundo deixaria de rezar. Por exemplo, se por uma hora de oração se conseguisse *normalmente* dois graus de paz, todo mundo encontraria tempo para rezar. Mas no mundo da graça não há lei de proporcionalidade nem cálculos de probabilidade ou constantes psicológicas. É bom caminhar para Deus por métodos de oração já experimentados, mas sem perder de vista o pano de fundo que é o mistério da graça. Paciência significa tomar consciência e aceitar em paz o fato de termos de nos mover nesta dinâmica estranha, desconcertante e imprevisível que, não raro, põe em xeque a paciência e a fé.

* * *

Nosso Deus é desconcertante. Quando menos esperamos, como em um assalto noturno, Deus cai em cima de uma pessoa, abate-a com uma presença poderosa e inefavelmente consoladora, confirma-a para sempre na fé e deixa-a vibrando talvez por todos os dias de sua vida. Diante de operações tão espetaculares e gratuitas, muitos se perguntam: por que para mim não? Mas a Deus não se podem fazer perguntas. É preciso começar aceitando-o como é.

Outras pessoas o Senhor as leva pelas areias do deserto, numa tarde eterna de aridez. A outras deu uma sensibilidade notável para as coisas divinas como uma predisposição inata de personalidade. Apesar disso, nunca lhes concedeu uma gratuidade infusa propriamente dita. Na história, houve homens que jamais se preocupavam com Deus nem para atacar nem para defendê-lo, mas o próprio Deus foi ao encontro deles com glória e esplendor. Há quem navegue sobre um mar de consolações, de ponta a ponta de sua existência. Há almas destinadas a peregrinar através de uma noite perpétua, sem estrelas. Há pessoas que caminham por altos e baixos, sob sol brilhante ou nuvens espessas. Para outros, a vida com Deus é um dia perpetuamente cinzento. Cada pessoa é uma história, e uma história absolutamente única e singular.

Quem quiser alistar-se entre os combates de Deus tem de começar aceitando essa realidade primária. Deus é assim: gratuidade.

Você foi passar uma tarde com Deus em um bosque cheio de solidão e de paz. Resultou uma tarde negra: total dispersão interior, aridez completa, incapacidade de concretizar um pensamento ou um afeto. No dia seguinte, viajando em um trem abarrotado de gente desvairada e ruidosa, começou a pensar em Deus e logo ficou inundado por sua presença. Foi uma oração sem precedentes, como nunca em sua vida. É tudo assim: imprevisível.

* * *

Ninguém pode questionar Deus, dizendo: "que é isso, Senhor? Estais pagando a esse que trabalhou uma hora o mesmo salário que o outro que aguentou o peso do dia?".

Ele vai responder: "o que dei a este ou àquele não é salário, é presente, e do que é meu posso fazer o que julgo melhor".

Neste reino, continua Deus, não existe o verbo *pagar* nem o verbo *ganhar*. Aqui não paga nada porque não se ganha nada. Tudo é recebido. Tudo é presente, graça. Tomem consciência disto: estamos em órbitas diferentes. Aqui não valem os cânones da sua justiça equitativa. Minhas medidas não são as suas. Meus critérios são diferentes porque minha natureza é *diferente*.

Se as almas que empreendem a subida para Deus – repetimos – não começam enxergando e aceitando a natureza gratuita e desconcertante de Deus, vão afundar muitas vezes na confusão mais completa. A observação da vida me levou a concluir que a razão mais comum para o abandono da oração é esta: na vida com Deus, às vezes, há muitos que acham tudo tão sem sentido, tão sem lógica, tão sem proporcionalidade, que acabam tendo a impressão de que é tudo irreal, irracional, e abandonam tudo.

* * *

Ainda há mais: como não há lógica na atuação de Deus para com as almas, também não há lógica nas reações da natureza. E a vida com Deus se consuma na fronteira entre a natureza e a graça.

Fulano dormiu muito bem à noite, mas amanheceu mal-humorado e tenso. Na noite anterior não pôde dormir por causa do barulho e dos pernilongos, mas acordou tranquilo e descansado. Nas vivências humanas, não há linhas retas. Por isso, o ser humano é tão imprevisível em suas reações.

Num só dia, a mesma pessoa pode saltar pelos mais variados estados de ânimo, e até pelos mais contraditórios: agora se sente seguro, mais tarde temeroso, depois feliz e, ao cair do dia, ansioso. E não estamos falando de naturezas clinicamente instáveis e perturbadas. Um escritor ou compositor põe-se a trabalhar e, em 12 horas de trabalho, não produz nada; de repente, em 60 minutos, consegue produção maior que normalmente em 12 horas. Quem entende isso? Nós somos assim.

Naturalmente, todo fenômeno tem sua causa ou uma série de causas. Não existe acaso. Mas, normalmente, as razões dos humores e estados de alma não são detectáveis. Quando não conseguimos detectar as causas de um fato, dizemos que estamos diante de um *imponderável*.

Com o espírito sucede a mesma coisa: numa mesma tarde, um cristão, retirado em um eremitério para rezar, pode ir passando pelo mais variado prisma de situações anímicas, desde momentos de completa aridez até os de maior consolação, passando por momentos de apatia. De que se trata? De situações biológicas, de reações psicológicas, de diferentes respostas à graça? É impossível discernir. Trata-se, sem dúvida, de uma grande complexidade de causas, a começar de processos bioquímicos. A vida, por sua própria natureza, é movimento. E o movimento é versátil. E por isso mesmo os estados de ânimo estão sempre mudando.

* * *

Sem perceber, já estamos dentro de uma questão que preocupa muita gente: um mesmo fenômeno espiritual, por exemplo, uma forte consolação, até que ponto é coisa de Deus e até que ponto é produto biopsíquico proveniente do fundo vital? Ou, de outra forma: até onde é natureza e até onde é graça?

Sempre acho que ninguém o pode saber. É inútil pretender discernir isso porque não existem instrumentos de medida para estabelecer as fronteiras. Também acho que essa preocupação, além de inútil, é nociva porque centraliza a pessoa em si mesma, com perigo de uma camuflada compensação narcisista.

Entretanto, falando em geral, poderíamos estabelecer um critério aproximativo, critério dos frutos: o que leva uma pessoa a sair de si mesma e a se dar é de Deus. Tudo que produz não só uma sensação de calma, mas também um estado de paz, é dom de Deus. Até poderíamos ir mais longe: vamos supor que determinada emoção seja, em sua raiz original, um produto estritamente biopsíquico. Mesmo nesse caso, se de fato levar a pessoa a sair de si para se dar, poderíamos considerá-la um dom de Deus. Mas vamos falar disso em outro capítulo.

A perseverança

A paciência gera a perseverança.

Na esfera geral da vida, não há saltos: nem na biologia, nem na psicologia, nem na vida espiritual. Se semeamos o grão de trigo à tarde, não vamos, na manhã seguinte, olhar se nasceu. Ele precisa de noites e dias para morrer.

Depois de várias semanas, surge timidamente como uma pequeníssima miniatura de planta. Depois, a plantinha vai levar meses escalando os espaços para transformar-se em um belo talo.

Paciência significa saber (e aceitar) que não há saltos, mas passos. E a paciência produz a perseverança.

Dirigimo-nos aos que se esforçam para conseguir a amizade com Deus ou para recuperá-la. Uns e outros, especialmente os segundos, estão marcados por um denominador comum: a atrofia das energias espirituais e um vivo desejo de sair dessa situação.

Essas pessoas empreendem com decisão a busca do rosto do Senhor. E, quando dão os primeiros passos, tomam consciência, lamentando-se profundamente, de que não conseguem caminhar, esqueceram como se anda em Deus, seus pés não obedecem aos desejos, não conseguem estabelecer uma relação calorosa e dialogal com o Deus vivo, suas asas estão machucadas. Para esse voo, Deus está "morto".

Falam com o Senhor e têm a impressão de não ter interlocutor e de que suas palavras são engolidas pelo vazio. Isso acontece principalmente para os que perderam a familiaridade com o Senhor e desejam recuperá-la. É uma noite espiritual.

Tais pessoas são imediatamente dominadas por um profundo desalento, e depressa surge a impaciência com a já conhecida frase desconsolada: "não consigo nada".

Que quer dizer *não conseguir*? Quem procurou, já encontrou, diz Santo Agostinho. Quem trabalhou, já conseguiu.

Carregam sempre a mesma comparação, dizendo: tantas horas de pescaria, e as redes vazias. Para os olhos do corpo e para os olhos do sentimento, é certo que as redes estavam vazias. Mas para os olhos da fé, que veem o essencial, as redes estavam cheias de peixes. E que o essencial está sempre invisível. Melhor, o invisível só é visível à luz da fé.

Que acontece com os que dizem que "não conseguem nada"? O drama de sempre: um círculo vicioso. Explico: não comem porque não têm vontade de comer; não têm vontade de comer porque não comem. E a morte vai descendo pelos fios da anemia. Como e onde quebrar esse círculo mortal? Comendo sem vontade para que apareça a vontade de comer.

Muita gente, entre os que acreditam, fica sem vontade de rezar porque ficou muito tempo sem rezar. E como não tem vontade de rezar, não reza. E assim vamos entrando no círculo: as faculdades diminuem, Deus começa a parecer cada vez mais estranho e distante, e acaba por se fechar o círculo mortal, prendendo-nos em seu interior. Como sair? Rezando com perseverança e sem vontade para que aflore a vontade de rezar e o sentido de Deus.

O cristão tem de perseverar no relacionamento pessoal com Deus, mesmo quando tiver a impressão de estar perdendo tempo. Apoiado na oração vocal e na leitura meditada, tem de estabelecer essa corrente de comunicação com o Senhor, na fé pura e despojada, e repetir as palavras que serão a ponte de união entre a sua atenção e a pessoa do Senhor, perseverando, mesmo quando tiver a impressão de que não há ninguém do outro lado da comunicação.

Se um cristão viveu anos na periferia de Deus, é loucura querer entrar, em uma semana, a 400 metros de profundidade no Mistério Vivo e Insondável. Há passos, não saltos.

Basta ir a um hospital para aprender a sabedoria da vida. Aí está um convalescente depois de um acidente gravíssimo. Ficou seis meses sem se mexer. Agora é incapaz de caminhar porque seus músculos tinham perdido toda a consistência. Depois de fazer, cada dia, prolongadas massagens, os músculos começam a recuperar lentíssimamente um pouco do antigo vigor; e depois de muito tempo, a pessoa começa a dar heroicamente os primeiros passos.

A perseverança é o preço alto que se tem de pagar por todas as conquistas deste mundo.

O cristão precisa de perseverança obstinada de um trigal em região fria. Chega o inverno e caem, sobre as tenras hastes recém-nascidas, toneladas de neve. O trigal agarra-se obstinadamente à vida, sobrevive e persevera. Sobrevêm temperaturas baixíssimas, capazes de queimar qualquer vida. O trigal aguenta e sobrevive. Até que, chegado o verão, já lourejante, ele é a esperança da humanidade.

Tudo o que é grande neste mundo se conseguiu por uma perseverança audaz.

Todo crescimento é um mistério. Uma plantinha que brota timidamente da terra extrai os elementos orgânicos e os transforma em substância viva. Mal dá sinais de crescimento, mas cresce. Por sua vez, o crescimento da graça não se pode detectar nem à vista nem com instrumentos de medição ou observação, como um teste. Para quantos foram visíveis a natureza e o poder divino de Jesus, Filho de Deus? Deveremos imaginar que as mulheres nazarenas veneravam sua conterrânea Maria como um ser excepcional? Como é deslumbrante e inexplorável o mistério da graça!

Alguém poderia replicar: "o crescimento pode ser observado pelos efeitos, quando a pessoa progride no amor, na maturidade, na humildade, na paz". É verdade, mas depois de certo ponto, já não é mais. Sabemos por experiência própria quantas energias empregamos, muitas vezes, para superar defeitos congênitos e nos parecermos com Jesus. Contudo, só Deus e cada um individualmente são testemunhas desses esforços; os outros nem percebem.

Por outro lado, a graça adapta-se às diversas naturezas, operando no estilo de quem a recebe. A graça não arrebenta as fronteiras da pessoa: não transforma um falador em taciturno, nem um expansivo em reservado. Respeita os limites humanos. Sempre aperfeiçoa, mas o falador dentro de seus limites de falador, o comunicativo dentro de suas qualidades pessoais.

* * *

No crescimento da vida de oração, deparamos com sintomas muito especiais: as dificuldades sempre são iguais e mesmo maiores como se, na medida em que avançamos, a meta ficasse cada dia mais afastada. Amiúde, no caminho encontramos zonas profundas de desníveis e altos e baixos, somos cercados por frequentes e longas temporadas de aridez... tanta energia para tão poucos resultados! E o desalento começa a cair sobre a alma como uma névoa branca que paralisa a marcha de muitos e os instala definitivamente na mediocridade, ou simplesmente os faz abandonar o caminho.

Entretanto, o pico lá em cima continua a chamar. Os peregrinos pressentem que só lá vai haver "descanso sabático", o gozo do Tabor e a vitória final. A alma se levanta, descobre novas energias, aperta o passo e continua sua ascensão para Deus. Cada alma é uma "história", uma história cheia de contrastes, marchas, contramarchas, vacilações, generosidades.

1. PARA O ABANDONO NA PAZ

Ao entrar, ou ao não querer entrar na intimidade com o Senhor, que é transformadora, o cristão começa a perceber a existência de certas interferências em sua esfera interior, que interrompem a marcha da atenção afetiva para Deus. Agora percebe que não é possível "ficar" na fé e na paz com o Senhor. Por que justamente agora?

Em suas atividades diárias, as pessoas andam normalmente alienadas, isto é, fora de si mesmas. Consciente ou inconscientemente, são fugitivas de si mesmas, não querem enfrentar o seu próprio mistério.

Quando, porém, entram em profundidade com Deus, entram também em seus próprios níveis mais profundos e tocam necessariamente em seu mistério que se condensa nestas perguntas: "Quem sou eu? Qual o projeto fundamental de minha vida? Que compromissos mantêm esse projeto em pé?".

Então, quando se confronta com o Deus da paz e quando é iluminado interiormente pelo rosto do Senhor, o cristão percebe que seu subsolo se agita como quando se pressente um terremoto: sente que lá embaixo há muita energia agressiva acumulada. Consequentemente, sente a si mesmo como um acorde estranho, como se alguém gritasse pela guerra dentro do templo da paz.

Percebe que o egoísmo desencadeou em seu interior um estado geral de guerra. Por toda parte, respiram-se altas chamas de ressentimentos, principalmente contra si mesmo, contra os irmãos, contra o mistério geral da vida e, indiretamente (em inconsciente transferido), contra Deus. Quanto mais abre os olhos da sensibilidade e avança analiticamente por seus mundos mais recônditos, o ser humano se encontra, não sem surpresa, diante de um estado geral lamentável: tristezas depressivas, melancolias, bloqueios emocionais, frustrações, antipatias alimentadas, inseguranças, agressividades de todos os estilos. Tal pessoa se parece, por dentro, com um castelo ameaçado e ameaçador: muralhas e antemuralhas defensivas, trincheiras para se ocultar ou para se defender, fossos de separação, inimizades, resistências de todas as variedades.

O cristão vê que, com toda essa turbulência interior, não lhe vai ser possível estabelecer uma corrente de intimidade pacífica e harmônica com o Deus da paz. Consequentemente, sente um desejo vivo de purificação e percebe claramente que essa purificação só poderá ser alcançada através de uma reconciliação completa.

Sente necessidade e desejo de apagar as chamas, de cobrir os fossos, de silenciar as guerras, curar as feridas, assumir histórias dolorosas, aceitar traços negativos da personalidade, perdoar a si mesmo, perdoar aos irmãos, abandonar todas as resistências. Numa palavra: reconciliação geral. E como fruto disso tudo, a paz.

Gênese das frustrações

Sem pretender e nem tomar iniciativa, a pessoa se encontra aí na vida, como uma consciência que, de repente, acorda pela primeira vez e se descobre em um mundo que nunca havia conhecido anteriormente. A pessoa não buscou a existência. Foi empurrada para esse campo e se encontra consigo mesma, aí.

Quando desperta para a existência, a pessoa toma consciência de ser *ela mesma*. Olha ao redor e observa que também existem outras realidades que não são ela. E mesmo sem sair da esfera de sua consciência, encontra-se com elementos constitutivos de seu ser como corpo, caráter, popularidade etc.

Nesse momento, a pessoa começa a se *relacionar* com *os outros, com o outro*. Ao estabelecer as relações logo aparece e entra em jogo o primeiro motivo da conduta humana: o princípio do prazer. A pessoa encontra realidades (dentro ou fora de si) que lhe agradam: causam uma sensação agradável. Também encontra outras realidades de que não gosta: causam-lhe desagrado.

Diante desse panorama, a pessoa estabelece dois tipos de relações: em primeiro lugar, com as realidades agradáveis, e nasce espontaneamente o desejo, a adesão ou a apropriação, conforme o caso. Em outras palavras: o que causa prazer é conceituado como *bem*. Dele se apropria emocionalmente e com ele estabelece um laço possessivo.

Quando esse *bem*, já possuído ou buscado, for ameaçado (há o perigo de perdê-lo) nasce o temor: a pessoa se perturba, isto é, libera determinada quantidade de energia defensiva para reter a realidade agradável que está escapando.

Em segundo lugar, diante das realidades, de qualquer nível, que não lhe causam agrado nem desagrado, a pessoa resiste: isto é, libera e envia uma descarga emocional para agredi-las e destruí-las.

De acordo com isso, teríamos três tipos de relacionamento: adesão possessiva, resistência e temor. Mas os três estão intimamente condicionados.

Os "inimigos" da pessoa

Tudo a que a pessoa resiste transforma-se em "inimigo", como também tudo o que teme, porque o temor, de certa forma, também é resistência.

A pessoa teme e resiste a uma série de inimigos, como por exemplo: a doença, o fracasso, o desprestígio etc. e engloba nessa resistência as pessoas que concorrem e colaboram com esses "inimigos". Como consequência, a pessoa pode começar a viver universalmente sombria, temerosa, desconfiada e agressiva; sente-se rodeada de inimigos porque declara inimigo tudo que lhe resiste. No fundo, tal situação significa que essa pessoa está cheia de adesões e apropriações. Pois bem, para entrar a fundo em Deus, a pessoa tem de ser pobre e pura.

A resistência emocional, por sua própria natureza, tem por finalidade anular o "inimigo", uma vez que a emoção se concretiza em fatos. Pois bem, certamente existem realidades que, resistidas estrategicamente, são parciais ou totalmente neutralizadas, por exemplo, a doença, a ignorância etc.

Todavia, há muitas outras realidades que desgastam a pessoa e às quais ela resiste, mas não têm solução; são indestrutíveis por natureza. É o que, em linguagem comum, chamamos de *impossível* ou *fato consumado*, em que não há nada que fazer.

Se alguns males têm solução e outros não, abrem-se a nossos olhos duas condutas possíveis: a da loucura e a da sabedoria.

É loucura resistir mentalmente, ou de outra maneira, às realidades que, por sua própria natureza, são completamente inalteráveis. Analisando de forma mais racional, a pessoa descobre que grande parte das coisas que a aborrecem, a entristecem ou a envergonham não tem absolutamente nenhuma solução, ou a solução não está em suas mãos. Para que lamentar-se? Agora ninguém pode fazer nada para que não tivesse acontecido o que já aconteceu.

A sabedoria consiste em discernir o que posso do que não posso mudar e em ligar os reatores no rendimento máximo para alterar o que ainda é possível, para me abandonar, com fé e com paz, nas mãos do Senhor, quando aparecerem fronteiras intransponíveis.

Experiência do amor oblativo

A experiência de Deus tem múltiplas facetas. Uma coisa é a experiência do amor do Pai. Nesse caso, a pessoa sente-se, de improviso, inundada por uma presença inequivocamente paterna, com gosto de ternura. Trata-se de uma impressão profundamente libertadora, em que o filho amado sente um ímpeto irresistível de sair de si mesmo para tratar todo mundo como o Pai o trata. Parece-me que essa experiência é sempre um dom, uma gratuidade infusa, principalmente quando vem revestida de certas características como: surpresa, desproporção, vivacidade e força libertadora. Isto é: quando não é o resultado normal de uma aquisição lenta e evolutiva, mas uma irrupção de surpresa.

Existe também a experiência da intimidade contemplativa. Ela tem características específicas e frequentemente se reveste de emoção. Vamos falar sobre isso em outra parte.

Também existe a experiência do amor oblativo, de que falaremos agora. Digo oblativo e não emotivo. Ninguém gosta de fracassar, nem que lhe derrubem a estátua de sua popularidade. Ninguém se emociona por ser destituído do cargo, ser pasto de maledicências ou vítima da incompreensão.

Entretanto, podemos assumir essas e outras eventualidades, não como agrado emocional, mas com paz e com sentido oblativo, como quem abandona nas mãos do Pai uma oferta dolorosa e fragrante.

É um amor puro (oblativo) porque nele não existe compensação de satisfação sensível. Além disso, é um amor puro porque se efetua na fé escura: o cristão, passando por cima das aparências visíveis da injustiça, contempla a presença da vontade do Pai, permitindo essa prova.

Portanto, a purificação libertadora que estamos propondo aqui não é uma terapia psíquica, e sim, uma experiência religiosa da mais alta qualidade.

Nas camadas mais profundas da pessoa acontece o seguinte: diante de qualquer injustiça ou ofensa, acendem-se imediatamente as mais variadas chamas: desejo de vingança, aversão, antipatia, não só contra o fato em si, mas principalmente contra as pessoas que deram origem a essa situação.

Também acontecem, na vida, situações mais dolorosas em que não houve participação culpável de outras pessoas. Por exemplo, um acidente, uma deformação física, um fracasso na própria história... e, em geral, todos os *impossíveis*. A reação humana normal diante de todos os impossíveis, repetimos, é a da violência em uma gama variadíssima: sensação de impotência e fúria ao mesmo tempo, vergonha e raiva contra si mesmo, frustração, tristeza... numa palavra, a resistência.

Diante de tantas coisas negativas, em lugar da violência, o cristão pode adotar uma atitude de paz, se decidir tomar o caminho oblativo. No momento em que se apresenta a situação inevitável e dolorosa, o cristão lembra-se de seu Pai, sente-se gratuitamente amado por ele. Imediatamente nasce nele um sentimento entre agradecido e admirado para com esse Pai de amor: a violência interior se acalma; o filho assume em suas mãos a situação dolorosa; entrega-a e se entrega à vontade do Pai com o "eu me abandono em ti"; e a resistência transforma-se em um obséquio de amor puro, em uma oferenda. Essa oblação não produz emoção, mas produz paz. É essa a experiência do amor oblativo.

O espírito de fé

Mas que é que têm a ver com o Pai os desgostos? Por que meter o Senhor em nossas mesquinharias ou injustiças? A atitude de abandono depende disto: se as coisas constitutivas ou históricas são vistas ou não na perspectiva da fé. Disso depende a paz. Vamos explicar melhor.

Deus Pai organizou o mundo e a vida dentro de um sistema de leis regulares. Assim, a marcha do universo baseou-se nas leis do espaço e a conduta humana foi condicionada pela lei da liberdade. Normalmente, o Pai respeita as estruturas cósmicas e humanas tais quais ele mesmo as organizou, e assim elas seguem seu caminho natural. Consequentemente, acontecem os desastres e as injustiças. Entretanto, absolutamente, para Deus não há impossíveis. O Pai, metafisicamente falando, poderia interferir nas leis do mundo, removendo o que antes colocou e irromper na liberdade humana, evitando assim este acidente ou aquela calúnia. Entretanto, repetimos, o Pai respeita a criação, que é sua própria obra, e permite as desgraças de seus filhos, embora não as queira.

Pois bem: se ele, podendo evitar todo mal, não o evita é sinal de que o permite. Por isso, nunca podemos dizer que uma calúnia tenha sido deliberadamente pretendida pelo Pai, mas sim permitida. Quando falamos da vontade de Deus, estamos querendo dizer que o cristão coloca-se nessa órbita de fé em que as coisas e os acontecimentos são vistos em sua raiz, para além dos fenômenos.

* * *

Sim. O último elo da corrente está seguro pelo dedo do Pai. A última coisa que me aconteceu foi a mais desagradável. Quantas noites sem poder dormir! Eu sei que tipo é o ressentimento clássico que, "por profissão", dedica-se a destruir. O fato é que quase acabou comigo. Mas, desde a noite passada, tudo mudou. Desliguei minha atenção do tal ressentimento, relacionando a desgraça com meu Pai: dependia dele o último elo. Ele permitiu tudo; calei-me, apagaram-se as chamas, acolhi o acontecimento em minhas mãos, depositei-o com carinho entre suas mãos benditas, dizendo: "Já que vós o permitistes, estou de acordo com tudo, meu Pai. Faça-se a vossa vontade". Uma paz inefável, como a paz da aurora do mundo, impregnou todo o meu ser. Ninguém podia acreditar. Eu me senti o homem mais feliz do mundo.

Escondida no cofre dourado da fé, carregamos a varinha mágica do abandono. A um toque seu, os fracassos deixam de ser fracassos, a morte deixa de ser morte, as incompreensões deixam de ser incompreensões. Tudo o que ela toca transforma-se em paz.

Abandono

A esse processo de purificação damos o nome de abandono.

Essa palavra, e também seu conceito, estão coalhados de ambiguidades. Em qualquer auditório que se pronuncie, desencadeia nos ouvintes o mais variado rosário de equívocos: para alguns, tem sentido de passividade, para outros, de resignação. Mas é preciso saber que a resignação nunca foi cristã, e sim estoica. Por conseguinte, a atitude do resignado chega muito perto da fatalidade pagã. Genuíno e especificamente evangélico é o abandono.

Em todo ato de abandono há um *não* e um *sim*. *Não* ao que eu queria ou podia ter querido. O que teria querido? Vingança contra os que participaram de tal confabulação, vergonha porque não sou assim, ressentimento porque tudo me sai mal. Gostaria que aquilo nunca tivesse acontecido. *Sim* ao que vós quisestes, ó Pai.

Não a uma vontade que resiste, entendendo por vontade o desejo de que tal coisa não tivesse acontecido. O que se abandona? Abandona-se uma carga de energia enviada de minha vontade contra tal acontecimento ou pessoa. Só isso já dá para apagar uma guerra e fazer chegar a paz. Isto se supusermos que o ato de desligar essa ligação de energia foi feito na fé e no amor. Nesse caso, o abandono será o caminho mais rápido para a cura libertadora.

Se aquilo a que se resiste é o que chamamos de um *impossível*, então a pessoa entra em um processo de loucura autopunitiva, em uma espiral suicida. Que diríamos de uma pessoa que se encostasse em um muro de granito e começasse a dar-lhe cabeçadas com toda a fúria?

Quanto mais se resiste a um impossível, mais ele oprime a vontade. Quanto mais oprime, mais a pessoa resiste, gerando um estado de angústia acelerada, que se transformará, pouco a pouco, em um ciclone autodestrutivo.

É assim que nascem os estados depressivos, obsessivos e maníacos. Muita gente vive completamente dominada por ideias fixas e por manias: são vítimas infelizes de sua falta de sabedoria, daquela sabedoria que ensina que a única maneira de neutralizar um impossível é justamente aceitá-lo, abandonando-se na fé e no amor.

Pelo que parece, a lembrança obsessiva transforma-se em um martelo que bate na bigorna da mente. Mas isso é só aparência. Na realidade, acontece o contrário: somos nós que batemos a cabeça contra aquela lembrança que, na medida em que mais resistimos mentalmente, mais vai ficar como um pesadelo agudo. Toda resistência gera energia. Nesse caso, a energia chama-se angústia. Quanto mais resistimos, maior a acumulação de angústia.

Se o cristão abandona a resistência, abandonando-se nas mãos do Pai, aceitando em paz as realidades que ninguém pode alterar, morrem as angústias e nasce a paz de um sereno entardecer.

Repetimos: a sabedoria reduz-se a uma pergunta extremamente simples: Dá para mudar tal coisa que me desgosta? Se ainda dá para fazer alguma coisa, por que sofrer? Vamos reunir todas as energias e fazer tudo o que for possível para neutralizar ou transformar, parcial ou totalmente, o que nos está aborrecendo. Pelo contrário, se já não dá para fazer mais nada, se todos os horizontes já estão fechados, por que se preocupar? Vamos parar de fazer perguntas, calemos a boca, abandonemos qualquer resistência, dobremos a cabeça apoiando-a nas mãos benditas e amorosas do Pai, e a paz vai ser a nossa herança. Como dizem os orientais: se tem remédio, por que se lamentar? Se não tem remédio, por que se lamentar?

Pois bem. Quais são as coisas que não podemos mudar?

Os impossíveis

Leis inexoráveis circundam a nossa existência como anéis de fogo: a lei da precariedade, a lei da transitoriedade, a lei do fracasso, a lei da mediocridade, a lei da solidão, a lei da morte.

Quem é que teve possibilidade de optar pela vida? Minha existência me foi proposta ou imposta? Quem é que já pôde escolher os próprios pais? Será que todos os filhos gostam de seus pais e do condicionamento socioeconômico do lar em que nasceram? Quem é que pôde fazer, antes de embarcar na existência, uma seleção cuidadosa de seu sexo, estrutura temperamental, figura física, tendências morais, coeficientes intelectuais? Quem é que já pôde dispor de seus códigos genéticos, de sua constituição endócrina ou das coordenadas para a combinação dos cromossomos?

Esse é o manancial de tantas frustrações, ressentimentos e violência generalizada. Que pode fazer o ser humano diante de tantas fronteiras absolutas, de tantas *situações-limite*?

Em altíssima proporção, está radicalmente incapacitado para anular ou transformar as realidades que se erguem diante de seus olhos. Somos essencialmente limitados. Os sonhos de onipotência são relâmpagos de insensatez e fósseis da infância. A sabedoria consiste em ter uma apreciação objetiva e proporcional do mundo que está dentro de mim e do mundo que está fora de mim, ou seja, de toda a realidade.

Depois de ter medido o mundo (por dentro e por fora) em sua exata dimensão, o cristão deve aceitá-lo tal como é. Aceitar em paz o fato de que somos tão limitados, o fato de estarmos apertados por todos os lados entre fronteiras absolutas.

Tem de se colocar na órbita da fé e aceitar em paz o mistério universal da vida. Aceitar em paz o fato de que vamos conseguir resultados pequenos com grandes esforços. Aceitar com abandono o fato de que a subida para Deus é lenta e difícil. Aceitar em paz a lei do pecado: faço o que não quisera fazer e deixo de fazer o que gostaria de ter feito. Aceitar com abandono a lei da insignificância humana. Abandonar-nos ao fato de que os ideais são tão altos e as realidades tão curtas. Abandonarmos em paz o fato de sermos tão pequenos e impotentes. Pai, eu me abandono em vós.

* * *

Outra fonte de frustração é a irreversibilidade do tempo. Talvez estejamos diante da limitação mais absoluta. Tudo o que aconteceu deste instante para trás está irreversivelmente ancorado nas raízes do tempo e transformado em uma substância essencialmente inamovível. São *fatos consumados*.

Os filhos dos homens envergonham-se, ficam complexados, se enraivecem por mil lembranças de seus arquivos, envolvendo as pessoas no aperto dos fatos e da cólera. Passam dias e noites batendo a cabeça nos muros ciclópicos: aquela incompreensão que diminui notavelmente sua popularidade; aquele boato cuja origem ninguém conseguiu descobrir; aquelas autoridades que subestimaram sua capacidade e não souberam dar valor a seus projetos; aquela represália miserável, sete anos atrás; aquele esforço que nem reconheceram nem agradeceram; aquele fracasso, aquele erro da juventude etc.

Há pessoas que estão sempre olhando para trás, lembrando acontecimentos e pessoas que mais vergonha e raiva lhes dão. Por que chorar o leite derramado? Por que queimar à toa as energias por casos que já estão acabados ou por coisas que não podem ser mudadas um milímetro?

É preciso debruçar-se sobre os primeiros planos. Foi o Pai quem permitiu tudo isso. Para ele, tudo era possível: podia tê-lo evitado. Se os fatos se consumaram foi porque o Pai o permitiu. Por que permitiu? Para quê fazer perguntas que não vão ter respostas? E, mesmo na hipótese impossível de que alguém pudesse receber respostas satisfatórias e consoladoras, quero prestar a homenagem de meu silêncio a meu Deus e meu Pai.

Só sei de uma coisa: que ele sabe tudo e nós não sabemos nada. Sei também que ele me ama muito e que o que ele permite é o melhor para mim. Por isso, calo a boca e aceito, em silêncio e em paz, todos e cada um dos acontecimentos que, a seu tempo, me fizeram sofrer tanto. Faça-se a sua vontade. Meu Pai, eu me abandono em vós!

Precisamos curar as feridas. Somos os semeadores da paz e da esperança no mundo. Se não curarmos uma por uma as feridas, logo vamos começar a respirar por elas, e pelas feridas só se respiram ressentimentos.

Quem fica recordando acontecimentos dolorosos se parece com quem pega na mão uma brasa ardente. Quem alimenta o rancor contra o irmão é como quem atiça a chama da febre. Quem é que se queima? Quem é que sofre mais: o que odeia ou o que é odiado; o que inveja ou o que é invejado? Como um bumerangue, o que sinto contra o irmão destrói a mim mesmo. Quanta energia gastada à toa!

É ridículo viver inflamado de ódio contra quem me fez tal coisa, se ele continua a viver feliz e "dançando" pela vida, tão despreocupado de mim que nem se interessa em saber se estou vivo ou morto. A quem prejudica essa raiva?

A vida nos foi dada para sermos felizes e para fazermos os outros felizes. Faremos felizes na medida em que formos felizes. O Pai colocou-nos em um jardim. Somos nós que transformamos o jardim em vale de lágrimas com nossa falta de fé, de amor e de sabedoria.

Janelas de saída

Insistimos. Há pessoas que dizem por aí: não metam Deus nesses conflitos. O Pai não tem nada que ver com isso. São leis biológicas em funcionamento normal, é uma ponte normal entre a frustração e a violência, são constantes sociopolíticas.

Dizem: "olha, fulano é um tipo fracassado em todos os campos". Todos o conhecemos. Esse tipo de pessoa, por um dispositivo reativo, precisa destruir todos os que fazem alguma coisa. Só se sentem realizados, destruindo. Em tal sociedade, só você tinha êxito e o puseram no pedestal. Pois o nosso fulano precisava justamente de um triunfador para ter uma vítima. E foi bem você. Por isso levantou a calúnia e abateu o seu prestígio. Essa é a única explicação. Deus não teve nada que ver com esse acontecimento infeliz. Foi a clássica *violência compensadora*: os fracassados encontram uma compensação destruindo os que fazem alguma coisa.

E sabem discorrer do mesmo jeito em todos os outros assuntos, buscando o fenômeno de superfície, a explicação sócio-psico-biológica, acrescentando que Deus não entra em nossas jogadas mesquinhas. Mas eu pergunto: que aconteceria se prendêssemos um gato em um quarto, sem portas nem janelas? Quando se visse preso e sem saída, seria tomado pela angústia e começaria a arranhar paredes e teto, em pânico e desespero.

É o que acontece com essas explicações superficiais: colocam a pessoa em um beco sem saída. Dizem: "ela não tem culpa". Para ela, destruir foi uma "necessidade" psicológica. Que consolo você vai achar nessa explicação, se você foi despedaçado para sempre? Como sair dessa?

Dizem: "Não há outra explicação a não ser esta: o carcinoma foi sigilosamente invadindo tudo, como um ladrão noturno, e quando percebemos já estava tudo perdido". Que consolo você vai achar nessa explicação biológica, se não lhe dão mais que dois meses de vida? Como sair dessa situação?

Nunca me cansarei de repetir: a única saída libertadora e consoladora que se pode encontrar neste mundo diante dos duros golpes da vida é a fé. A única coisa que nos pode dar consolação, alívio e paz quando a fatalidade inexorável se abate sobre nós é a visão da fé. Essa fé que nos diz que por trás dos fenômenos e das aparências está aquela mão que organiza e coordena, permite e dispõe tudo que acontece neste mundo.

Se contemplarmos a vida a partir dessa perspectiva, a fatalidade cega nunca vai conseguir dominar os nossos destinos. Eu sei que, para além das explicações do primeiro plano, aquela desgraça foi permitida ou querida pelo Pai. Por isso, calo a boca. Beijo sua mão, fico em silêncio, assumo tudo com amor e uma profunda paz vai ser a minha herança. Não haverá neste mundo eventualidades imprevisíveis ou emergências dolorosas que possam desequilibrar a estabilidade emocional dos que se abandonaram nas mãos de Deus-Pai.

Que é que nós sabemos?

Há outras pessoas que dizem: "Como pode ser? Se ele é Todo-Poderoso e é realmente Pai, como consente que seus pobres filhos sejam arrastados pela ventania dos infortúnios?". Quem fala assim é porque ignora. Ignora porque é superficial. É superficial porque contempla, analisa e julga os fatos e as realidades pelo ângulo da superfície. Nós não sabemos nada; é por isso que abrimos a boca para protestar ou para soltar palavras néscias. Nós somos os míopes que vemos e analisamos tudo com o nariz encostado na parede sem um palmo de perspectiva, e essa parede chama-se tempo. Não dispomos de elementos suficientes nem de perspectivas de tempo para ponderar a realidade, proporcional e equitativamente. E, por sermos ignorantes, somos atrevidos.

Que sabemos do que nos vai acontecer dentro de três dias ou de três anos? Que sabemos dos abismos mais profundos do mundo da fé, por exemplo, do destino trans--histórico pelo qual muitas almas continuam a vitalizar o Corpo da Igreja para além de sua existência biológica?

Há pessoas marcadas por Deus com um destino messiânico, destinadas a participar da Redenção de Cristo e a remir junto com ele: nasceram para sofrer pelos outros e para morrer em lugar dos outros. A vida não está cheia de enigmas, que só podem ser decifrados à luz da fé? Precisamos nos lembrar sempre disto: o essencial é invisível. E como nós vivemos olhando a superfície, é por isso que não sabemos nada do essencial. Por isso resistimos e protestamos como os ignorantes.

Esta mulher se rala de complexos, porque sua aparência é insignificante e deforme. Muito bem. E se tivesse nascido cheia de encantos e fosse uma cortesã infeliz? Que tal? Que é que nós sabemos? Este se queixa de ter nascido tímido e sem simpatia pessoal. Mas eu digo: e se tivesse aparecido no mundo cheio de encantos, mas também tivesse levado uma existência complicada e infeliz, como tantos? Que é que você sabe? Queixa-se de que não tem brilho intelectual? Não conheceu por aí pessoas cem vezes mais inteligentes do que você e cem vezes mais desafortunadas? Nós não sabemos nada.

Diante do mundo ignoto das eventualidades, é muito melhor deter-se e ficar em silêncio, abandonado nas mãos do Pai, assumindo com gratidão o condicionamento pessoal e o mistério da vida. Conheci pessoas que viram aparecer, de repente, uma doença que as acompanhou até à morte, mas que pôde ser considerada a maior bênção de toda a sua vida.

* * *

Este chora e protesta porque lhe lançaram em rosto uma calúnia e o Pai ficou quieto e tranquilo, permitindo tudo. As pessoas ignoram que há coisas piores que a calúnia: em um movimento centrífugo e narcisista, essa pessoa estava se enroscando em si mesma sem perceber, adorando sua própria estátua: cada dia tinha mais medo de perder o brilho de sua efígie e vivia progressivamente ansiosa e cada vez mais infeliz. Mas agora, desde que perdeu a popularidade, sente-se muito mais livre e tranquila. O que parecia crueldade foi, no fundo, uma atitude de misericórdia por parte do Pai. Que é que nós entendemos?

Por ter quebrado algumas vértebras, tal pessoa ficou semiparalisada em uma cadeira de rodas. A partir do nada, começou a subir em um processo doloroso e transformador; acabou aceitando, na fé e na paz, uma situação tão limitadora. Hoje, entre todos os irmãos casados da família, é a criatura mais feliz. O que é que nós entendemos?

Esta mulher fracassou no casamento. "Pobrezinha, separada!" – diziam todos. A graça conduziu-a para as profundidades extraordinárias da contemplação. Hoje, será difícil encontrar na cidade uma senhora tão realizada e tão radiante. O que é que nós entendemos?

O que sucedeu a fulano dá muito o que pensar. Há uns dez anos, desabou sobre ele, como uma tempestade de verão, a mais injusta e bárbara situação. Sua vida se desarvorou por completo. Simplesmente, como dizem, acabaram com ele. Precisou até emigrar para outro país, para outro continente.

Depois de muitos meses de perturbação, começou, pouco a pouco, a medir sua própria história por critérios de eternidade. Conseguiu progressivamente a estabilidade emocional, dando um salto olímpico no crescimento da maturidade. Hoje é um homem cheio de paz e riqueza interior, plenamente ajustado. Olhando da altura em que estamos hoje, o que há dez anos parecia a maior desgraça é tido agora como o maior presente do Pai. Se aquilo não tivesse acontecido, a pessoa poderia ser hoje qualquer outra coisa. Nós não sabemos nada.

Tenho certeza: se nós tivéssemos a perspectiva da eternidade, como o Pai, todas as coisas adversas que acontecem cada dia seriam consideradas por nós como carinhos especiais do Pai para conosco, seus filhos, para nos libertar, curar, despertar, purificar etc.

Diante do futuro

O abandono é vivido em dois tempos: no passado e no futuro.

Quanto ao *passado*, o abandono tem o nome e a forma de reconciliação. O cristão que quer avançar até latitudes bem remotas no interior de Deus, precisa antes exercitar-se, com frequência e prolongadamente, na purificação geral, aliviando as angústias, suavizando as tensões, aceitando tudo o que tem fronteiras fechadas. Mais adiante, vamos dar alguns exercícios práticos para facilitar essa purificação.

Quanto ao *futuro*, o abandono poderia chamar-se *sabedoria*, segundo a qual – repetimos – tudo o que vai me acontecer, desde agora até o fim de meus dias, pode ser encerrado na simplicidade das mesmas perguntas: dá para fazer alguma coisa? Depende de mim? Nesse caso: mãos à obra! Já está tudo consumado? As fronteiras estão fechadas? Então, eu me abandono em vós, meu Pai!

* * *

Vamos imaginar que as possibilidades estão abertas. As reflexões que vou apresentar partem dessa suposição.

Em toda história que me resta viver, desde agora até a sepultura, a sabedoria me aconselha a discernir entre o esforço e os resultados.

A etapa do *esforço* é a nossa hora: organizamos a frente de batalha; fazemos de conta que o Pai não entra neste jogo; não é a hora do abandono, mas da ação, como se tudo dependesse de nós; procuramos colaboração reunindo grupos compactos; não descuidamos de nenhum detalhe nem poupamos nenhum esforço.

Entretanto, o que acontece? Acontece que o esforço depende de nós, mas o *resultado* do esforço não depende de nós e sim de uma complexa combinação de causalidades cuja análise quase sempre nos escapa: estado de ânimo, preparação deficiente, clima tempestuoso, descuido de detalhes e principalmente as mil reações psicológicas das pessoas a quem se dirigia a minha ação.

Contudo, situados na ótica da fé, nós sabemos que todas as coisas, em última instância, dependem do Pai, como já foi explicado. Daí emerge nitidamente uma conclusão prática: se o esforço depende de mim e o resultado não depende de mim, estamos comprometidos com o esforço e não com o resultado. Em outras palavras: na hora do esforço, batalhamos; na hora dos resultados, nos abandonamos, depositando-os nas mãos do Pai.

Nós sempre queremos o máximo, queremos cem por cento. É legítimo, tem de ser assim. Entretanto, terminada a batalha, deparamo-nos com resultados muito variados e, às vezes, inesperados. Às vezes conquistamos uns setenta por cento do que pretendíamos; outras vezes, uns quarenta por cento, ou quinze apenas. De cem para baixo começa a lei do fracasso. Ou melhor, os resultados negativos, em diferentes graus, são transformados por nós em fracasso quando começamos a resistir a eles. Quanto mais baixo é o resultado, mais nos envergonhamos, e assim o transformamos em um fracasso maior. Não existe ridículo para quem se abandona.

Uma vez que se fez o possível, e que se terminou a batalha, e que não podemos mais voltar atrás, diz a sabedoria que é loucura passar a noite em claro por vergonha dos resultados negativos. No fundo, o ser humano não é sábio: não quer abrir os olhos e reluta em aceitar a si mesmo em seu exato valor.

As pessoas têm frequentemente uma imagem inchada de si mesmas. Desejam ardentemente que os resultados de sua atuação estejam à altura dessa ideia que têm de si mesmas. Mas, como em geral essa adequação não acontece, as pessoas reagem entre frustradas e ressentidas. Estamos à beira da loucura, internados na neblina da alucinação.

Muita gente, obcecada pelo brilho dos resultados, mesmo antes de iniciar o projeto ou durante sua realização, vive angustiada, pensando no que vai dar, em como acabará, atormentando-se com um eventual resultado negativo, resultado que não depende da própria atuação. E se o resultado for mesmo negativo, pelo menos em comparação com o que se esperava, a pessoa fica muito tempo oprimida pela lembrança do fracasso, um *fato consumado* que não vai ser alterado um milímetro por lágrima nenhuma. É uma loucura.

E assim se queimam inutilmente tantas energias. Aparecem os complexos. Essas pessoas já começam a agir na vida com sensação de insegurança. Se surgirem outros projetos no futuro, não os aceitarão, com medo do fracasso. Pessoas que poderiam render noventa por cento em sua vida passam a render vinte por cento. E se sentem irrealizadas. A frustração arrasta consigo, como mecanismo de compensação, a violência. E assim se estende uma corrente de males sem conta sobre a sua vida, como uma serpente de mil anéis.

Em qualquer atividade ou profissão: educação dos filhos, formação dos jovens, profissão, apostolado etc. o cristão tem de dar o máximo. Mas, se apesar do esforço, as coisas não derem certo, não deve destruir energias, humilhando a si mesmo. Tem é que aceitar com sabedoria a realidade e, na fé, entregar-se nas mãos do Pai.

Caminho de alta velocidade

Vamos resumir todas as ideias.

Abandonar-se é, portanto, renunciar a si mesmo, desapegar-se para se confiar por inteiro, sem medidas nem reservas, àquele que nos ama.

O abandono é o caminho mais seguro porque é extraordinariamente simples. É também universal porque todas as possíveis emergências da vida aí estão incluídas. Não há perigo de ilusões, já que, nessa ótica, contempla-se a realidade nua e crua, com objetividade e sabedoria. Onde há sabedoria não há ilusões. A ilusão é a onipotência infantil, e todas as filhas da impaciência caem ao chão como as flores de uma árvore sacudida.

O abandono faz viver em alta voltagem a fé pura e o amor puro. Fé pura, porque, atravessando o bosque das aparências descobre a realidade invisível, alicerçante e sustentadora. Amor puro porque são assumidos na paz os golpes que machucam e doem.

O abandono faz viver permanentemente em espírito de oração porque, em cada momento da vida, aparecem pequenas dificuldades, decepções, frustrações, desânimos, calor, frio, dor, desejos impossíveis etc. e tudo isso vai sendo relacionado pelo filho amado com o Pai que ama. Assim, a própria vida obriga o filho "abandonado" a viver perpetuamente entregue, nadando sempre em completa paz. O maior desgosto se esvai com um "faça-se a vossa vontade". Não há analgésico mais eficaz para as penas da vida do que o abandono.

Nesse caminho, morre-se com Jesus para se viver com o Pai. Jesus morreu para "o que quero" no Getsêmani, para assumir "o que vós quereis". O "abandonado" morre para a vontade própria que se manifesta em tantas resistências, apaga as vozes vivas do ressentimento, apoia sua cabeça nas mãos do Pai, fica em paz e aí vive, livre e feliz. Passa a ser como essa hóstia branca, tão pobre, tão livre, tão obediente que, diante das palavras da consagração, entrega-se para se converter no corpo de Cristo. Passa a ser como essas gotinhas de água que se entregam para se perderem completamente no vinho do cálice.

O abandono plenifica a vida porque os complexos desaparecem, nasce a segurança, luta-se sem angústia, não se preocupa com os resultados que só dependem do Pai e todas as potencialidades humanas rendem o máximo.

Suaviza a morte. Já vi, em minha vida, prodígios de transformação: conheci uma pessoa tensa porque sabia que estava no fim. Parecia um animal ferido e amedrontado. No fim, entregou-se com o "faça-se" e depositou sua vida nas mãos do Pai. Quase repentinamente, aquele rosto iluminou-se com a doçura e a beleza de um entardecer. Foi um final invejável e admirável. E como são numerosos esses casos!

O abandono engendra um espírito sereno,
dissipa as mais vivas inquietudes,
adoça as penas mais amargas.
Há simplicidade e liberdade no coração.
O homem abandonado está disposto a tudo.
Esqueceu-se de si mesmo.
Esse esquecimento é sua morte e nascimento
no coração que se alarga e se dilata (Bossuet).

Só em Deus-Pai o filho amado quer esquecer-se, morrer e se perder, como quem se deixa cair em um abismo de amor e ali encontra o descanso completo. Podem vir provas, dificuldades, crises, doenças... O filho amado deixa-se levar sem esforço pelas vontades que se vão manifestando a cada passo.

Por isso, o filho "abandonado" nunca está *abandonado*. O Pai estende a mão para o filho e a aperta com mais força quando os transes são mais difíceis.

Por isso, desaparece toda ansiedade pelo futuro incerto. Que há de ser? Que não há de ser? Vai ser o que o Pai quiser. Nas alternativas incertas da doença ou da saúde, da estima ou do esquecimento, do triunfo ou do fracasso, das desolações ou das consolações, vai ser o que o Pai quiser. O filho fará todo o possível para lutar e vencer na medida de suas possibilidades. No resto, abandona-se com serena paz. Faça-se a sua vontade. Ainda que o mundo se afunde, o filho descansa em completa paz.

Vive nos braços do Pai. Esses braços podem levá-lo para qualquer lugar, talvez para o fundo de um abismo, para o fundo de uma torrente. Não faz mal: está nos braços de alguém que o ama muito. Por isso, o filho não sabe o que é medo.

A torrente pode chamar-se morte. Não faz mal. O filho atravessa até mesmo essa torrente, levado por braços fortes e amorosos. Pode ser que a morte seja o golpe mais duro. Até esse golpe se amortece, como se a pessoa caísse em um mar de linho branco.

O abandono é o caminho mais rápido e seguro de qualquer libertação.

2. EXERCÍCIOS PRÁTICOS DE ABANDONO

Aceitação dos próprios pais

Geralmente os filhos são demasiadamente exigentes para com os próprios pais, como se eles tivessem a obrigação de serem perfeitos. Esse conceito (preconceito) vem desde a infância, em que a criança mitifica facilmente os pais.

Há histórias concretas cuja lembrança causa nos filhos um sentimento de aversão para com os pais. Estes com frequência deixam de ter beleza, inteligência, êxito econômico, personalidade criativa... E por tudo isso, às vezes, os filhos têm um tal complexo: muitos se envergonham de que seus amigos venham a conhecer seus pais.

Outras vezes, os pais têm defeitos de personalidade ou alguma conduta incorreta, que causam mal dissimulada indignação em muitos filhos, os quais dificilmente perdoam.

Há também os que sentem rejeição pelo lar em que nasceram e cresceram, um lar economicamente tão pobre, sociologicamente tão insignificante.

Esse conjunto de rejeição faz com que muitas pessoas arrastem durante a vida toda uma corrente subterrânea, latente mas palpitante, de frustração e de ressentimentos generalizados. Por isso, às vezes não se alegram com nada e não sabem o porquê; tudo lhes dá tristeza e não sabem o porquê, a qualquer momento sentem mal-estar diante da vida e não sabem o porquê.

A explicação é que a corrente subterrânea aflora – sem que as pessoas se deem conta – numa forma derivada de insatisfação e de outros tipos de violência.

Muitos cristãos, para seu encontro com Deus, precisam fazer uma reconciliação profunda com as fontes da vida.

* * *

Coloque-se na presença de Deus. Deixe-se compenetrar pelo Espírito do Senhor. Vá adquirindo, aos poucos, a calma e a paz.

Lembre-se, mentalmente, de seus pais. Lembre especialmente as histórias ou traços de personalidade que lhe causam aversão. Se seus pais já faleceram, faça-os surgir em sua mente como se estivessem vivos.

Repita várias vezes as palavras desta oração até experimentar paz e uma completa reconciliação.

> Meu Pai, eu me abandono em vós! Aceito, neste momento, na paz e no amor, os meus pais, com seus defeitos e limitações. Se alguma vez senti aversão secreta contra eles, quero reconciliar-me por completo agora mesmo.
>
> Pai santo, diante de vós, quero assumi-los como eles são. Se já faleceram, que surja da sepultura sua lembrança sagrada e abençoada. Em vossa presença, e em vossas mãos, eu hoje os recebo, abraço-os e os amo com gratidão e carinho.
>
> Aceito-os profunda e totalmente no mistério de vossa vontade, porque vós os constituístes como fonte de minha existência. Obrigado pelo presente de meus pais. Faça-se a vossa vontade. Eu me abandono em vós. Amém.

Aceitação da figura física

Nossas inimizades, no que diz respeito a nós mesmos, começam na periferia. Há pessoas que fizeram de sua vida uma profissão de disparar e de destruir. É que havia excessivo acúmulo de energia reativa em seus depósitos, amontoada pela rejeição permanente de si mesmos, começando por sua aparência física, e precisavam descarregá-la.

Alimentaram uma não declarada "inimizade" contra sua própria cor, olhos, cabelos, dentes, peso e outras partes de sua anatomia. Envergonham-se de ser assim. Sentem uma insegurança geral. Atribuem o fracasso de sua vida à carência de atributos físicos.

Essa antipatia contra si mesmos é ridícula porque é artificial. Fazem-se vítimas e verdugos de si mesmos, o que é a mais insensata das atitudes. É preciso despertar dessas loucuras e tomar consciência da palavra de Jesus: "Quem é que, preocupando-se, pode acrescentar um centímetro à própria estatura?". Essa observação deve ser aplicada à esfera total da constituição corporal. Nessa esfera pouco ou nada podemos mudar. Então, para que resistir?

Na reconciliação geral consigo mesmo, muitas pessoas precisam fazer um ato profundo e reiterado de aceitação de sua aparência física, com sentimentos de gratidão.

* * *

Coloque-se na presença do Senhor. Fique na mais completa calma. Vá tomando consciência e detendo expressamente a atenção em cada um dos membros com quem está "de mal".

Fazendo a seguinte oração, *sinta carinho* pelos membros rejeitados, um por um, nominalmente, detidamente. *Sinta-os* como partes integrantes de sua identidade pessoal.

Repita muitas vezes a oração até chegar a sentir gratidão e gozo por ter tido sorte de viver, graças a seu corpo.

> Meu Pai, eu me abandono em vós! Muitas vezes, tive vergonha desta minha aparência. Alimentei dentro de mim guerras inúteis, resistências artificiais. Foram loucuras. Afinal, rejeitei um presente vosso. Perdoai minha insensatez e minha ingratidão.
>
> Nesse momento, quero reconciliar-me comigo mesmo, com esta aparência. De agora em diante, nunca mais vou sentir tristeza por ser assim.
>
> Agora mesmo eu assumo, com gratidão e amor, esta aparência que faz parte de minha personalidade. Uma por uma, amo cada parte de meu corpo... Faça-se a vossa vontade. Eu me abandono em vós. Amém.

Aceitação da doença, da velhice e da morte

São três corcéis negros que arrastam o homem por uma ladeira até o fundo do abismo. São três feras que apertam o homem pela garganta para o asfixiarem.

Da mesma maneira que o dia está às portas da noite, tudo o que começa está destinado a terminar. E tudo o que nasce, morre, passando normalmente pela antessala da doença ou da velhice.

Quando chega ao mundo, o homem levanta a cabeça, abre os olhos e se depara com o pano de fundo que nunca mais vai desaparecer de sua vista: a morte. Sente-se essencialmente limitado e destinado a morrer. Daí nasce a angústia. A única maneira de vencer a angústia é abandonar toda resistência e aceitar as fronteiras intransponíveis, entregando-se o homem nas mãos do Pai que organizou assim a existência.

* * *

Só vivemos uma vez. Como seria bom fazer essa única excursão com plena sensação de bem-estar e de saúde. Mas as doenças espreitam-nos como velhas sombras, em cada esquina, esperando cada uma sua vez: desaparece uma para surgir outra, num rodar incessante. Resultado: é preciso estar sempre gastando e se preocupando: médicos, remédios, regime alimentar... Tantos anos em pé de guerra contra tal doença que tanto me limita, e estou cada vez pior. E é bem provável que essa enfermidade me acompanhe até a queda final.

Na travessia da vida, a doença é uma das limitações mais sensíveis. E o abandono é o remédio mais eficaz, e talvez o único que nos possa libertar da tristeza que normalmente é produzida pelas doenças.

O problema da doença não é o desequilíbrio biológico, mas a resistência mental. Vou lutar para sarar com tudo o que estiver ao meu alcance. Vou mudar de médico, caprichar no regime, procurar remédios mais eficazes. E se assim mesmo os resultados de meus esforços forem negativos, vou aceitá-los, desde agora, entregue a meu Pai. Na hora da luta, estou eu; na hora dos resultados, está o Pai: é o momento do abandono. Em resumo: luta quanto ao esforço, abandono quanto aos resultados. Luta com abandono. Faça-se a vossa vontade.

* * *

Isso poderia ser chamado de *parábola biológica*. A gente nasce. Escala o firmamento azul até o zênite; começa a declinar e vai baixando, baixando até desaparecer de uma vez.

Entre a doença, a velhice e a morte, o gole pior é o da velhice, porque é na ancianidade que se "vive" a morte. A velhice é a sala de espera da morte. Em si mesma, a morte é vazia e insubstancial. Mas na ancianidade esse vazio se "enche" de fantasias e de temores.

A morte é a despedida total. Mas é na ancianidade que o ser humano vai *se despedindo* lentamente de tudo. Melhor: todos os bens vão abandonando o ancião: o vigor, a beleza, a saúde, as diversas potencialidades, até se transformar em um ser inútil para tudo e carente de todo bem.

Sim. A morte é "vivida" na ancianidade. As enfermidades e o desgaste geral vão se enroscando como serpentes vivas no pescoço do ancião. Vivia tão feliz! De repente aparecem os cabelos brancos, perde-se a vista. Cada ano que passa é um novo passo para o desenlace. E, quando menos esperamos, estamos na soleira.

Diante de toda essa limitação, o cristão deve exercitar, frequente e profundamente, sua atitude de abandono, aceitando o mistério doloroso da vida e sua curva biológica. As limitações aceitas lançarão o cristão nos braços do Infinito; a temporalidade aceita, nos braços do Eterno. A angústia se transformará em paz. Então, poderemos ser semeadores da paz.

* * *

Assuma uma posição de recolhimento. Pratique algum exercício de pacificação. Torne presente o Senhor, pela fé.

Concentre sua atenção em suas atuais enfermidades, ou nas que mais o preocupam ou mais teme. Detenha sua atenção em cada uma delas; aceite, no mistério da vontade do Pai, uma por uma, lentamente, cada uma das dores, até que os temores desapareçam e consiga experimentar uma paz completa.

Imagine-se nos últimos anos de sua vida: marginalizado e inútil para tudo. Rezando a seguinte oração, experimente o amor oblativo neste sentido: porque o Pai organizou assim a vida, aceito no amor do Pai a descida inevitável, o mistério doloroso da curva biológica, a incapacidade geral, e a espera da morte.

Faça o mesmo com a morte. Imagine que está em vésperas da partida. Como Jesus, abandone-se. Não resista. Deixe-se levar. Aceite a vontade do Pai que, em sua sabedoria, organizou a vida dessa maneira. Imagine que a morte é como uma torrente que você atravessa carregado nos braços de seu Pai.

> Meu Pai, eu me abandono em vós! Tanta limitação causa tristeza e tenho vontade de protestar. Mas, não. Porque eu vos amo, calo, fico em silêncio, aceito em paz o mistério doloroso da vida que é o mistério de vossa vontade. Meu Deus, vou lutar de todos os modos para sarar, porém se os resultados forem negativos, não resisto mais! Desde agora, eu me abandono em vós! Aceito tudo. Estou disposto a tudo. Meu Deus, aceito, uma por uma, todas as doenças que neste momento me espreitam.

Aceito em paz os dias de minha velhice, a limitação completa e a incapacidade para tudo. Aceito que a vida seja assim porque vós assim o quisestes. Faça-se a vossa vontade.

Meu Pai! O que está escrito em vosso livro sobre o meu fim? Morte com agonia lenta? Dai-me forças para não resistir e para pronunciar o meu "faça-se!". O que está escrito: morte repentina ou violenta? Fecho a boca para vos dizer em silêncio: se é isso que está escrito, é isso que vai acontecer. Está bem! Faça-se a vossa vontade. Aceito. Estou disposto a tudo.

Em vossas mãos entrego minha vida e minha morte. Amém.

Aceitação da própria personalidade

Amanhecemos de repente neste mundo e descobrimos que tudo, ou quase tudo, está determinado. Não temos nada que escolher. Com o que nos colocaram em cima, temos de fazer uma corrida. Alguns pegaram um corcel dócil e veloz. Outros ficaram com um cavalo lerdo. Para outros, coube um potro indômito. E todos vão ter de atravessar necessariamente o circo.

O manancial de onde nascem as frustrações mais profundas é o próprio condicionamento pessoal. A maior desgraça é sentir vergonha de si mesmo. A tristeza mais triste é alguém ter tristeza de ser assim, sem poder dar um jeito. Dessa maneira, pode-se começar a rolar por uma ladeira louca e suicida.

As pessoas sofrem horrivelmente consigo mesmas e não sabem o porquê. Tudo é sumamente sutil porque essa sombria frustração nasce nas profundidades mais remotas da personalidade. Geralmente as pessoas não têm consciência do que está acontecendo nem por que está acontecendo. Também não têm capacidade analítica. Sofrem instintiva e confusamente. E mesmo que um analista as ajudasse a descobrir as raízes, não adiantaria nada porque as feridas continuariam em carne viva, sem possibilidade de uma terapia realmente curadora.

O homem gostaria de dispor de um elevado coeficiente intelectual. Mas o que aconteceu foi outra coisa. Este fulano, quando ainda era criança de escola, por um vago pressentimento e por dedução do que escutava ao redor, chegou instintivamente à conclusão de que, neste mundo, só os inteligentes triunfam. E como ele estava nos últimos lugares na escola, convenceu-se de que jamais triunfaria em nada e de que passaria pelo mundo como uma mediocridade. A partir daí, o fracasso se fez presente em sua vida, antes de começar a corrida.

Envergonhado de si mesmo, ressentido por tamanha limitação intelectual, deixou-se arrastar desde menino, de maneira inconsciente e confusa, por toda espécie de complexos. Permitiu que em seu interior nascesse, crescesse e invadisse tudo a planta vermelha do rancor contra si mesmo. Hoje é um homem amargurado, carregando, à flor da pele, uma carga de dinamite para disparar contra qualquer um.

* * *

Entretanto, as nascentes mais caudalosas estão alhures.

O homem percebe que sua conduta não corresponde a seus ideais, mas lhe advém de vertentes desconhecidas, impulsionada por forças ancoradas em seu fundo vital. Os impulsos não obedecem a seus desejos. Faz o que não quer e deixa de fazer o que gostaria.

Teria preferido um temperamento alegre. Mas com frequência apoderam-se dele pesadas melancolias: nada o alegra, tudo o entristece. E essas manias depressivas, que duram longos períodos, vêm a ser como sombras que ninguém consegue afugentar. Teria querido ser equilibrado e, com frequência, deixa-se levar por acessos neuróticos. Quisera ser suave e é agitado. Quisera ser humilde e é orgulhoso. Quisera ser puro e é sensual.

Tem invejas e sofre. Tem rancores e sofre. Quisera ser encantador e não pode. É tímido e sofre impulsos de fuga e medo de tudo. É de uma sensibilidade doentia e sente uma agulha como se fosse uma espada.

É triste ter de carregar todo esse andaime nas costas já que é uma só vez que se vive. Por que não poderíamos fazer com tudo isso como quando se tira uma roupa e se põe outra?

Se o cristão quer chegar à alta intimidade com o Senhor, precisa exercitar-se no abandono até chegar a uma profunda reconciliação com toda a esfera de sua personalidade.

* * *

Tome uma posição cômoda. Exercite-se no relaxamento. Deixe-se envolver pela presença do Senhor.

Numa tranquila introspecção, vá tomando consciência dos traços de sua personalidade que mais doem por serem contraditórios e negativos. Vá assumindo, uma por uma, todas essas coisas de que não gosta e que gostaria de mudar, mas não consegue.

Imagine-se carregando nas costas a cruz de sua personalidade. Depois imagine que nessa via-sacra de sua vida Jesus, como um cireneu, lhe empresta o ombro para ajudá-lo a levar a cruz da sua personalidade.

Repita muitas vezes a oração, aplicando-a a cada traço. Perdoe muitas vezes a si mesmo. Vá depositando todos os aspectos de sua personalidade, um por um, como oferta de amor, nas mãos do Pai, até experimentar a mais completa reconciliação.

> Meu Pai. Eu me abandono em vós! Entrego-me em vossas mãos com o pouco que sou. Assumo e amo esta pequena luz de minha inteligência. Em vossa vontade assumo e amo o mistério de minhas limitações. Não quero mais ficar triste por minha insignificância. Agradeço-vos por me terdes feito capaz de pensar o que penso. Obrigado pela memória!
> Em vossas mãos, meu Pai, eu me entrego com o pouco que sou. Armazenei, durante anos, rancor e frustrações contra meu modo de ser. Sentia tanta melancolia e tanta depressão, tanta timidez e orgulho! Meu Deus, não escolhi nada disso. Puseram-me aos ombros uma cruz pesada. Não gosto desse meu modo de ser. Mas não posso soltar-me dele como quem tira uma roupa. Meu Deus, não quero mais guerras dentro de mim; quero paz e reconciliação.
> Em vosso amor, eu assumo e amo essa personalidade estranha e contraditória. Faça-se a vossa vontade. Em vosso amor, eu assumo e amo tantas coisas em mim mesmo que não me agradam, uma por uma,

lentamente... Jesus, sede o meu bom cireneu, ajudai-me a levar minha cruz. Obrigado pela vida! Obrigado pela alma! Obrigado por meu destino eterno! Meu Pai, eu me abandono em vós. Amém.

Aceitação dos irmãos

Os mesmos muros que separam os irmãos entre si são os que interferem entre a alma e Deus. É loucura sonhar em conseguir uma alta intimidade com o Senhor, se a alma está em pé de guerra contra o irmão.

Quando Deus olha para o homem, o primeiro território que o homem sente desafiado é o da fraternidade, com uma surpreendente pergunta: Onde está seu irmão? É impossível a união transformadora se o cristão leva víboras escondidas como punhais para as lutas fraternas.

A harmonia fraterna é toda tecida por uma constelação de exigências fraternas, como respeitar, comunicar-se, dialogar, acolher, assumir... Mas há uma condição primeira e imprescindível: perdoar. Precisamos urgentemente da paz. Só na paz consuma-se o encontro com Deus. E só pelo perdão é que a paz pode vir.

Quando falamos aqui em *aceitar os irmãos*, pensamos apenas no sentido do perdão. Perdoar é abandonar o ressentimento contra o irmão. Pelo ato de abandono deposita-se nas mãos do Pai a resistência ao irmão e a si mesmo, em um único ato de adoração, no qual e pelo qual todos nós somos *um*.

Perdoar é extinguir os sentimentos de hostilidade como quem apaga uma chama, como homenagem de amor oblativo ao Pai.

Existe um perdão *intencional*. Nesse caso, o cristão perdoa de verdade, com um perdão de vontade. Quer perdoar. Quereria arrancar do coração toda hostilidade e não sentir mais nenhuma malevolência. Perdoa sinceramente. Trata-se, porém, do caso daqueles que dizem: "Perdoo, mas não posso esquecer". Esse perdão é suficiente para aproximar-se dos sacramentos. Contudo, não se cura a ferida.

Existe também o perdão *emocional*. Não depende da vontade, porque a vontade não tem domínio direto sobre o mundo emocional. A hostilidade tem as raízes mergulhadas no fundo vital instintivo. O perdão emocional cura as feridas.

* * *

Há três modos de dar o perdão emocional. O primeiro é em estado de *oração com Jesus*.

Fique em posição de oração. Vá se acalmando devagar. Concentre-se. Evoque, pela fé, a presença de Jesus. Quando tiver entrado em plena intimidade com ele, lembre-se do irmão com quem "está de mal". Lentamente, prolongadamente, durante uns 30 minutos, procurando sentir cada palavra, faça esta oração:

> Jesus, examina meu interior, até as raízes mais profundas do meu ser. Acalma esse mar de emoções adversas. Jesus, assume meu coração com todas as hostilidades. Arranca-o e substitui pelo teu. Jesus, quero sentir, neste momento, o que tu sentes por esse meu irmão. Leva o

perdão para dentro de mim. Perdoa-lhe tu em mim e por mim. Sim, Jesus; quero "sentir" os mesmos sentimentos que tens por esse meu irmão. Quero perdoá-lo, Jesus, como tu perdoas. Neste momento, quero "ser" tu mesmo. Quero perdoá-lo como tu. Quero perdoá-lo...

Imagine como desaparece a escuridão na presença da luz. Da mesma maneira, *sinta* como diante da presença de Jesus os rancores se esfumam. Sinta como a paz, como o fresco, entra em sua alma. Imagine-se, neste momento, aproximando-se de seu "inimigo" para abraçá-lo.

Quando a ferida fica curada e não volta mais a se abrir, é sinal de que o perdão emocional foi um dom do Espírito, uma gratuidade extraordinária e infusa.

Normalmente, entretanto, depois que tiver passado esse momento de intimidade com Jesus, é provável que volte a sentir aversão contra aquele irmão, embora uma aversão menos intensa. Não se esqueça de que qualquer ferida precisa de muitos curativos para sarar de uma vez.

Também pode acontecer outra coisa. Você perdoou. Parece que o rancor se apagou por completo. Mas, de repente, depois de muito tempo, numa manhã qualquer, sem saber como nem por quê, voltou tudo: levantaram-se de novo, altas e vivas, as chamas da malevolência.

Foi tão desagradável sentir outra vez a febre, quando você vivia tão livre e feliz!

Não se assuste, nem se impaciente. As emoções não dependem da vontade. Torne a repetir os atos de perdão na intimidade com Jesus e, lentamente, as chagas vão ficar curadas de uma vez.

* * *

O segundo modo de perdoar emocionalmente é *compreendendo.*[2]

Se compreendêssemos não precisaríamos perdoar.

Pense em seu "inimigo". Quando sua atenção fixar-se nele, faça as seguintes reflexões:

> A não ser em casos excepcionais, ninguém neste mundo age com má intenção, ninguém é mau. Se ele me ofendeu, vai saber o que lhe contaram? Quem sabe se estava passando por uma crise grave? O que parece orgulho pode ser timidez. Sua atitude para comigo parece obstinação, mas é outra coisa: necessidade de autoafirmação. O coitado sente-se tão inferiorizado! Às vezes, sua conduta me parece agressiva; na realidade, trata-se de uma tentativa de se sentir mais seguro.
>
> Se ele é *difícil* para mim, deve ser muito mais difícil para ele. Se eu sofro com esse seu modo de agir, ele sofre mais ainda. Se há uma pessoa no mundo que deseja não ser assim, essa pessoa não sou eu, é ele. Gostaria de ser constante e é instável. Gostaria de ser encantador e é antipático. Gostaria de viver em paz com todo mundo e está sempre em conflito com todos. Gostaria de agradar a todos e não consegue. Ele não escolheu esse modo de ser.
>
> Depois de tudo isso, será que o "inimigo" é tão culpado? Que adianta irritar-se contra um modo de ser que ele não escolheu? Ele não merece repulsa, mas compreensão. Afinal, não serei eu que estarei enganando e sendo injusto com minha atitude, e não ele? Nós não pedimos todos os dias a misericórdia do Pai?

---

[2] LARRAÑAGA, Inácio. *Suba comigo.* 19. ed. São Paulo: Paulinas, 2011. pp. 154-162.

Se soubéssemos compreender, o sol da ira declinaria, e a paz, como sombra abençoada, ocuparia o nosso interior.

* * *

O terceiro modo de perdoar é *desligando-se*.

Trata-se de um ato de domínio mental pelo qual uma pessoa desliga e desvia a atenção.

O sentimento de malevolência é uma corrente emocional estabelecida entre a minha atenção e o meu "inimigo". Por minha parte, é uma resistência atencional e emocional lançada contra ele.

Perdoar consiste, então, em interromper ou desligar esse vínculo de atenção agressiva, ficando desligado do outro e em paz.

Esse modo de perdoar pode ser exercitado a qualquer momento. Não é preciso tomar uma atitude recolhida.

Quando perceber que está sendo dominado pela lembrança do outro, faça um ato de controle mental e desligue a atenção; simplesmente corte o vínculo da atenção. Fique em um vazio interior, suspendendo, por um instante, a atividade mental. Depois comece a pensar em outra coisa e deixe sua mente voar para qualquer direção.

Aproveite toda oportunidade para repetir esse exercício de perdão. Logo sentirá que já não está sendo molestado pela lembrança daquela pessoa.

Aceitação da própria história

Ah! Os arquivos da vida! Nós dizemos que a história é um campo de batalha coberto de folhas mortas.

Muitas pessoas, entretanto, levam uma vida atormentada porque estão sempre olhando para trás, justamente para as feridas em carne viva. A desgraça de muita gente é que revivem e reverdecem as páginas mortas, reabrem as velhas cicatrizes que nunca deixam sarar de uma vez. Levam uma vida triste porque relembram fatos precisamente tristes. Seus próprios arquivos são o maior fornecedor de ressentimentos.

Como explicamos acima, o tempo não volta atrás nem um instante. Os arquivos constam de fatos consumados que jamais vão ser alterados por nossos rancores e lágrimas. Repetimos, mais uma vez, que a pessoa pode viver dando cabeçadas contra as muralhas inalteráveis dos fatos consumados, em um estado de loucura alucinante, queimando inutilmente toda essa energia.

O cristão precisa exercitar-se, frequente e profundamente, nessa purificação: assumir na fé, cem vezes, as histórias dolorosas que foram permitidas pelo Pai.

Assuma uma atitude recolhida. Coloque-se na presença do Senhor e consiga um estado de intimidade com o Pai.

Faça lentamente uma introspecção, mergulhando nas páginas de sua história. Vá assumindo, uma por uma, as lembranças dolorosas no amor do Pai com um "eu me abandono em vós".

Comece desde a época da infância. Vá escalando sua vida: adolescência, juventude, idade adulta... Aquelas pessoas que influenciaram negativamente. Aquela crise da adolescência. Aquele fato, em si mesmo insignificante, mas que marcou tanto. As primeiras inimizades declaradas. O primeiro fracasso. O primeiro equívoco, depois tão lamentado. Aquela pessoa que nunca o compreendeu, ou pelo menos nunca o apreciou.

Aquele grupo de pressão, encabeçado por aquele amigo que depois me traiu: combateram-me para derrubar um prestígio que me tinha custado tanto a edificar. Aquela crise afetiva que abalou o projeto de minha vida. Aquele fracasso, aquele outro. Aquele descalabro na economia doméstica. Aqueles projetos que desmoronaram, já sabemos por culpa de quem. Aquela atitude arbitrária e injusta daquele grupo.

Aquela situação de pecado, cujo remorso não me deixa em paz até hoje. Aqueles ideais que não pude realizar... Vá assumindo tudo, na fé, e estenda sobre o campo de batalha a paz do abandono.

> Senhor da história, Dono do futuro e do passado, eu me abandono em vós. Para vós nada é impossível. Permitistes que tudo acontecesse assim. Faça-se a vossa vontade. Porque me amais e vos amo, estendo minha homenagem de silêncio sobre todas as páginas de minha história.
>
> Neste momento eu assumo, no mistério de vossa vontade, todos os fatos cuja recordação me molesta. Um por um, como rosas vermelhas de amor, quero depositar em vossas mãos todos os acontecimentos dolorosos desde a longínqua infância até este momento.
>
> A vossos pés deixo também a carga pesada de meus pecados. Enviai vosso anjo para que carregue esse fardo negativo e o sepulte para sempre no fundo do mar. E que eu nunca mais me lembre disso.
>
> Aceito em paz o fato de querer ser humilde e não poder.

Aceito em paz o fato de não ser tão puro como quisera. Aceito em paz o fato de querer agradar a todos e não poder. Aceito em paz o fato de que o caminho para a santidade é tão lento e difícil...
Aceitai, ó Pai, o holocausto de meu coração. Amém.

Radiografia do abandono

Vou apresentar agora algumas descrições imaginárias, para explicar como a vivência do abandono produz a paz e a libertação.

"Outro dia, eu tinha um compromisso importante. Tratei de me preparar esmeradamente. Nunca fui tão péssimo. Abandonei-me nas mãos de meu Pai, dizendo: 'Pai, faça-se a vossa vontade'. A decepção se converteu em completa paz."

"Sou um jovem *humilde*, insignificante e *sem graça* em todos os sentidos. Tenho complexos. Sempre resisti a esses limites. Como resultado dessa resistência nasceu em mim uma forte amargura. Nestes últimos anos, minha oração é só clamar: 'Pai amado, eu não escolhi nada do que sou e do que tenho. Vós me destes tão estreitos limites e fronteiras. Aceito vossa vontade, abandono-me a vossos desígnios'. Faz tempo que não me importa ser pequeno nem feio. O abandono me libertou de todo complexo e inibição."

> Senhor, vós sois minha lâmpada.
> Meu Deus, iluminai minhas trevas.
> Confiando em vós, eu forço a amurada,
> confiando em meu Deus, salto a muralha (Sl 17).

"Este ano fui atingido por *fatos* muito dolorosos: dificuldades, desenganos, *abandonos*, fracassos. Lutei como um leão contra todas as adversidades. Foi tudo inútil. Durante semanas, não fiz outra coisa senão repetir: 'Minha alma descansa só em Deus, porque ele é a minha esperança. Só ele é minha rocha e minha salvação, meu castelo, não hei de vacilar' (Sl 61). Hoje continuo sustentando a mesma luta, mas com uma paz tão grande, com uma segurança tão serena que os que me veem perguntam: 'Que é que aconteceu?'."

"Limites humanos! Sou uma mulher que sempre desejou agradar a todos, ser simpática. Em vão. Quanto mais me esforço, pior fica. Durante muitos anos fui 'inimiga' de mim mesma, vítima e algoz de mim mesma. Como me castiguei! Nestes três anos, repeti milhares de vezes em minha oração: 'Meu Deus, não me fizestes como eu gostaria, mas como quisestes. Eu me abandono à vossa vontade, eu me aceito como me fizestes e bendito sejais por me haverdes criado'. Hoje, parece um prodígio! Dizem-me que pareço normal e agradável."

"Há sete semanas que estou doente. Os médicos não acertam o diagnóstico. Cada dia me sinto pior. Gastos e remédios. Aborrecido, já percebia os primeiros sintomas do desespero. Disse *então* a Deus: 'Meu refúgio, minha torre, meu Deus eu me abandono em vós' (Sl 9). Não houve melhora, mas minha alma não sofre *mais*. Estou em paz."

"Nos últimos meses, quase cheguei à falência econômica. Bati em todas as portas e experimentei todas as soluções. Às vezes, senti-me afogar como um náufrago. Disse a Deus: 'Minha sorte está em vossas mãos, convosco à minha direita não vacilarei, e minha carne descansará serenamente' (Sl 15). Em nenhum momento pedi a Deus que me tire deste poço em que afundei, mas diariamente me abandono em suas mãos enquanto continuo a lutar como se tudo dependesse de mim. Agora, porém, é um combate tão cheio de paz que ninguém poderia acreditar."

"Vivi enterrado no fragor das lutas sociais e das reivindicações econômicas. Mas vivo completamente entregue nas mãos de meu Pai. Os resultados não me abalam. É um fenômeno estranho: estou parecendo um fanático revolucionário: no meu interior, entretanto, reina inextinguivelmente a paz. 'Não temerei o povo incontável que acampa ao meu redor' (Sl 13)."

"Sou uma mulher que conheceu o verme amarelo da inveja. Sofria desde o colégio porque tantas me passavam na frente, eram tão diferentes de mim. Um dia deixei de resistir às minhas próprias limitações. Disse milhares de vezes: 'Meu Pai, são as fronteiras que vós me destes. Aceito-as'. Devagar, o verme se enfraqueceu e morreu."

"Chegará o ocaso. Ser velho é triste. Não sobra beleza, nem força, nem esperança. Um velho é como um objeto inútil: estorva em toda parte. Entretanto, eu aceitarei como vontade de meu amado Pai o avanço inexorável do tempo e da vida. Abandonar-me-ei sem resistência alguma nos braços de meu Pai. Combaterei a tristeza com o abandono e a aceitação. Eu sei que meu ocaso será como um entardecer dourado, cheio de serena dignidade. Os que me virem, vão dizer: 'Deve ser obra da graça!'."

"A minha saúde se complicou. Vieram biópsias, análises, diagnósticos. O resultado positivo: carcinoma maligno. Três meses de vida. Acima de todas as resistências da natureza, impus o grito de Jesus: 'Não se faça a minha vontade, mas a vossa'. As semanas estão passando como numa ladeira. Abandono-me com mais docilidade que nunca nos braços do Pai, como um rio que corre para o oceano. Não resistirei à morte. Entregar-me-ei como Jesus, e a morte não sairá vitoriosa sobre mim. Vencerei a morte, aceitando-a e dizendo: 'Pai amado, em vossas mãos entrego a minha vida'."

Mesmo que tiver de caminhar por estradas desconhecidas e por escuros despenhadeiros,

> Nada temo porque ides comigo.
> Vossa bondade e misericórdia me acompanham,
> todos os dias de minha vida (Sl 22).

Não vou criar ambições que enlouquecem, não vou incubar manias de grandeza, não vou alimentar sonhos impossíveis.

> Não pretendo grandezas
> que superam minha capacidade,
> mas aplaco e modero meus desejos
> como uma criança nos braços de sua mãe (Sl 130).

E quando conseguir abandonar-me completamente nos poderosos braços de meu amado Pai, desfrutarei os efeitos da libertação: não haverá rede de caçador que prenda tuas asas, nem o espanto noturno nem flecha voadora; nem a

peste que escapa furtivamente nem a epidemia que ataca
à luz do meio-dia.

Podem cair mil à tua direita e dez mil à tua esquerda,
para ti não acontecerá nada de mal.
Atravessarás o mundo sobre as asas dos anjos,
por cima de áspides, víboras, leões e dragões (Sl 90).

Oração de abandono

Meu Pai,
eu me abandono em vós.
Fazei de mim o que quiserdes.
Por tudo que fizerdes de mim,
eu vos agradeço.
Estou disposto a tudo, aceito tudo,
contanto que vossa vontade se cumpra em mim
e em todas as vossas criaturas;
nada mais desejo, meu Deus.
Ponho minha alma em vossas mãos,
eu vo-la entrego, meu Deus,
com todo o ardor de meu coração,
porque vos amo,
e para mim é uma necessidade do amor dar-me,
entregar-me em vossas mãos sem medida,
com infinita confiança,
porque vós sois meu Pai. Amém.
(Charles de Foucauld)

3. SILÊNCIO INTERIOR

Por pouco que alguém tiver tratado com pessoas de oração e por pouco que tiver ele mesmo dado um mergulho introspectivo em suas águas interiores, perceberá imediatamente que o primeiro obstáculo para submergir no mar de Deus são as ondas da superfície, isto é: o nervosismo, a agitação e a dispersão geral.

Para sermos verdadeiros adoradores em espírito e verdade, precisamos, como condição prévia, do controle, da calma e do silêncio interior.

* * *

No alto da montanha, Jesus tinha dito que para adorar e contemplar o Deus vivo não havia necessidade de gritos nem de palavrórios. O que faz falta é criar o silêncio interior. É preciso entrar no recinto mais secreto, desligar-se dos ruídos, estabelecer o contato com o Pai e depois simplesmente "ficar" com ele (cf. Mt 6,6).

Se a oração é um encontro, e o encontro é a convergência de duas interioridades, para que exista essa convergência é indispensável que as duas pessoas saiam previamente de suas interioridades e se projetem em um ponto, em um dado momento.

Entretanto, a saída do ser humano para seu encontro com Deus não é, paradoxalmente, uma saída mas uma entrada, isto é, um avanço em círculos concêntricos para o centro de si mesmo a fim de "atingir" aquele que é "interior *intimo meo*", mais interior que minha própria intimidade (cf. Santo Agostinho). É "ali" que se dá o encontro.

É preciso começar acalmando as ondas, silenciando os ruídos, sentindo-se dono e não dominado, sendo "senhor" da produtividade interior, controlando e deixando em quietude todos os movimentos, sem permitir que as recordações e as distrações agitem de um lado para outro. Esse é o "aposento interior" (cf. Mt 6,6) "onde" é preciso *entrar* para que se dê o verdadeiro encontro com o Senhor.

Jesus acrescenta: "feche as portas" (cf. Mt 6,6). Fechar as portas e janelas de madeira é fácil. Mas aqui se trata de janelas muito mais imprecisas e sutis, sobre as quais não temos domínio direto.

O cristão não tem dificuldade para se desligar do mundo exterior. Basta subir a uma colina, internar-se em um bosque ou entrar em uma capela solitária e, só com isso, já se sente em um ambiente recolhido. O difícil, porém, imprescindível e urgente é outra coisa: desligar-se (e desligando-se, dominar) dessa horda compacta e turbulenta de lembranças, distrações, preocupações e inquietudes que assaltam e destroçam a unidade e arruínam o silêncio interior.

Os mestres espirituais falam constantemente das dificuldades quase invencíveis que tiveram de suportar durante longos anos para conseguir essa "solidão sonora", atmosfera indispensável para a "ceia que recreia e enamora".

Dispersão e distração

Este é o problema dos problemas para quem quer internar-se na intimidade com Deus: a dispersão interior.

Se conseguirmos atravessar esse verdadeiro "rubicão" sem nos afogarmos, já estaremos dentro do recinto sagrado da oração.

Em que consiste a *dispersão interior*?

Viemos da vida trazendo uma enorme carga de esperanças e de desconsolações. Sentimo-nos intimamente avassalados por tamanho peso. As preocupações nos dominam. As ansiedades nos tiram o sossego. As frustrações nos amarguram. Temos projetos ambiciosos que perturbam a quietude. Carregamos sentimentos, ressentimentos vivamente *fixados* na alma. Ora, toda essa enorme carga vital acaba por quebrar e desintegrar lentamente a unidade interior do ser humano.

Vamos rezar e nossa cabeça é um verdadeiro manicômio. Deus fica afogado no meio de um ruído infernal de preocupações, ansiedades, lembranças e planos. Precisamos ser *unidade*, como Deus é *unidade*, já que o encontro é a convergência de duas *unidades*. Mas, na dispersão, sentimo-nos como um amontoado incoerente de "pedaços" de nós mesmos que puxam para cá e para lá: lembranças de um lado, medos do outro, planos mais além. Como resultado, ficamos inteiramente divididos e, por conseguinte, dominados e vencidos, incapaz de sermos *senhor* de nós mesmos.

Além disso, o ser humano é uma rede complexíssima de motivações, impulsos, instintos que mergulham as raízes no subconsciente irracional. O consciente é uma luzinha no meio de uma grande escuridão, uma ilhota no meio do oceano.

Na complexidade de seu mundo, o homem (como consciência livre) sente-se golpeado, puxado, ameaçado por um esquadrão de motivos e impulsos afetivos que provêm de regiões desconhecidas a si mesmo, sem nunca entender por que, como e onde nasceram. Não estranho aquela patética descrição feita por São Paulo na Carta aos Romanos (7,14-25), e que é um bocado saborosa para teólogos e psicólogos.

> Orar pressupõe um pensamento puro, um domínio da mente, que a pessoa que ora tenta subtrair das impressões exteriores e do marulhar do subconsciente, para poder fixá-la, centralizá-la em um ponto, onde se estabelece o contato com o Senhor da paz e do silêncio.
>
> Por definição, a atividade mental é algo que ferve, que se move através do campo da lembrança, do conhecimento, para realizar sua associação de ideias de onde brota o pensamento para deduzir ou induzir.
>
> É um peregrino que sempre está a ponto de se fazer errante, de se desviar, de esquecer a meta, de se perder por entre os matagais das representações confusas e desordenadas. Mesmo no fim de suas investigações, a mente continua agitada. Ao menor convite, volta a caminhar ao léu.[3]

A distração tem as mesmas características da dispersão, e as duas palavras encerram um significado quase idêntico.

---

[3] DECHANET, Jean M. *El camino del silencio*. Bilbao: Desclée de Brouwer, 1966. p. 152.

A mente humana, por sua natureza dinâmica, está em perpétuo movimento quando dormimos e principalmente quando estamos acordados. A mente, cavalgando sobre a associação de imagens, vai brincando de recordação em recordação, como uma inquieta borboleta. Às vezes, a lógica nos leva pelos elos de uma corrente razoável. Outras vezes, não existe lógica nenhuma, nem clara nem escondida; e a mente dá saltos acrobáticos sem sentido. De repente surpreendemo-nos pensando nos mais loucos disparates.

Outras vezes, embora a mente dispare em direções aparentemente descontroladas, há uma lógica subjacente e inconsciente. Em todo caso, a mente dança em um perpétuo movimento, caminhando por todas as latitudes.

Orar quer dizer reter a atenção, mantê-la concentrada e fixa em um "tu".

Quanto mais o cristão se exercitar nas práticas de concentração mental, mais estará facilitando diretamente a capacidade de concentração de sua mente em Deus. As distrações, pesadelo eterno dos orantes, irão desaparecendo na medida em que, com paciência e perseverança, o cristão se exercitar nas práticas que vamos indicar mais adiante.

"Deus não está no barulho", diz a Bíblia (2Rs 19,11). Ou mais exatamente: é impossível encontrar Deus no barulho. Esse barulho pode ser externo; não tem importância Qualquer um pode ter um grande momento com Deus, na agitação de um aeroporto ou no burburinho da rua. Mas o barulho interior põe o silêncio em xeque.

Quando falamos em silêncio interior queremos indicar a capacidade de conseguir o vazio interior, com o consequente domínio, de tal forma que a pessoa seja sujeito e não objeto, capaz de concentrar todas as forças da atenção no objeto, que é Deus, em completa quietude. E o barulho interior é o que impede o silêncio.

Essa dificuldade, às vezes impossibilidade, de conseguir a unidade e o silêncio acarreta consequências trágicas para muitos dos que foram chamados para uma alta união. Não lhes ensinaram ou não tiveram paciência para se exercitar nas práticas do domínio mental.

Como consequência, não conseguiram a "solidão sonora", recipiente do Mistério. Nunca chegaram a um cruzamento e integração dos dois mistérios, o de Deus e o próprio. Jamais chegaram a experimentar "quão suave é o Senhor" (Sl 33; 85; 99; 144). E sentem em sua intimidade uma estranha frustração que não conseguem explicar nem a si próprios. Mas a explicação é esta: uma louca dispersão interior levou de roldão e acabou com todas as boas intenções e todos os esforços, e eles ficaram à margem de uma forte experiência de Deus.

Então partem para diversas direções: uns abandonam completamente a vida com Deus, com sérias repercussões para sua estabilidade psíquica e para o problema elementar do *sentido de sua vida*. Outros tranquilizam, não sua consciência, mas sua *forte aspiração*, fazendo um pouco de oração litúrgica ou comunitária (é como dar migalhas a um esfomeado). Outros se entregam a uma atividade desenfreada, gritando a todos os ventos que o apostolado é uma oração.

Já me encontrei com irmãos que têm alergia só de ouvir a palavra *oração*: sentem por ela, e expressam, uma viva e não dissimulada antipatia. E estão sempre prontos para disparar, contra a oração, flechas envenenadas: alienação, fuga, sentimentalismo, tempo perdido, infantilismo e outras palavras. Compreendo. Buscaram milhares de vezes esse encontro e sempre naufragaram nas águas torrenciais da dispersão interior. A palavra *oração* ficou associada, para eles, a uma dolorosa e longa frustração.

Exercícios para se acalmar

Que vamos fazer com o ser humano colhido na rede de sua fantasia, sem poder controlar-se, concentrar-se e rezar?

Os místicos cristãos tiveram altas experiências espirituais que nos transmitiram em forma de reflexões teológicas. Mas eles não nos falam – nem sabemos se os exercitaram – dos meios práticos para superar a dispersão e conseguir esse silêncio interior, condição indispensável e prévia para viver a união transformadora com Deus.

Eles viveram numa sociedade tranquila de fé ou, talvez, em eremitérios ou mosteiros solitários, longe das tormentas do mundo. Nós, pelo contrário, vivemos em uma sociedade acossada pelo ímpeto, o ruído e a velocidade. Se não tomarmos cuidado, não só será frustrado o nosso chamado à união com o Senhor como também vamos fracassar no destino mais primitivo e fundamental do ser humano: ser unidade, interioridade, pessoa.

Não me cansarei de repetir: os que acham que Deus vale a pena (e, afinal, *só ele* vale a pena e, sem ele, nada tem sentido), os que desejam levar a sério o caminho que conduz à experiência transformadora com o Pai, deverão exercitar-se frequentemente nas diversas práticas que vêm a seguir. Além disso, sem estas práticas ou outras parecidas, não haverá, normalmente, progresso na oração.

Os exercícios que apresento a seguir foram tirados de meu livro *Suba comigo*, com pequenas variações e aplicações à oração.

Quero deixar claro que todos os exercícios que vou descrever já foram usados por mim mesmo numerosas vezes, com milhares de pessoas nos *Encontros de Experiência de Deus*, a fim de preparar os grupos para o momento da intimidade com Deus.

Ao longo dos anos, fui polindo-os, modificando, muitos detalhes, de acordo com os resultados que ia observando, procurando sempre melhor praticidade. Vou omitir de propósito alguns exercícios complicados. Apresento alguns, simples e fáceis, que qualquer principiante pode praticar, sozinho e sem necessidade de guia, com resultados positivos.

Advertências

1. Todos os exercícios devem ser feitos lentamente e com grande tranquilidade. Não me cansarei de repetir isso. Quando não se consegue o resultado normal, geralmente é porque falta serenidade.

2. Todos os exercícios podem ser feitos com os olhos fechados ou abertos. Se se exercitar com os olhos abertos, mantenha-os fixo (não rígida mas relaxadamente) em um ponto, longínquo ou próximo. Para onde quer que olhe, o importante é "olhar para dentro".

3. A imobilidade física ajuda a imobilidade mental e a concentração. É muito importante que, durante todo o exercício, se reduza a atividade mental ao mínimo possível.

4. Se começar a se agitar durante um exercício, o que acontece com frequência no princípio, deixe-o por um momento. Acalme-se e depois torne a começar. Se a agitação for muito forte, levante-se e deixe tudo por ora. Evite sempre a violência interior.

5. No começo, os resultados serão exíguos. Não desanime. Lembre-se de que todos os primeiros passos, em qualquer atividade humana, são penosos. É preciso ter paciência para aceitar que o avanço seja lento e ter muita constância.

   Os resultados costumam ser variados. Em alguns dias conseguirá com facilidade o resultado esperado. Outras vezes, vai ser tudo difícil. Aceite em paz essa disparidade e persevere.

6. Quase todos estes exercícios causam sono, quando se consegue o relaxamento. Por isso, convém escolher horas adaptadas.

Para os que sofrem de insônia, aconselha-se fazer qualquer um dos três primeiros exercícios, principalmente o primeiro, na hora de dormir. Dez minutos de exercício vão levá-lo a um plácido sono.

7. Depois de experimentar todos os exercícios, pode ficar com os que julgar melhor, conforme o fruto que tiver percebido. Também pode introduzir modificações, em qualquer um deles, se observar que se dá melhor assim.

8. Depois de um grave desgosto, de um momento fortemente agitado ou de uma fadiga depressiva, retire-se para seu quarto. Quinze minutos de exercício podem deixá-lo parcial ou totalmente aliviado.

Para perdoar, para livrar-se de obsessões ou estados depressivos, utilize esses exercícios. No princípio não vai conseguir resultados. Mais tarde sim, principalmente caso se deixe envolver pela presença do Pai.

9. Algumas destas práticas colocam o cristão diretamente na órbita da quieta união com Deus. Outras são terapias que o preparam para a oração.

Quanto à maneira de combinar o exercício terapêutico com a própria oração: de que maneira, em que momento, a partir de que exercício passar da terapia para a oração propriamente dita, não podemos dar aqui nenhuma orientação. Todos os exercícios são experiências de vida, e a oração, mais ainda. Ora, a experiência se vive de forma única e inédita. Nós aconselhamos: experimente os diversos exercícios, veja quais dão melhor resultado. Veja se a combinação deles dá mais certo. Experimente diversos saltos: da terapia para a oração, da oração para a terapia. Experimente tudo e fique com o que for melhor.

Preparação

Cada exercício deve ser precedido por essa preparação. Sente-se em uma cadeira ou em uma poltrona. Fique em uma posição cômoda. Se for possível, não apoie as costas. Faça com que o peso do seu corpo caia equilibradamente sobre a sua coluna vertebral ereta. Ponha as mãos sobre os joelhos, com as palmas para cima e os dedos soltos.

Fique tranquilo. Em paz. Calma. Sem demorar muito, vá "tomando consciência" dos ombros, pescoço, braços, mãos, estômago, pés; "sinta-os" soltos.

Seja um "observador" de seu movimento pulmonar. Acompanhe mentalmente o ritmo respiratório. Distinga a inspiração da expiração. Respire profundamente, mas sem se agitar.

Acalme-se. Vá, pouco a pouco, desligando-se das lembranças, impressões interiores, ruído e vozes exteriores. Tome posse de si mesmo. Permaneça em paz.

Essa preparação deve durar uns cinco minutos, e nunca deve faltar no começo de cada exercício.

Pode fazer estes exercícios, se quiser, sentado no chão, sobre uma almofada, com as pernas cruzadas (se isso molestar, as pernas esticadas), apoiando-se ligeiramente na parede com todo o tronco e a cabeça, de maneira que se sinta completamente descansado, e faça a preparação indicada.

Pode-se fazer também deitado no chão, sobre um tapete (beneficia a coluna) ou na cama, deitado de costas, com os braços estendidos junto e ao longo do corpo, possivelmente sem travesseiro.

Se em qualquer dessas posições sentir que algum músculo ou membro não está bem, deve mudar de posição até encontrar uma em que descanse bem.

Um pouco disso tudo também pode ser feito na capela, por exemplo, quando você quiser rezar e não o conseguir por se sentir dispersivo e agitado.

Primeiro exercício: vazio interior

Qual a finalidade deste exercício? Acontece que as tensões são acumulações nervosas, localizadas nos diversos campos do organismo. A mente (o cérebro) é quem os produz (mas são sentidos nos diferentes lugares do organismo). Se pararmos o motor (a mente), todas essas cargas energéticas desaparecem, e a pessoa sente-se descansada, em paz.

Este exercício consegue duas coisas: relaxamento e controle mental.

Comece com a preparação.

Depois, com grande tranquilidade, pare a atividade mental, "sinta-se" como se sua cabeça estivesse vazia, "experimente" como se em todo o seu ser não houvesse nada (pensamentos, imagens, emoções...). Pare tudo. Para ajudar a conseguir isso, vá repetindo suavemente: *nada, nada, nada...*

Faça isso durante uns 30 segundos. Depois descanse um pouco. A seguir, torne a repeti-lo, umas cinco vezes.

Depois de praticar bastante, tem de sentir que, tanto sua cabeça como seu corpo, tudo está vazio, sem correntes nervosas, sem tensões. Sentirá alívio e calma.

O controle direto vai lhe escapar muitas vezes, e as faculdades procurarão recuperar a independência, ao mesmo tempo em que as imagens vão tentar perturbar a quietude. Não se assuste nem se impaciente.

Nessa tarefa, tanto na terapia preparatória como na própria oração, os resultados serão sumamente variados e oscilantes. Às vezes, sem nenhum esforço, em poucos minutos, a alma se encontrará em quieta paz. Em outras oportunidades, porém, passará meia hora em uma luta estéril, sem colher frutos. É preciso aceitar em paz essa variabilidade oscilante.

Este primeiro exercício, em qualquer uma de suas quatro modalidades, pretende fazer a pessoa chegar a "sentir-se" como uma pedra ou como um pedaço de madeira. Esse estado momentâneo de absoluta ausência de atividade mental tem como consequência um relaxamento nervoso, o desaparecimento das ansiedades e a percepção de unidade interior. Tudo isso, repito, contanto que a pessoa se exercite em deter, momentânea e progressivamente, o curso da mente e se desligue de toda a massa dos pensamentos, imagens e percepções.

Então a pessoa chega a experimentar a sensação de "insistência", isto é, chega a sentir a realidade *toda-em-si*. A isso chamamos de percepção da unidade interior, quando a consciência se faz presente a si mesma.

Mesmo que não chegue a essa perfeição, se o cristão se exercitar progressivamente nesta *suspensão mental*, sentirá que a casa vai ficar sossegada, que o relacionamento com o Senhor vai passar a ser uma atividade muito mais fácil e agradável do que pensava. E, quase sem perceber, ver-se-á já dentro de uma profunda inter-relação de consciência para Consciência, em quietude e recolhimento.

Segundo exercício: relaxamento

Que é que se pretende? Este exercício pretende diretamente fazer relaxar e pacificar todo o ser. Indiretamente, leva ao domínio de si e à concentração mental.

a) Primeira versão

Comece pela preparação.

No primeiro momento, feche os olhos e imagine-se diante de uma imensa tela branca. Assim sua mente fica em branco, sem imagens nem pensamentos durante uns 30 segundos. Abra os olhos. Descanse um pouco.

No segundo momento, feche os olhos e imagine estar diante de uma tela escura. Permaneça em paz. Sua mente ficará às escuras, sem pensar nem imaginar nada, durante uns 30 segundos ou mais. Abra os olhos. Descanse um pouco.

No terceiro momento, imagine estar diante de uma pedra grande. Essa pedra "sente-se" pesada, insensível, morta. Mentalmente, faça-se como se fosse essa pedra, "sinta-se" como a pedra e fique imóvel durante meio minuto ou mais. Abra os olhos. Descanse.

No quarto momento, imagine ser como uma árvore grande, "sinta-se" por um minuto como a árvore: viver sem sentir nada. Abra os olhos. Deverá estar aliviado e descansado.

b) Segunda versão

Comece pela preparação.

Tome o relógio nas mãos, fique imóvel, olhando-o.

Com grande tranquilidade, dirija o olhar para o ponteiro dos segundos. Siga o ponteiro com a vista, durante um minuto, sem pensar nem imaginar nada. Sua mente está vazia.

Repita isso umas cinco vezes.

Se as distrações interferirem, não se impaciente. Elimine-as e continue tranquilamente.

c) Terceira versão

Diga com grande tranquilidade: "Senhor, Senhor!". E fique com a atenção paralisada e fixa no Senhor durante uns 15 segundos. Repita várias vezes.

Com grande serenidade, diga com voz suave a palavra paz. E fique uns 15 segundos em completa imobilidade interior, sentindo-se inundado de paz.

Também consegue – quando bem feito – eliminar moléstias nevrálgicas e aliviar as dores orgânicas.

Faça a preparação.

Feche os olhos, torne presente *você inteiro* (sua atenção completa) em seu cérebro, identificando-se com sua massa cerebral. Com atenção e sensibilidade detecte o ponto exato que está molestando ou está tenso. Com grande tranquilidade e carinho, muito identificado com esse ponto, comece a dizer, pensando ou falando suavemente: "acalme-se, sossegue, fique em paz...", repetindo várias vezes essas palavras até que o mal-estar desapareça.

Depois, passe (com atenção) para a garganta, e faça o mesmo até que fique tudo relaxado.

A seguir, passe para o coração. Identifique-se atenciosamente com esse nobre músculo, como se fosse uma "pessoa" diferente. É preciso tratá-lo com grande carinho, já que o maltratamos com tanta frequência (cada euforia e cada desgosto é uma opressão). Fique imóvel e, com paz e carinho, peça: "acalme-se, funcione mais sossegadamente, mais lentamente...". Repita essas palavras diversas vezes até que o ritmo cardíaco se normalize.

Os maiores tesouros da vida seriam esses: controle mental e controle cardíaco. Quantos desgostos seriam evitados! Seriam desnecessárias muitas consultas médicas, prolongar-se-ia a vida e se viveria em paz. E podem ser adquiridos com paciência e constância.

Depois passe para a grande área do estômago e pulmões. Recorde onde se sente o medo, a ansiedade e a angústia: na boca do estômago. Fique imóvel e detecte, com atenção e sensibilidade, as tensões e as acumulações nervosas, e tranquilize tudo dizendo as mesmas palavras que ensinamos acima.

Se nesse momento sentir alguma dor orgânica, passe mentalmente por aí, alivie essa dor com as mesmas palavras acima.

Reinando a calma em seu interior, dê um passeio rápido pela periferia do organismo. "Sinta" que a cabeça e o pescoço, em sua parte exterior, estão relaxados. "Sinta" que estão soltos e relaxados os braços, as mãos, costas, abdome, pernas, pés...

Para terminar, experimente, de uma vez e intensamente, o que vou dizer neste momento: "em todo o meu ser reina uma completa calma".

Terceiro exercício: concentração

Que se pretende? Duas coisas: a facilidade para controlar e dirigir a tensão, e, em segundo lugar, unificar a interioridade.

Comece pela preparação.

Quieto, tranquilo, com a atividade mental reduzida ao mínimo possível, perceba o ritmo respiratório. Não pense, não imagine, não force o ritmo, simplesmente perceba o movimento pulmonar durante uns dois minutos. Seja espectador de si mesmo.

Depois, ainda mais imóvel e tranquilo, fique atento e sensível a todo o seu organismo, e detecte em alguma parte de seu corpo as batidas do coração. Repito: em qualquer parte de seu corpo. Quando as tiver localizado (suponhamos, por exemplo, no contato dos dedos, ou em outra parte) fique "aí", concentrado, atento, imóvel durante uns dois minutos, "escutando".

Chegamos, finalmente, ao momento mais alto da concentração: *a percepção de sua identidade pessoal*. Como se faz? É algo simples e possessivo. Não pensar, não analisar, mas perceber. Você percebe e, ao mesmo tempo, é percebido. Você fica concentradamente consigo, identificado consigo mesmo.

Para conseguir essa impressão, que é o ápice da concentração, será bom dizer suavemente, várias vezes: "fulano (diga mentalmente seu nome), eu sou eu mesmo... Eu sou minha consciência".

Quarto exercício: auditivo

Que se pretende? O controle e a concentração.

Comece pela preparação.

Fique imóvel. Olhando para um ponto fixo. Tome uma palavra e repita-a lentamente, durante uns cinco minutos, enquanto tudo for desaparecendo em seu interior. Ficam só a palavra e seu conteúdo.

As palavras podem ser estas: *paz, calma, nada...*

Para ajudar a oração, pode-se dizer: "Meu Deus e meu tudo".

Quinto exercício: visual

Que se pretende? Concentração e unificação.

Faça a preparação.

Tome uma imagem (por exemplo, uma figura de Cristo, de Maria, ou uma paisagem, uma estampa que para você seja muito evocativa).

Coloque-a diante de seus olhos. Com grande tranquilidade e paz, estenda seu olhar sobre a imagem, durante um minuto.

Em segundo lugar, durante uns três minutos, trate de "descobrir" os sentimentos que a imagem evoca para você: intimidade, ternura, fortaleza, calma...

Em terceiro lugar, procure identificar-se com essa imagem, e, principalmente, com os "sentimentos" que descobriu. Acabe o exercício "impregnado" por esses mesmos "sentimentos".

Tempos fortes

Para solucionar o mal de século, que é a ansiedade profunda (estresse), e para assegurar a vida com Deus, não basta exercitar-se, metódica e ordenadamente, com as diversas práticas de pacificação. Precisamos de remédios de longo alcance.

Em minha opinião, hoje mais do que nunca, é indispensável alternar a atividade profissional ou apostólica com o retiro total, em tempos determinados. O cristão precisa organizar sua vida de tal maneira que possa dispor de tempos fortes para o relacionamento exclusivo com Deus.

Depois de ter feito numerosos ensaios com diferentes grupos de pessoas consagradas, cheguei à convicção de que a *solução* para assegurar permanentemente uma elevada vida com Deus são os tempos fortes.

Dissemos um dia: "vamos dar vida ao Ofício Divino; que ele seja o alimento forte para a vida da fé". Com a maior boa vontade, a comunidade procurou vivificá-lo por todos os meios: preparação esmerada e uma grande variedade todos os dias. Depois de diversos meses, voltou a monotonia, e a rotina acabou com a variedade. O problema é vitalizar. E a vitalidade não vem de fora para dentro, mas sai de dentro para fora. Quando o coração está vazio, as palavras dos salmos e a Missa também são vazias. Quando o coração está transbordando de Deus, as palavras ficam povoadas de Deus. Nesse caso, se repetirmos cem vezes o mesmo salmo, provavelmente vamos encontrar mais novidade na centésima do que na primeira vez.

Suponhamos que, numa tarde de "deserto", uma pessoa vive a intimidade com Deus, servindo-se das palavras do Salmo 30, por exemplo. Quando esse mesmo salmo aparecer no Ofício Divino comum, essas palavras já estão vivificadas para aquela pessoa, e sua recitação será para ela como um banquete espiritual. Os tempos fortes são, em minha opinião, o instrumento mais adequado para renovar-se, reafirmar a fé e manter-se na fidelidade.

Por outro lado, os tempos fortes não são nenhuma novidade. Com eles remontamos aos tempos de Jesus e dos Profetas, em que os homens de Deus se retiravam para a solidão completa, geralmente para os desertos ou para as montanhas a fim de se entregarem intensamente à familiaridade com Deus. Curavam-se as feridas recebidas em combate e voltavam para a luta, fortes e sadios.

* * *

Os tempos fortes servem não só para fazer-nos crescer na amizade com Deus, mas também para fazer-nos recuperar o equilíbrio emocional, uma vez que a estabilidade interior está sendo pressionada e combatida como nunca.

Nossa cultura leva a uma forma de vida difusa e desconcentrada que quase não tem paralelos. Fazem-se muitas coisas ao mesmo tempo: uma pessoa lê, escuta rádio, come, bebe. Essa falta de concentração manifesta-se claramente em nossa dificuldade para estar a sós com nós mesmos.

Ficar sentado sem falar, sem fumar, sem ler ou beber é impossível para a maioria das pessoas. Ficam nervosas e inquietas, ou têm de fazer alguma coisa com a boca ou com as mãos. Fumar é um dos sintomas de falta de concentração: ocupa a mão, a boca, os olhos e o nariz.[4]

De vez em quando temos de nos retirar para a solidão completa para recuperar a unidade interior. Se não organizar retiradas frequentes, o homem de Deus será arrastado pela corrente da dispersão e naufragará como "chamado e escolhido" e, também, como projeto fundamental de vida.

No caminho da vida, encontrei-me com pessoas que não pareciam *pessoas*. Pessoa quer dizer "senhor" de si mesmo, e essas não eram. Lançadas numa voragem descontrolada de atividade (que sempre chamam de apostólica, mas nem sempre é), foram desintegrando-se interiormente até perder o domínio e, às vezes, o próprio sentido da vida. Gente excitada, nervosa, vazia.

Gente incapaz de parar alguns minutos e perguntar: "Quem sou eu? Qual o projeto fundamental de minha vida, e quais os compromissos que mantêm esse projeto de pé?". Como não queriam enfrentar essas perguntas, estavam sempre escapando de seu mistério: eram fugitivos

---

[4] FROMM, Erich. *A arte de amar*. São Paulo: Martins Fontes.

de si mesmos, e a atividade chamada apostólica era um refúgio alienante. Precisavam passar o dia inteiro pulando de atividade em atividade, de grupo em grupo, sem nunca parar. Porque, se parassem, logo brotariam as perguntas sobre o mistério de sua vida. Melhor fechar os olhos, não parar para não topar com o enigma desafiador de seu mistério. Naturalmente, essas pessoas não tinham riqueza alguma para comunicar ao mundo, só palavras vazias.

É indispensável parar e retirar-se, periodicamente, para recuperar a integridade e o domínio.

Tempos fortes para nos transformarem em *homens de Deus*. Homens em cuja fronte o povo percebe e distingue, de longe, um brilho especial: são os que falam sem falar.

Na bigorna da solidão são forjados os profetas de Deus: lá, nas estepes ardentes, suportaram sem pestanejar o olhar de Deus e, quando descem para a planície, transmitem resplendor, espírito e vida. No silêncio do deserto "viram e ouviram" alguma coisa, e quando se apresentam no meio do povo inumerável, ninguém pode calar sua voz. *Presenciaram* algo. Não há carrasco no mundo que possa degolar seu testemunho, e necessariamente se transformam em trombetas insubornáveis do Invisível. O povo sabe distinguir o enviado e o intrometido.

É preciso retirar-se para ser homem de Deus.

Não há tempo para essas retiradas periódicas? Tempo há para tudo o que se quiser.

O tempo não é impedimento. O mal é outro. Parecemo-nos com esses doentes que têm medo, fogem dos médicos e do Raio X. A dispersão, a distração, a diversão entretêm, em um primeiro momento, mas não queremos entender que, posteriormente, vão trazer desassossego e frustração, porque dissociam o homem. Além disso, é duro rever a vida com Deus. E por cima, Deus é um desafiado temível. É muito mais tranquilo viver longe de seu fogo.

"Deserto"

Chamamos de *momentos fortes* os espaços de tempo, relativamente prolongados, reservados exclusivamente para o encontro com Deus. Na organização da própria vida, por exemplo, alguém pode reservar espontaneamente uns 30 ou 40 minutos diários para o Senhor.

Quando se marca um dia inteiro para dedicar-se a Deus, uma vez por mês, por exemplo, chamamos esse tempo forte de "deserto".

A vivência ou celebração do deserto tem características particulares. É sumamente conveniente, quase necessário que, para viver um dia de "deserto", a pessoa tenha de sair do ambiente normal em que vive e age e ir para um lugar solitário, no campo, na montanha ou numa casa de retiros.

Para estímulo mútuo, convém que essa saída para o "deserto" seja feita em grupos de três ou quatro, por exemplo. Mas, chegando ao lugar onde vão passar o dia, é imprescindível que o grupo se disperse e fique todo o tempo em completa solidão. Também é conveniente que o "deserto" tenha caráter penitencial quanto ao alimento. Em resumo: "deserto" seria um tempo forte dedicado a Deus em silêncio, solidão e penitência.

* * *

Para que o deserto não se transforme em um dia temível (nesse caso não faria uma segunda vez) é preciso que o cristão leve uma pauta orientadora para ocupar produtivamente todas as horas desse dia. Saiba de antemão de que instrumentos poderá servir-se: determinados salmos, textos bíblicos, exercícios de concentração, um caderno para anotar impressões, orações vocais, leituras meditadas etc.

Damos algumas sugestões. Tendo chegado ao lugar onde se vai passar o dia, convém começar rezando alguns salmos para afirmar a sensibilidade da fé e criar o ambiente interior adequado. Se estiver em estado dispersivo, o cristão deve exercitar-se nas diversas práticas para se alcançar, concentrar-se, controlar-se. O mais importante do "deserto" é o diálogo pessoal com o Senhor, diálogo que não é troca de palavras, mas de interioridade. A maior parte possível do tempo deve ser dedicada a estabelecer essa corrente diagonal *eu-vós*, e estar "face a face" com o Senhor. Durante o dia, pode haver leituras meditadas, reflexão sobre a própria vida, sobre problemas pendentes da fraternidade e dos outros. Nesse dia, a pessoa deve assumir todas as coisas que costuma rejeitar, curar-se por exercícios de perdão e abandono, das feridas da vida, de tal maneira que o homem de Deus desça da montanha completamente curado e forte.

O cristão precisa compreender que, durante um dia ou uma tarde, a alma pode passar pelos mais variados estados de espírito, e até por estados contraditórios. Não se assuste. Não fique eufórico com a consolação nem deprimido pela aridez. A impaciência é a filha mais sutil do próprio eu. Deus está onde está a paz. Lembre-se: se você está em paz, mesmo em plena aridez, Deus está com você.

Nunca se deixe levar pela ilusão. Ela é parecida com a esperança, mas é o contrário dela. Saiba discernir o esforço da violência, e a ilusão da esperança. Nunca sonhe em conseguir emoções fortes. Porque, se não conseguir, vai impacientar-se. A impaciência vai gerar a violência, isto é, vai tentar conseguir aquela impressão à força. A violência vai gerar a fadiga, e a fadiga degenerará em frustração. Seria uma lástima que o cristão, em vez de voltar do "deserto" para a vida fortalecido e animado, voltasse frustrado. Mais uma vez: os anjos da guarda do "deserto" são a paciência, a constância e a esperança. Não se esqueça de que Jesus fazia tantos "desertos". Organize sua vida e reserve para Deus alguns dias do ano, que assim estará demonstrando como Deus é importante em sua vida.

O que apresentamos até aqui são meios válidos para os primeiros passos. Mais adiante, esses meios vão ser muletas inúteis. Quando já se tem o hábito da oração e se vive em espírito, pôr-se a rezar e "ficar" com Deus é a mesma coisa, salvo em tempos de aridez.

Na medida em que a alma vai se adiantando, é Deus quem vai tomando a iniciativa. A ação de Deus surge desde as profundidades e toma posse do castelo. O Uno vivifica, e o Centro concentra tudo.

Agora já não são necessárias ginásticas mentais nem estratégias psicológicas. O castelo é tomado incondicionalmente, e suas hostes se rendem ao novo Dono. Mas tudo isso se consuma depois de um longo tempo de purificação.

4. POSIÇÕES E CIRCUNSTÂNCIAS

Vamos ter de lembrar, mais uma vez, que cada pessoa experimenta as coisas de maneira singular e irrepetível. Não há doenças sem doentes, e a mesma receita aplicada a diversos doentes produz resultados diferentes.

Apresentamos aqui sugestões concretas, mas é cada cristão que tem de provar as diversas receitas. Terá de fazer com elas, eventualmente, outras combinações e, no fim, ficar com a melhor.

* * *

Não somos anjos. Muitas vezes pensamos a partir de uma dicotomia e de conceitos dualistas. Falamos da graça e da alma. Não se trata da alma, mas da natureza, isto é, corpo e alma. Ambos estão integrados em uma unidade tão indissolúvel que não há bisturi no mundo que possa marcar as fronteiras entre uma e outra.

Para orar, é preciso contar com o corpo. Uma posição corporal adequada pode solucionar um estado de aridez. Uma respiração, feita com lentidão e profundidade, pode acabar com a ansiedade. Uma posição correta pode afugentar as distrações. Quando, por diversas razões, é impossível orar, o cristão pode adotar corporalmente posições que signifiquem adoração, por exemplo prostrando-se por terra, e permanecer assim, adorando, sem expressar nada nem mental nem vocalmente. Poderia ser uma excelente oração, para um determinado momento.

Quando o cristão estiver sumamente dolorido e enfermo, na cama, não pretenda rezar nem sentir nada, não diga nada. Estenda simplesmente os braços como Jesus na cruz, entregue-se como oferenda. Será a adoração de seu corpo sofredor.

Qualquer posição que, como sinal exterior, implique receptividade, acolhida ou abandono, ajuda a alma a ter a mesma atitude.

Naturalmente, as posições exteriores são extrínsecas à própria oração, e por isso têm importância secundária. Não obstante, em momentos determinados, podem construir um auxílio substancial para o encontro com Deus.

Muitos cristãos queixam-se de suas dificuldades e distrações, quase invencíveis, para se recolherem na presença do Senhor. Será que isso não acontece muitas vezes porque se descuidam dos fatores externos? Para dar um exemplo: com uma respiração agitada ou superficial, dificilmente o cristão chegará a um encontro profundo.

Posições para orar

Há um precioso folheto intitulado *Le corps et la priére,*[5] no qual me inspirei para apresentar algumas das sugestões a serguir.

1. Em pé

Não nos esqueçamos de que os judeus, e, por conseguinte também Jesus, rezavam em pé!

Coloque-se em pé. As pontas de seus pés podem estar mais ou menos abertas, sem estar necessariamente juntas. Devem estar juntos, tocando-se, os calcanhares, de

---

[5] VV.AA. *Le corps et la prière.* Paris: Éditions du Feu Nouveau, 1971. 32 p. *(Introdução de H. Caffarel.)*

maneira que o peso do seu corpo caia equilibradamente pela armação da coluna vertebral, produzindo distensão muscular e serenidade nervosa. A cabeça ereta, mas não rígida. Esta posição regula a respiração, ativa a circulação e neutraliza o cansaço muscular.

Os *braços* podem estar em diferentes posições: *abertos e estendidos para frente*, em atitude receptiva. *Abertos e levantados para cima* para expressar uma súplica intensa ou qualquer impressão forte de gratidão e exaltação. Abertos, os antebraços em cruz, e os braços e mãos levantados para cima, palmas para frente para expressar disposições e prontidão. *Braços e mãos recolhidos e cruzados* sobre o peito para expressar recolhimento ou intimidade. *Mãos juntas e dedos cruzados*, apoiados (ou não) sobre o peito, para manifestar interiorização, gratidão, súplica. *Braços completamente abertos* em forma de cruz para a oração de intercessão, de caráter universal.

Não nos esqueçamos de quantas vezes fazem referência aos braços estendidos: "Invoco-vos todos os dias, ó Senhor, estendo para vós as minhas mãos" (Sl 88; 62; 118).

Os *olhos* podem estar completamente fechados. Isso por si mesmo indica intimidade. De fato, ajuda muitas pessoas a se recolherem. Outros, em vez, se ficam de olhos fechados são assaltados por todas as imaginações. Os olhos podem estar *semicerrados* e recolhidos, focalizados nas pontas dos pés, na boca do estômago ou em outro lugar fixo, contanto que sempre olhem, de alguma maneira, para "dentro". Também podem estar completamente abertos, voltados para cima, para frente, olhando um ponto fixo ou olhando o infinito. A imobilidade ocular (e corporal, em geral) ajuda a quietude interior.

Dependendo do ambiente, a pessoa em oração pode olhar para uma imagem, para o sacrário, para o crucifixo...

2. Sentado

Se estiver sentado em um banco ou em uma cadeira, deve apoiar as costas no encosto, de forma que o peso caia equilibradamente, lembrando as normas gerais sobre os braços, mãos e olhos.

Também se pode sentar de maneira chamada "carmelita": ajoelha-se, senta-se sobre os calcanhares, com as pontas dos pés levemente juntas e os calcanhares um tanto separados. Os braços devem pender livre e suavemente, com as mãos apoiadas (palmas para cima ou para baixo) sobre as coxas.

Para quem não está acostumado, essa posição pode ser um tanto incômoda. Quando o corpo se habitua, passa a ser uma posição descansada e expressiva: indica humildade, disponibilidade, acolhimento. Para evitar o incômodo, muitos usam banquinhos, da seguinte maneira: depois que estiver de joelhos, coloque o banquinho em cima das pernas, junte as pontas dos pés, separando os calcanhares e os joelhos; sente-se lenta e completamente, sobre o banquinho. É uma posição sumamente cômoda

Também existem outras maneiras de sentar-se.

3. Prostrado

Prostrar-se no solo é uma posição de máxima humildade e, por conseguinte, indica e fomenta a adoração mais profunda. São Francisco foi surpreendido, muitas vezes, nessa posição por seus companheiros, no monte Alverne.

a) Primeiro modo

Ajoelhe-se lentamente. Fique assim por alguns momentos. Depois se incline (sempre com lentidão) curvando todo o corpo até tocar (apoiar) a fronte no solo. Os braços e as mãos apoiam-se no solo perto da cabeça. O peso do corpo cai, portanto, sobre quatro pontos de apoio: pés, joelhos, fronte, braços-mãos. Mantenha-se nessa posição, respirando profunda e regularmente, até sentir-se completamente à vontade. Quando terminar a oração, volte, com lentidão e suavidade, a sentar-se ou a ficar em pé.

b) Segundo modo

Ajoelhe-se primeiro; depois, com movimentos lentos, deite-se completamente de bruços no chão, com os braços estendidos em cruz ou recolhidos ao longo do corpo, ou colocando as mãos como apoio da fronte.

No começo será preciso exercitar-se gradualmente. Nos primeiros ensaios, não se deve ficar muito tempo em uma posição. Devem ser evitadas posições que fiquem forçadas ou incômodas. Se se sentir à vontade, é sinal de que a posição é correta e de que está conseguindo uma boa distensão muscular e nervosa.

Cada um tem de se exercitar nas diversas combinações até descobrir as posições mais adequadas para sua natureza.

A cada atitude corporal deve corresponder uma determinada atitude interior.

Onde orar?

Alguns entram melhor em comunicação com o Senhor em um templo recolhido ou em uma capela solitária, na penumbra.

Outros preferem sair para um terraço, um jardim, ou campo em uma noite profunda, sob o céu estrelado, quando já se apagaram as vozes do mundo.

Outros se sentem mais unidos a Deus olhando atentamente para uma flor, ou com o olhar perdido, ou divagando sobre um belo panorama, ou na solidão de uma colina.

Há alguns que nunca sentiram tão forte a presença de Deus como durante a visita a um enfermo que exalava desagradável mau cheiro, ou quando foram às favelas para levar um sorriso ou uma palavra aos pobres.

Há os que não conseguem recolher-se, se estão no meio de um grupo em oração. Mas outros precisam do apoio do grupo.

Quando orar?

Alguns amanhecem descansados, inundados de paz. É a sua melhor hora para se concentrar e para orar.

Mas para os que têm uma vida subconsciente intensa acontece o seguinte: durante o sono, aproveitando-se da ausência do guarda que é a consciência, o inconsciente irrompe a partir de suas latitudes desconhecidas, assalta e invade como um ladrão toda a esfera da pessoa e aí faz o que quer durante boa parte da noite. A consequência dessa invasão noturna é que as pessoas acordam cansadas e mal-humoradas, mais cansadas do que quando foram deitar, como se tivessem passado a noite lutando contra não sei que inimigos.

Devido a esse fenômeno, conheci pessoas que sentem profunda aversão a qualquer oração, a começar pelo nome. Não sabem por quê. Mas logo se descobre uma associação inconsciente entre o mau humor e o sono de uma parte, e a oração de outra, uma vez que ambos estiveram juntos todas as manhãs, durante muitos anos.

Em geral, o anoitecer é a melhor hora para orar. Acalmou-se a agitação. A luz brilhante declinou. Parece que todas as coisas se aquietam e descansam. Acabou o combate. É a hora da paz e da intimidade.

Também há quem prefira a noite. É certo que há pessoas que, quando chega a noite, não conseguem fazer mais nada, só dormir. Para outros, a noite pode ser a melhor hora para orar: acabaram-se os compromissos; o mundo dorme e o silêncio reina em toda parte; tudo convida para a intimidade com o Senhor. Na tradição bíblica, os homens de Deus procuram a noite como momento ideal para suas comunicações com o Senhor. Como fazia Jesus.

Espontaneidade completa?

Vivemos na era da espontaneidade. Hoje não se tolera nenhuma imposição. Sente-se no ar a repugnância instintiva contra tudo que signifique autoridade, paternidade etc. Desde os dias de Bonhoeffer,[*] corre e domina um mito

---

[*] Dietrich Bonhoeffer (1906-1945) foi um teólogo, pastor luterano, membro da resistência antinazista alemã. Em março de 1943 foi preso e enforcado, pouco antes do suicídio de Hitler. (N.E.)

que é aceito como verdade absoluta: a maturidade da humanidade e, por conseguinte, a maturidade do indivíduo. Dois mitos – um só – que não resistem à análise.

Há certos axiomas evidentes e comuns: quem se acha adulto, não o proclama. Quem publica aos quatro ventos sua categoria de adulto é porque não a possui. Uma pessoa madura nunca se sente tratada como uma criança. Quando alguém se sente tratado como criança é porque é efetivamente infantil.

Orar? Respondem em coro: "sempre que eu tiver vontade". Isso tem cara de maturidade, mas encerra muito infantilismo. E se continuarmos a tirar todas as conclusões? Estudar? Quando tiver vontade. Trabalhar? Quando tiver vontade. Onde iria parar o mundo com essa espontaneidade? É uma anarquia infantil, e em nome da maturidade adulta.

Nos diálogos e comunicações espontâneos são muitos – quase a maioria – os que confessam que, se não fazem a oração em comunidade, depois nunca rezam em particular; e que, se não rezam no horário estabelecido pelo regulamento da casa, também não rezam nem em grupo nem sozinhos.

Isso de que o homem chegou à maturidade é um mito sem nenhuma consistência. Basta olhar um pouco para dentro de nós mesmos e outro pouco fora de nós, e comprovaremos em todos os pontos a incoerência e a incapacidade para manter de pé os compromissos assumidos; comprovaremos também que, muitas vezes, a palavra vale tanto quanto o que se escreve na água.

Conheci pessoas consagradas que, no terreno profissional, eram um portento de eficácia e de organização: capazes de levar adiante com alta eficiência colégios com milhares de alunos e hospitais complexos. Nisso eram verdadeiramente adultos: havia ordem, pontualidade, responsabilidade. Mas essas mesmas pessoas, como confessavam, eram pura irresponsabilidade em seus compromissos religiosos. Quem entende essa dicotomia?

Acho que, sem consagrar tempos fortes à oração comum, organizada pela comunidade, uma pessoa pode chegar a abandonar totalmente a própria oração. É preciso estabelecer uma hierarquia de valores, organizar a vida de acordo com essa hierarquia, dar a Deus o que é de Deus, e que a comunidade socorra a fragilidade individual, estabelecendo horários comuns de oração. Isso não impede que cada um, espontaneamente, possa organizar seus próprios *tempos fortes*.

Precisamos lembrar-nos, como já dissemos, de que orar não é fácil e exige esforço; e o instinto humano agarra-se à lei do menor esforço. E, por esse instinto, preferimos qualquer atividade exterior – porque é mais fácil – do que a atividade interiorizante da oração, já que o instinto foge da oração, a convicção tem de se impor.

Há muitos que também procuram voluntariamente uma pressão psicológica da fraternidade. Explico: há pessoas que buscam outra pessoa para um estímulo mútuo de vida com Deus. Intercomunicando suas próprias experiências espirituais, animando-se a continuar com determinação a busca do Senhor. Conheço muita gente que, mediante essa ajuda, manteve-se por muitos anos em órbita elevada.

Falar com Jesus ou com o Pai?

Para alguns é difícil comunicar-se com o Deus transcendente.

Mas essas mesmas pessoas entram rápida e facilmente em diálogo com Jesus ressuscitado e presente. Essa facilidade é ainda mais notável quando conversam com Jesus na Eucaristia.

Começam a rezar e logo sentem Jesus como um ser concreto e próximo, como um bom amigo. Adoram-no, louvam-no, pedem-lhe perdão, força ou consolação; com ele e nele assumem os próprios compromissos e dificuldades; perdoam a si mesmos e aos outros e, assim, curam as feridas a vida. Não se saberia como enquadrar ou definir essa oração: representação imaginária? Olhar simples de fé? Embora devamos recomendar a maior liberdade para cada tipo de pessoas, esse trato familiar com Jesus na simplicidade da fé é aconselhável nos primeiros passos.

Mas há outras pessoas que, desde o começo, sentem uma atração obscura e irresistível pelo Invisível, Eterno e Onipotente. Não se sabe se isso é uma predisposição pessoal ou uma graça particular.

Pois bem. Como dizem os mestres espirituais, quando a alma vai se adiantando em zonas contemplativas mais profundas, tende a superar as formas imaginárias e corpóreas – de Jesus amigo – e avança para o encontro direto do Deus simples e total que nos penetra, nos envolve, nos sustém e mantém, em que as palavras são substituídas pelo silêncio, na pura fé.

Contra essa doutrina, geralmente admitida por todos os mestres espirituais, levanta-se Santa Teresa, com energia resoluta, afirmando que em todos os estágios da vida espiritual é preciso fixar o olhar contemplativo na humanidade de Jesus ressuscitado.

Seja como for, nós aconselhamos o cristão a deixar-se levar pela graça com docilidade e abandono, porque ela pode ter um caminho diferente para cada pessoa, e até caminhos diferentes para a mesma pessoa em momentos diversos.

5. PRIMEIROS PASSOS

Como toda graça é movimento filial para o Pai, o importante e urgente é abrir um canal para essa aspiração, dando passos concretos.

Nós sempre nos dirigimos a dois grupos. O primeiro é o dos que realmente são principiantes nas coisas de Deus e querem conseguir, pela primeira vez, a intimidade com o Senhor. O segundo é o dos que já viveram muitos anos na amizade divina, mas depois se descuidaram: jogaram tanta terra e tanta areia sobre ela, que a chama divina se apagou. Agora sentem o peso da tristeza e do vazio e querem recuperar, a qualquer preço, o tesouro perdido.

Uns e outros, os primeiros para conseguir e os demais para recuperar, precisam dar os primeiros passos. No caminho da vida, os primeiros passos são sempre vacilantes e desajeitados. Não faz mal. É preciso passar por isso e pagar o preço de duas moedas: a paciência e a constância.

Oração vocal

Em todo o espectro da vida, os primeiros passos sempre são dados com apoios. Em nosso caso, o apoio é o da oração vocal.

Como já explicamos, a mente humana é, por natureza, uma borboleta inquieta, errante como o vento. Precisa movimentar-se, voar perpetuamente, saltando do passado para o futuro, da recordação para as imagens, das imagens para os projetos. A verdadeira adoração, pelo contrário, consiste em submeter a atenção, concentrando-a no Senhor. Como fazer isso com uma mente tão louca?

Precisamos de muletas para caminhar. O apoio é a oração verbal, ou melhor, a oração escrita. Supõe-se que a palavra está escrita em forma dialogal. Como se faz?

O cristão pousa seus olhos sobre a oração escrita. Uma palavra chama sua atenção e estabelece um laço entre ele e Deus. Se leio, por exemplo, "Vós sois meu Deus", e procuro fazer *minhas* essas palavras identificando minha atenção com o conteúdo da frase, minha mente já está "com" Deus. A palavra foi uma ponte de encontro.

Mas a mente logo se desliga do centro e se dispersa em mil direções. A pessoa põe de novo seus olhos na oração escrita e, de novo, a palavra escrita agarra e retém sua benção. Ficando a atenção concentrada no conteúdo da oração escrita – como o conteúdo "é" o próprio Deus – a mente "fica com" Deus. Devido a sua natureza, a mente se solta e voa mais uma vez. De novo, com paciência, os olhos humanos se submetem à palavra escrita e a palavra escrita submete à sua mente. Em outras palavras: a palavra evoca e desperta Deus "para" o ser humano. Isto é: a palavra toma a mente humana e a deposita, como um veículo, na meta que é Deus.

Não chamo isso de oração escrita, mas de oração vocal. Por quê? Porque o cristão começa lendo a oração escrita; lendo-a, vocaliza; vocalizando, "mentaliza"; e dessa maneira "fica em oração". Na realidade, não se trata de uma oração prolongada. Isto é: a atenção fica propriamente com Deus por instantes intermitentes. Mas esses instantes intermitentes podem prolongar-se por uns 30 minutos, por exemplo. Nesse caso, podemos dizer que a pessoa teve meia hora de oração real.

Hoje existem folhetos preciosos com seleções das melhores orações. Também há livrinhos com salmos especiais. E os saltérios estão ao alcance de quem quiser. Tenha-os à mão onde você reza normalmente. Leve-os para o "deserto".

Como rezar

Tome uma oração que o satisfaça. Coloque-se em atitude orante. Peça a assistência do Espírito Santo. Comece a ler. Quando ler as frases, faça-as "suas": procure identificar sua atenção com o conteúdo das frases. Haverá expressões que o animarão desde o começo. Repita-as mais de uma vez, até que as frases e o seu "conteúdo" inundem por completo o seu ser.

Continue lendo (rezando) devagar, muito devagar. Pare. Volte a repetir as frases do começo. Repita-as em voz alta – se for o caso – mais alta ou mais suave conforme as circunstâncias. Pode tomar atitudes exteriores que ajudem, como estender os braços. Permita que se impregnem sua esfera interior, seus sentimentos e suas decisões com a Presença que emana das palavras.

Se em algum momento sentir que pode caminhar sem "muletas", deixe de lado as orações escritas e permita que o Espírito clame dentro de você e ressoe por sua boca com expressões espontâneas e inspiradas. Termine fazendo um propósito de vida.

Para muitas pessoas é de excelente eficácia a seguinte maneira de oração vocal: tome uma atitude orante. Selecione uma ou várias expressões fortes, por exemplo: "Vós me sondais e me conheceis"; "Desde sempre e para sempre sois Deus"; "Meu Deus e meu tudo"; "Vós sois meu Senhor". Tome uma dessas frases ou outras. Comece a repeti-las em voz alta e suave. Diga-as bem devagarzinho, procurando entrar o mais fundo possível na "substância" da frase com grande serenidade, sem violência. Diga as frases cada vez mais distanciadamente.

Pode chegar um momento em que o silêncio desloque as palavras e sobrem apenas a Presença e o silêncio. Nesse caso, fique em silêncio na Presença. Termine tomando uma decisão de vida.

Para quem quer levar Deus a sério, sempre dou este conselho: aprenda de cor vários salmos, versículos de salmos, diversas orações breves. Quando alguém está viajando de carro ou andando pela rua, ou está fazendo trabalhos domésticos, e sente o desejo de dizer algo ao Senhor, mas não "sai" nada, é uma excelente ajuda espiritual unir-se ao Senhor mediante essas orações vocais memorizadas.

Salmos

Em minha opinião, não existe meio mais rápido para chegar ao coração de Deus do que rezar os salmos.

Eles são portadores de uma densa carga experimental de Deus. Foram enriquecidos pelo fervor de milhões de homens e de mulheres, ao longo de três mil anos. Usando essas mesmas palavras, comunicou-se com o Pai Jesus menino, jovem, adulto, evangelizador, crucificado. São orações que estão saturadas de grande vitalidade espiritual, acumulada durante 30 séculos.

Entre os salmos, há comunicações de qualidade insuperável. Salmos que não nos dizem nada. Outros nos escandalizam. Em um mesmo salmo, de repente, nos deparamos com versículos de belíssima interioridade e encontramos outros em que se pedem anátemas e vinganças. Podemos passar por cima de uns, detendo-nos em outros.

Como rezar

É bom notar que não estamos falando da recitação do Ofício Divino, mas de como utilizar os salmos como *instrumentos de treinamento* para adquirir a experiência de Deus, para dar os primeiros passos como forma de oração vocal.

O cristão deve tomar os salmos que mais lhe agradam; repetir as expressões que mais lhe digam alguma coisa. Enquanto repetir lentamente as frases mais carregadas, deixe-se contagiar por aquela vivência profunda que era sentida pelos salmistas, pelos profetas e por Jesus. Isto é, procure experimentar o que eles experimentaram: deixe-se arrebatar pela presença viva de Deus, envolver pelos sentimentos de assombro, exaltação, louvor, contrição, intimidade, doçura ou outros sentimentos de que estiverem impregnadas essas palavras.

Se em algum momento chegar a sentir em determinada estrofe a "visita" de Deus, pare aí mesmo, repita a estrofe; e mesmo que durante uma hora nada mais fizesse senão penetrar, sentir, experimentar, admirar-se pela riqueza retida nesse versículo, deve permanecer aí e não se preocupar de ir adiante. Termine sempre com uma decisão de vida.

É certo que há salmos cheios de anátemas e de maldições. Nesses casos, se o cristão se deixar levar pela livre espontaneidade, sentirá como o Espírito lhe vai sugerir aplicar esses anátemas contra o "inimigo" – único e múltiplo – que é o nosso egoísmo com seus inumeráveis filhos, como o orgulho, a vaidade, a ira, o rancor, a sensualidade, a injustiça, a exploração, a ambição, a irritabilidade etc.

Aconselho sempre que cada um faça um "estudo" pessoal dos salmos.

Como a pessoa é um mistério único, seu modo de experimentar e experimentar-se é singular e não se repete. O que "diz" muito para mim, pode não dizer nada para outro. O que tem tanto significado para fulano, para mim não tem quase nenhum. Por isso, é preciso um "estudo" pessoal. Como fazê-lo?

Comece pelos primeiros salmos. Em determinado dia, "fale" com o Senhor usando o primeiro salmo, em um tempo forte de oração. Isto é, dirija-se a Deus com essas palavras. Se houver no salmo um versículo, talvez uma estrofe inteira ou uma série encadeada de frases que lhe "dizem" muito, repita-os várias vezes e depois faça um sinal com o lápis.

Se lhe parecer que uma expressão encerra uma riqueza particularmente fecunda, sublinhe-a com várias linhas, conforme o grau de riqueza que tiver percebido. Conforme lhe inspirar a estrofe, ponha uma indicação na margem, por exemplo, *confiança, intimidade, louvor, adoração...*

Pode acontecer que um mesmo salmo ou uma mesma estrofe um dia lhe diga pouco e noutro dia, muito. É que uma mesma pessoa pode perceber uma mesma coisa de diferentes maneiras em diferentes momentos.

Se o salmo não lhe diz nada, deixe-o em branco.

Em outro dia "estude" o segundo salmo da mesma maneira, até completar os 150 salmos. Ao cabo de um ou dois anos, terá "conhecimento pessoal" de todos eles. Quando quiser louvar, vai saber de que salmos precisa. Quando quiser meditar sobre a precariedade da vida, ou precisar de consolo, ou desejar adorar, quando buscar confiança ou sentir "necessidade" de entrar em intimidade, saberá a que salmos e a que estrofes acorrer.

Dessa maneira, irá lentamente aprendendo de cor estrofes carregadas de riqueza, que lhe servirão de alimento para qualquer circunstância. Termine fazendo um propósito de vida.

Oferecemos aqui uma lista orientativa de salmos com seus sentimentos correspondentes.

a) Salmos que expressam confiança, abandono, intimidade, saudades e anelo de Deus: 3, 4, *15*, 16, 17, *22*, 24, *26*,

30, 35, 38, *41*, *50*, 55, 61, *62*, 68, *70*, *83*, 89, *90*, 102, *117*, 122, 125, 129, 130, *138*, 142.

b) Salmos que expressam espanto diante da contemplação da Criação com o sentido de gozo pessoal e glória de Deus: 8, *18*, 28, *64*, 88, 91, *103*.

c) Salmos que expressam louvor, exaltação, ação de graças: 3, *66*, 91, 112, *134*, *135*, *144*, *146*, *148*, *149*, *150*.

d) Salmos que expressam a fugacidade da vida diante da eternidade de Deus: 38, *89*, *92*, *101*, 102, 134, 138.

Os números grifados indicam maior intensidade do tema assinalado. Quanto à numeração, seguimos a Bíblia Vulgata. Como ponto de referência, indicamos que o Salmo 50 é o *Miserere*.

Leitura meditada

A meditação é uma atividade mental em que se manuseiam conceitos e imagens, passando das premissas às conclusões, distinguindo, induzindo, deduzindo, explicando, aplicando, combinando diversas ideias sobre um tema previamente escolhido, com finalidade variada: para esclarecer uma verdade, para conhecer melhor a Deus, para aprofundar a vida de Jesus, e assim poder imitá-lo; enfim, para tomar uma resolução visando transformar uma vida.

A meditação enriquece a alma com conhecimentos da vida divina. Mas, em minha opinião, é uma via muito complicada para iniciar os principiantes no trato com o Senhor Deus. É como uma navegação à força de braços e remos. O homem de hoje dificilmente chega por esse caminho ao porto que é o próprio Deus, porque vivemos tempos intuitivos e não discursivos, estamos mais inclinados para os enfoques emocionais do que para os racionais. A própria Santa Teresa tinha pouca simpatia pela meditação discursiva:

> [...] quanto aos que discorrem (meditam) digam-lhes que não devem empregar todo o tempo nisso, porque, embora seja meritório... não é oração saborosa... Apresentem-se diante de Jesus Cristo e, sem fatigar o entendimento, fiquem falando e se regalando com ele, sem se cansar na composição de raciocínios, mas na apresentação de necessidades [...].

Entretanto, a meditação é uma atividade espiritual absolutamente necessária para aprofundar os mistérios de Deus e para crescer na vida divina.

Pois bem. Se a meditação é tão necessária quanto difícil, onde vamos achar uma solução? Primeiramente, na leitura meditada. E, em grau menor, na meditação comunitária.

Repetimos mais uma vez: precisamos de apoios para dar os primeiros passos a fim de adquirir ou recuperar o sentido de Deus.

Muitos cristãos têm vivos desejos de voar para o sumo vértice de Deus, mas ainda não têm suficiente consistência e fortaleza para navegar em águas tão profundas e mal conhecidas. Sentem-se incapazes de estar a sós, aos pés do Mestre, por um tempo mais ou menos longo. Precisam de muletas para caminhar. Como as crianças, gostariam de falar, mas não conseguem. Não encontram correntes afetivas que os arrastem, em círculos convergentes, para o Centro. Precisam de apoios. E nenhum apoio é tão válido para eles como o da leitura meditada.

Temos de aplicar, aqui, tudo o que dissemos a respeito da oração vocal: é a palavra escrita que vai submeter a mente e conduzi-la pelas veredas de uma reflexão ordenada e fecunda.

É comovedora a declaração de Santa Teresa: "Durante 14 anos não conseguia meditar a não ser através da leitura".

Com grande espontaneidade e sem nenhuma inibição, ela continua dizendo que, a não ser imediatamente depois de comungar, nunca se atrevia a entrar no átrio da oração a não ser acompanhada por um livro. E se pretendia orar sem ter um livro à mão, sentia-se como se estivesse para travar dura batalha contra um exército numeroso. Se tinha um livro à mão, ele era como um escudo que aparava os golpes e distrações, e ela ficava tranquila e consolada. Confessa que nunca foi combatida pela secura. Mas, quando lhe faltava o livro, caía em árida impotência. Só de abrir o livro, seus pensamentos entravam em ordem, dirigindo-se docilmente para o Senhor. Algumas vezes lia pouco, outras muito, conforme o espírito.

Como se faz?

Em primeiro lugar, o cristão deve ter um livro cuidadosamente selecionado que facilite, ao mesmo tempo, a reflexão e o afeto, um livro que coloque e mantenha a alma na presença do Senhor Deus. Naturalmente, o primeiro livro para uma leitura meditada é a Bíblia.

Aconselho sempre que o cristão tenha feito seu "estudo" pessoal sobre diversas matérias dos diversos livros bíblicos. É muito útil que, depois de ter feito suas "investigações" pessoais, disponha de um caderninho para fazer suas anotações, de tal maneira que, se quer meditar, por exemplo, sobre: amor de Deus, esperança, vida eterna, consolação, fé, fidelidade etc. saiba com certeza a que livro da Bíblia recorrer.

Em segundo lugar, para a leitura meditada propriamente dita, faça assim:

Fique em posição descansada. Peça a luz do Senhor. Saiba exatamente sobre que assunto quer meditar ou, ao menos, em que parte da Bíblia vai centralizar sua atenção. Suponhamos que se trate de um capítulo das cartas de São Paulo. Comece a ler. Leia devagar, muito devagar. Enquanto lê, medite. Enquanto medita, leia.

Suponhamos que uma ideia lhe pareça interessante. Detenha-se. Levante os olhos. Aprofunde a ideia. Continue lendo devagar. Enquanto lê, continue a meditar. Suponhamos que não entenda um parágrafo. Nesse caso, volte atrás, faça uma releitura ampla e veja qual o contexto daquela ideia, e pelo contexto entenderá seguramente o sentido do parágrafo. Continue lendo devagar.

Suponhamos que, de repente, surja um pensamento que o impressiona fortemente. Levante os olhos e exprima todo o suco desse pensamento, aplicando-o à vida.

Se de repente sentir vontade de conversar com o Senhor, de dirigir-lhe um afeto de adesão, adorar, admirar, agradecer, pedir perdão, força etc., faça-o com calma. Se não acontecer nada de especial, continue a leitura repousada, concentrada, tranquila.

Lembre-se, entretanto, de que o ideal é que essa leitura tome o cristão e o lance afetivamente nos braços do Senhor para finalmente transformá-lo em imagem viva de Jesus e sua testemunha no meio do mundo.

Se, durante a leitura meditada, houver uma "visita" do Senhor, não continue remando. Deixe os remos de lado, abandonando-se ao vento de Deus, conformando-se em estar junto do Senhor.

É muito conveniente que cada leitura meditada termine com um propósito concreto de vida, de acordo com o rumo das ideias que tiverem sido meditadas.

Este método é proveitoso não só para os principiantes, mas também para os mais avançados nos mistérios de Deus, principalmente nas temporadas de securas, aridez, provas e noites.

Meditação comunitária

O segundo caminho para meditar, relativamente fácil e proveitoso, é o da meditação comunitária. Consiste na reunião de um pequeno grupo de pessoas para refletir sobre diversos tópicos da vida cristã.

Começa-se pela leitura de um trecho bíblico ou de um capítulo de um livro que delimite a matéria que se vai meditar. Dessa maneira, também se ambienta e ilumina o tema. Também é conveniente rezar uma oração comum, como um salmo ou uma invocação ao Espírito Santo.

Depois, cada pessoa faz sua reflexão espontânea diante das demais, comunicando o que lhe for sugerido pelo próprio tema ou sua aplicação à vida, podendo-se também fazer um rodízio por outros campos paralelos, afins ao tema central. E assim, sucessiva e espontaneamente, vão todos participando.

Para que a meditação comunitária produza fruto é imprescindível que haja, no grupo, tranquilidade, sinceridade e confiança mútua. Se não for assim, fica bloqueada a espontaneidade e a ação do Espírito. Também é preciso evitar a todo custo o "vedetismo", isto é, o desejo de aparecer, de dizer coisas originais ou de fazê-lo com mais brilho do que os outros.

Convém que os participantes, além de se enriquecerem mentalmente, acertem critérios práticos, tomem em comum decisões concretas para a vida fraterna ou pastoral. Assim a leitura meditada se transformará em uma escola de amor e de vida.

Conheci cristãos que não liam o Evangelho porque não lhes dizia nada. Mas depois que entraram em um grupo de meditação descobriram riquezas insuspeitadas e – coisa estranha! – arrastados pelo espírito comunitário, "tiraram" de dentro de si mesmos e comunicaram aos outros grandes *novidades* sobre Jesus. Essas descobertas espantaram mais a eles mesmos do que aos outros. Se nesse momento se estabelecer uma corrente afetuosa com o Senhor, em nível pessoal e grupal, poderemos ter uma bela oração comunitária.

Oração comunitária

Por oração comunitária entendo o fato de se reunirem vários cristãos para orar espontaneamente em voz alta, um depois do outro.

Para que a oração comunitária seja convincente é preciso que os participantes tenham vivificado anteriormente a própria fé, estejam "treinados" no relacionameno pessoal com o Senhor. Se não, a impressão será a de que "soam" apenas as palavras, e às vezes palavras bonitas mas banais, sem conteúdo, como as ridicularizadas por Ionesco em seu teatro.*

Também é preciso que não existam curtos-circuitos emocionais entre os participantes. Mesmo que estejam cheios de fervor, sucede um fenômeno curioso: os estados conflituosos entre os irmãos congelam o fervor pessoal e bloqueiam o indivíduo em seu relacionamento com Deus. Numa palavra, a distância entre os irmãos converte-se em distância entre a alma e Deus.

Todavia, não é condição indispensável a existência de uma grande confiança entre os participantes. Mais de uma vez testemunhei belos resultados entre participantes que não se conheciam anteriormente. O importante é que não haja situações conflituosas entre os assistentes.

Algumas pessoas, por seu temperamento reservado, sentem um *não sei quê* diante desse tipo de comunicação.

---

* Eugène Ionesco (Romênia, 1909-Paris, 1994) foi um dos maiores dramaturgos do teatro do absurdo, que expõe ao ridículo as situações mais banais ao mesmo tempo em que retrata de uma forma tangível a solidão do ser humano e a insignificância da sua existência. (N.E.)

É bom convidá-las a comunicar-se também, mas sem violentar sua natureza reservada.

Também existe uma lei da psicologia segundo a qual qualquer intimidade exige reserva e, quanto maior a intimidade, maior a reserva. Como os namorados se afastam de todas as presenças e olhares humanos para seus encontros, também os grandes contempladores como Moisés, Elias, Jesus procuram a solidão completa para seus encontros com Deus. Francisco de Assis não só ia para as altas montanhas para suas comunicações com o Senhor, mas até se escondia em grutas solitárias e escuras.

Apesar disso, se no grupo de oração se produzir um contato vivo com Deus, esse grupo transforma-se em um novo cenáculo, e essa prece comunitária encerra o ímpeto e a fecundidade de Pentecostes. De fato, para transbordar diante do Senhor e dos irmãos, é preciso que os orantes provenham do "deserto", carregados de fé e de amor.

Oração litúrgica

A prece litúrgica, para o nosso caso, em que buscamos meios pedagógicos para adquirir ou recuperar o sentido de Deus, está na mesma linha da oração vocal. É claro que tem dignidade e eficácia especiais, por se tratar da prece oficial da Igreja. Por outro lado, seus ritos são envoltos em uma beleza excepcional, apresenta textos mais seletos da Palavra de Deus, e a todo momento está presente um alto sentido comunitário. Tudo isso faz da oração litúrgica a grande prece do povo da Aliança.

Entretanto, a oração litúrgica, que é alimento para as multidões e solene homenagem do povo a seu Deus, precisa de inferioridade e devoção pessoal para chegar a ser a verdadeira adoração "em espírito e verdade" (Jo 4,24). Aqui se aplica o que dizia o dramaturgo Ionesco: "as palavras são como os sacos: sozinhos caem; o que os mantém em pé é o conteúdo".

Quer dizer: se a alma já chega "treinada" no trato com Deus, "carregada" de Deus, então a oração litúrgica será para ela um prato especial, um banquete insuperável que não só vai revigorá-la, mas, por contágio comunitário, estimulará as multidões, transformando-as em um povo de adoradores em espírito e verdade (cf. Jo 4,24).

Contudo, se a alma chega vazia, ou não dá sentido pleno às cerimônias, pode suceder que a oração litúrgica não chegue a ser um *encontro* com Deus nem com os irmãos, cumprindo-se as palavras: "Este povo honra-me com os lábios, mas seu coração está longe de mim" (Is 29,13).

Oração carismática

Tem surgido, nestes últimos anos, um movimento de oração em todo o mundo. Recebe diversos nomes: *oração carismática* (devido à efusão dos carismas do Espírito Santo), *oração pentecostal* etc. Seus efeitos costumam ser os de uma manhã de Pentecostes: embriaguez sem vinho, conversões figurantes e uma inundação irresistível do Espírito. Já apareceram muitos livros sobre esta matéria.

Em minha opinião, é um dos meios mais eficazes para vivificar a fé, para experimentar a proximidade arrebatadora de Deus e para que as almas fiquem marcadas, possivelmente para sempre, pelo vivíssimo fogo de Deus. Além disso, há a vantagem de que todo esse processo se desenvolve em nível comunitário.

A esses encontros de oração chega-se com admirável e aventurosa espontaneidade, sem preparação de espécie alguma; ninguém se preocupa com o que vai dizer ou fazer, ou quem vai falar. Não há ordem do dia, nem quadro de matérias, nem qualquer planificação. Todas essas preocupações são depositadas nas luzes do Espírito Santo.

Os orantes chegam com espírito alegre, fraterno e comunicativo. Começa-se com um cântico, com uma leitura, ou com um grito de louvor, segundo o que "ditar" o Espírito. Todos rezam à vez e em voz alta, e o clamor dos orantes sobe e desce como vagas sucessivas.

Reina ali a mais completa espontaneidade. Grita-se, reza-se, chora-se, produz-se uma alegria indescritível numa grande abertura diante de Deus e dos irmãos, sobretudo na hora dos testemunhos. Os gritos são de louvor, súplica, júbilo e exaltação espiritual. Toda essa oração é geralmente dirigida a Jesus.

Por vezes os orantes mais não fazem do que repetir uma e outra vez uma só exclamação. Há os que não passam de duas ou três frases. Outros, pelo contrário, são arrebatados pela onda da inspiração e manifestam expressões que não têm qualquer explicação humana.

Tudo isso decorre num verdadeiro tumulto, no meio dum grande desconcerto. Mas, paradoxalmente, parece um verdadeiro concerto em que o rumor dos orantes sobe e baixa o fluxo e refluxo, como as ondas que vão e vêm. As horas vão passando e ninguém sente fadiga.

De repente, alguém se levanta e fala espontaneamente sob o impulso do Espírito. Suas palavras são acompanhadas pelas aclamações dos assistentes e por gritos de louvor. Às vezes, pessoas incultas em matéria religiosa dizem coisas sublimes, absolutamente fora do alcance dos teólogos profissionais.

Reina uma sinceridade radical, uma abertura em que se abrem todas as janelas da alma, absolutamente todas, se fazem confissões públicas com humilde arrependimento, mas sem se sentirem humilhados. Exteriorizam-se promessas, rotundas decisões de conversão.

Deixa nos assistentes vontade de orar mais, de sair para a rua e fazer imediatamente o bem a todos, de tratar a todos como irmãos, de perdoar, servir, amar.

Sei que nem tudo é ouro puro. Em tudo isso há certa dose (quem lhe poderia precisar o grau?) de contágio coletivo (psicose). Em alguns grupos existe uma preocupação exagerada pelo *dom das línguas*, cura de enfermidades, recepção espetacular do Espírito Santo etc.

Apesar das reservas, considero-o como meio ideal para se chegar, queimando etapas, à experiência de Deus. Considero-o como um movimento providencial para a Igreja Católica, tão ritualista noutros tempos e de tanta depressão de fé entre alguns eclesiásticos dos nossos dias. Tenho a impressão de que se avizinha uma grande era do Espírito para a Igreja de Deus.

6. DEVOÇÃO E CONSOLAÇÃO

Devoção

É fácil de se confundir com a emoção ou com qualquer fator sensitivo. É certo que a devoção contém alguns elementos afetivos, mas em sua essência é outra coisa.

É um dom especial do Espírito que habita e dispõe a alma para toda boa ação. Às vezes é o resultado de uma "visita" de Deus que sobrevém na oração e a sustenta.

A devoção nos faz sentir fortes para superar as dificuldades, afugenta a tibieza, enche a alma de generosidade e audácia, clareia a mente, faz crescer o entusiasmo por Deus, diminui as paixões mundanas, supera com facilidade e êxito as tentações; enfim, põe em nosso coração a prontidão, a decisão e a alegria.

A essência da devoção não é, portanto, o sentimento, e sim a prontidão. Jesus sentia náuseas no Getsêmani, mas tinha devoção filial para se submeter à proposta do Pai.

* * *

É verdade que a devoção contém certa dose de emotividade, que, às vezes, é devida ao temperamento. Essa emoção, porém, não está necessariamente em proporção com o verdadeiro amor, cujo termômetro exato é a disposição para cumprir a vontade do Pai.

> Já é uma coisa sobrenatural, que não podemos conseguir com nosso esforço. Porque a alma permanece em paz, naquela paz feita pelo Senhor com sua presença, porque todas as potências são sossegadas. A alma

entende que já está juntinho de seu Deus e que, com mais um pouquinho, chegará a fazer-se uma só coisa com ele, em união...
Sente-se um deleite grandíssimo no corpo e uma grande satisfação na alma. Ela fica tão contente só de se ver junto à fonte que, mesmo sem beber, já se sacia. Parece que não tem mais nada a desejar. As potências sossegadas... A vontade aqui é cativa.[6]

Por sua própria natureza, o amor é sempre uma força ardente, e, na medida em que cresce em profundidade, torna-se mais sensível. Esse amor é inevitavelmente "sentido" tanto no prazer da união como no vazio doloroso da ausência. Em certas espiritualidades, como na franciscana, os traços sensitivos sobressaem por sua intensidade. Toda devoção gozosa que impele à superação de si mesmo, através da negação, é boa. Se não for assim, encerra perigos sutis de narcisismo, gula espiritual e egoísmo alienante. Pode-se buscar a Deus pela paz e consolação produzidas por sua presença, e não por ele mesmo. Pode-se buscar a doçura de Deus em vez de buscar o Deus da doçura, retardando ou deixando de lado definitivamente a união transformadora.

Entretanto, a "visita" (presença sensível de Deus) sempre produz "suavidade" e "delícia" (Sl 33; 85; 99; 144). Assim como comer e beber produzem satisfação e prazer, qualquer faculdade que foi estruturada para um determinado objetivo tem a sensação plenificante ou satisfação, quando atinge esse objetivo. Como o homem foi criado à

---

[6] TERESA D'ÁVILA, Santa. *Caminho de Perfeição*, c. XXIV, n. 3.

imagem e semelhança de Deus (como uma seta disparada para o alvo divino), é inevitável que sinta um prazer sensível (devoção) quando tiver alcançado algum grau de seu objetivo.

Mas justamente para evitar que busquemos sutilmente a nós mesmos com a devoção sensível, Deus muitas vezes retorce essa lei natural: apesar de a alma ter alcançado a Deus em grau bastante elevado, Deus, às vezes, deixa a alma ansiosa, vazia... Essa é a razão das aridezes e das noites purificadoras.

Compreende-se que para as almas que vivem na dura batalha da vida, a palpitação de Deus é como um refrigério; precisam da devoção sensível como da respiração. Para elas, não ter gozo sensível é como para um navegante não ter remos.

Consolação

Na tristeza, na enfermidade, no luto, na perseguição, o ser humano tem necessidade de consolação. Seus familiares e amigos vão consolá-lo quando os outros o abandonam. Mas mesmo suas palavras são um débil alívio. Ele fica sozinho com sua dor. Nos momentos decisivos, estamos sós.

O caso típico na Bíblia, símbolo de todas as desolações, é o abandono total de Jerusalém, arrasada, saqueada, queimada, deportada para o exílio e esquecida por Deus: "Deus me abandonou, o Senhor se esqueceu de mim" (Is 49,14). Contudo, tanto o profeta Jeremias como o profeta Isaías oferecem um "livro de consolações". Deus se apresenta como um Pai carinhoso anunciando que "por pouco não te abandonei, mas com grande compaixão te recolherei" (Is 54,1-9).

Há momentos em que nada nem ninguém é capaz de nos consolar. A desolação alcança níveis demasiado profundos: nem amigos nem parentes nem os que nos amam podem chegar a essa profundidade. Às vezes, há situações indescritíveis e mesmo indecifráveis para nós mesmos; não se sabe se é solidão, frustração, saudade, vazio ou tudo junto. Só Deus pode chegar até o fundo desse abismo.

Não há alma que não tenha feito esta experiência: estando nessas condições, de repente, sem saber como, sente uma profunda consolação como se um óleo suavíssimo tivesse sido derramado sobre as feridas. Deus desceu sobre a alma ferida como uma branca e doce enfermeira.

Outras vezes, alguém chega a sentir-se como uma criança impotente: desenganos, uma doença grave, um fracasso definitivo, a proximidade da morte... A desolação é grave demais, ultrapassa todas as medidas. Quem poderá consolá-lo? O amigo? A esposa? "Como a mãe consola o seu filhinho, assim os hei de consolar" (Is 66,10-14). A consolação de Deus parece um óleo derramado que chega até as feridas da desolação.

E se a desolação for devida à ausência de Deus, uma "visita" de Deus pode "mudar a escuridão em luz; brotarão mananciais de água e os montes se transformarão em caminhos e os desertos em jardins" (Is 43,1-4).

* * *

Toda ausência produz tristeza. Jesus vai se ausentar. Os seus terão a sensação da orfandade. Na oração acontece o mesmo: a sensação de escuridão, a impressão de distância, ausência ou silêncio de Deus deixam a alma em estado parecido com a orfandade, tristeza, desolação. Em ambos os casos, "não se preocupem", diz Jesus. Enviar-lhes-ei alguém que, por natureza, é "o Consolador". Naqueles dias, os grupos de cristãos "progrediam no amor de Deus e viviam transbordando da consolação do Espírito Santo" (At 9,31).

São Paulo descobriu que a consolação brota da desolação. Tinha sobrevivido a uma tribulação dilacerante, a ponto de sentir em sua carne as garras da morte, e aí mesmo experimentou o Deus de toda consolação, que consola acima de qualquer medida. Sua segunda Carta aos Coríntios é a carta magna da consolação bíblica. A introdução ao capítulo primeiro é um jogo alternado de consolação e de desolação. Dá a impressão de que ele tinha acabado de sofrer as duas impressões de maneira vivíssima.

> Bendito seja o Deus e Pai de nosso Senhor Jesus Cristo, o Pai das misericórdias e Deus de toda consolação! Ele nos consola em todas as nossas tribulações, para que possamos consolar os que estão em qualquer tribulação, mediante a consolação que nós mesmos recebemos de Deus.
> Se somos atribulados, é para a vossa consolação e salvação que o somos. Se somos consolados, é para a vossa consolação, que vos faz suportar os mesmos sofrimentos que também nós padecemos.

E a nossa esperança a vosso respeito é firme: sabemos que, compartilhando os nossos sofrimentos, compartilhareis também a nossa consolação (2Cor 1,3-8).

No capítulo sétimo, sentimos Paulo triturado por dentro e por fora, combatido por lutas e temores. Entretanto, ainda uma vez, vemos como nasce das feridas da tribulação a chama da consolação.

> Em verdade, quando chegamos à Macedônia, nossa carne não teve repouso algum, mas sofremos toda espécie de tribulação: por fora, lutas; por dentro, temores.
> Contudo, aquele que consola os humildes, Deus, consolou-nos pela chegada de Tito. E não somente pela chegada dele, mas também pelo consolo que recebemos de vossa parte. Referiu-nos o vosso vivo desejo, a vossa desolação e o vosso zelo por mim, de tal modo que em mim a alegria prevaleceu.

7. DISPOSIÇÕES

Se a oração é a concentração de todas as faculdades, a distração é a dispersão da mente em mil direções, escapando momentaneamente ao controle da vontade e da consciência. Quando falamos de *silêncio interior*, explicamos a natureza da distração e indicamos os caminhos para vencê-la.

Secura

Quando a distração não é um ato passageiro, mas uma impotência completa para concentrar-se no Senhor, e isso chega a ser habitual por uma temporada, chama-se *secura*. Esta é normalmente acompanhada por uma sensação de incapacidade depressiva e de certo afrouxamento de faculdades. O pessimista tende a pensar que não nasceu para orar, ou que está tudo perdido.

Em algumas pessoas, a secura pode chegar a produzir tristeza e mesmo desolação, devido, em geral, à completa impotência, mesmo momentânea, para o relacionamento com o Senhor. Em certos casos, a secura pode aproximar-se perigosamente dos limites da aridez.

Apesar de serem palavras diferentes, estão condicionadas de tal maneira mutuamente que é difícil distinguir onde começam e acabam as fronteiras da distração, da secura e da aridez.

Os mestres espirituais, ao descreverem suas experiências, alongam-se em descrições extraordinariamente vivas sobre as securas que tiveram de suportar. Lendo-as, a gente fica entre o temor e a admiração. Santa Teresa diz de si mesma que muitas vezes fez o balde descer no poço sem tirar sequer uma gota de água.

Acontecerá com frequência à alma, continua a santa, de não ter forças nem para levantar os braços e segurar o balde: nesses momentos, será incapaz até de formular um só pensamento. A secura exige preço alto. Quem passou anos nessa situação sabe-o por experiência própria. Lembro-me de algumas vezes, continua a santa, em que fiquei feliz por ter tirado uma gota desse bendito poço, considerando isso um privilégio especial do Senhor.

Para aguentar em pé as épocas de secura, é preciso mais coragem do que para outros trabalhos de maior envergadura deste mundo. Houve anos em que estive mais preocupada com o relógio – no coro – do que com a oração, calculando quanto tempo ainda faltava e desejando que acabasse logo. E, muitas vezes, estaria disposta a submeter-me a qualquer penitência pesada para não ter de começar a me recolher para a oração.

Não sei se era o demônio ou minha natureza ruim: o fato é que só de pensar que tinha de ir para a oração já me dava um peso. Quando entrava no oratório, minha alma me caía aos pés. Invadia-me uma grande tristeza e eu mesma tinha de me animar. Até que enfim, termina a santa, já se acabaram esses tempos, com a graça de Deus.

É por isso que milhares de pessoas abandonaram quase de uma vez a oração. Fizeram esforços sobre-humanos e prolongados, e não conseguiram tirar uma gota de água desse bendito poço. Então desanimaram pela desproporção entre os esforços e os resultados, e acabaram pensando que não valia a pena.

Apesar disso, estão sempre dispostos a retomar o caminho, porque pressentem que a oração é questão de vida ou morte para o projeto de sua vida.

As *causas* da secura são de tipos muito diversos:

1. Um ativismo descontrolado que desfaz a unidade interior.

2. A própria natureza da oração em que entram o silêncio de Deus, a escuridão da fé, a tendência da mente humana para a multiplicidade e a diversificação, a influência dos sentidos sobre as faculdades interiores.

3. As tendências patológicas de qualquer tipo que escapam ao diagnóstico, as indisposições corporais, as posições cansativas e incômodas. Mesmo sem ter uma doença concreta, uma pessoa pode sentir-se mal, de mau humor, com momentos de depressão, com uma forte instabilidade, melancolia ou um "não sei quê" indefinível. Certos defeitos hereditários, que no andamento normal da vida passam despercebidos, aparecem na oração com uma virulência especial, principalmente na linha da secura e da versatilidade.

4. A oração bem conduzida é uma atividade muito complexa, em que há uma tarefa intelectual, mas acima de tudo um trabalho sensitivo que afeta as energias emocionais. É preciso ter um equilíbrio emocional elementar.

5. As securas podem ser provas expressamente provocadas pelo Senhor. É uma lei constante na Bíblia submeter à prova a fé de quem se entregou: "Acho que o Senhor quer dar muitas vezes no princípio, e algumas vezes também posteriormente, esses tormentos e outras muitas tentações para provar os que o amam e poder saber se poderão beber o cálice e ajudá-lo a carregar a cruz, antes de colocar neles grandes tesouros".[7]

---

[7] Id. ibid., c. XI, n. 11.

Que fazer?

Quando chega o tempo da secura, os principiantes têm a tentação de empregar poderosas energias para vencer a secura. Em vão. A secura não se vence com braços e remos. "Quanto mais querem forçá-la nessas ocasiões, é pior, e o mal dura mais" – diz Santa Teresa.

Conheci pessoas que ficaram fatigadas por um grande dispêndio de energias. Logo são tomadas pela ansiedade e a impotência. Tudo isso, em vez de resolver a secura, a faz recrudescer. Tendo caído nessa espiral, há muitos que, na prática, preferem abandonar a oração como irremediavelmente fracassados.

Mais uma vez, os três anjos que nos vão acompanhar pela terra deserta para não sermos envolvidos e vencidos pela noite do desalento vão ser a paciência, a perseverança e a esperança.

A *paciência* para aceitar em paz uma disposição que tanto nos limita e nos tira a vontade de continuar caminhando. Não se consegue nada, repetimos, resistindo com o dispêndio de grandes energias para derrotar a secura. Não é atacando com exércitos compactos que se vence a este inimigo, mas, paradoxalmente, rendendo-se, abandonando-se. Ou melhor, aceitando-o.

> [...] não se canse, que é pior, nem perca tempo para dar um jeito em quem não o tem, mas reze como puder; e até melhor, não reze. Como doente, procure dar alívio a sua alma.[8]

---

[8] Id. ibid., c. XXIV, n. 3.

[...] não afoguem a pobre (alma). Passem este desterro como puderem, que já é bem tremenda aventura, para uma alma que ama a Deus, ver que vive nessa miséria.[9]

A *esperança* diz-nos que tudo vai passar, que nada é eterno. A esperança faz-nos saber que as primeiras leis do universo são as da contingência e da transitoriedade. Tudo está em perpétuo movimento. Nada é estático. Se tudo é efêmero e nada permanece, amanhã será melhor, passará a secura, virão dias melhores. O cristão deve tomar consciência disso. Já basta para abandonar a resistência, aceitar a secura e, aceitando-a, vencê-la.

Na travessia dessa região, quem vai nos acompanhar com uma assistência muito especial é a *perseverança*, filha da esperança.

É preciso tomar consciência de que as grandes conquistas da humanidade se conseguiram com uma tenaz perseverança. E ela é provada justamente nos momentos difíceis. Perseverar quando os resultados brilham, não tem mérito nenhum. Manter-se em pé quando uivam as tempestades e as trevas envolvem tudo, avançar quando a névoa impede a visão dois metros adiante, essa é a alma da perseverança.

Continuar agarrado à luz, quando se está no seio da noite fechada; brilhar incansavelmente como as estrelas eternas, quando as pessoas perguntam para que serve esse brilho, continuar a faina das redes estendidas quando não

---

[9] Id. *Vida*, c. XI, n.16.

cai um só peixe; baixar tantas vezes o balde no poço apesar de não tirar uma gota de água... isso é perseverar.

O grão de trigo, quando rompe a terra, persevera agarrado à vida, defendendo-se das geadas e das baixas temperaturas. A criança que aprende a andar cai e se levanta; torna a cair e torna a levantar-se com obstinada perseverança até que, depois de muito tempo, consegue manter-se em pé, correr e pular. O mesmo acontece com os inventores, com os sábios, os artistas: tudo o que há de grande na terra foi conseguido com uma ardente esperança.

Nossa geração tem uma dificuldade especial para perseverar, porque está acostumada com a rapidez, a produtividade e a eficácia, características da sociedade tecnológica. Quer resultados palpáveis; exige-os quase automáticos. A vida de oração, em vez, tem sintomas completamente opostos: os resultados são sempre imprevisíveis; o crescimento não é harmonicamente evolutivo; a ação de Deus é desconcertante por ser gratuita e a resposta do ser humano é versátil como sua natureza. Por isso, logo aparece o desânimo. Resultado? A perseverança torna-se muito mais difícil neste terreno. O importante é não abandonar a empresa e continuar.

A fé e a esperança acendem a chama da perseverança. E a perseverança é a garantia do êxito progressivo e final. Para tirar forças da fraqueza e para tirar perseverança da esperança, o cristão precisa apoiar-se decididamente na fé, que consiste não em *sentir*, mas em *saber*: saber que, apesar de não se ver o movimento, a graça se move; move-se porque a graça é vida e a vida é movimento. Não sinto o movimento de meu fígado, rins, intestinos... mas *sei*, tenho a certeza de que tudo isso está em perpétuo movimento. É a certeza da fé.

A fé toma o cristão e o conduz ao abandono: abandono nas mãos da secura, da escuridão, da impotência para rezar; não resiste a nada. Cheio de paz, deixa-se levar pela corrente da insensibilidade e da apatia. Virão dias melhores.

Atrofia espiritual

Os mestres espirituais só nos falam de três disposições: distração, secura, aridez. Mas a observação da vida me levou a "descobrir" outra disposição, possivelmente pior que as anteriores, muito frequente em nossos dias: a atrofia espiritual.

Com os músculos acontece o seguinte: pelo fato de não serem usados, perdem consistência e elasticidade. Não morrem, mas perdem vitalidade. Não têm mais energia, não servem mais para levantar pesos, correr. Atrofiaram-se. Não é a morte, mas é quase.

A imobilidade é sinal de morte e produz morte. Se a vida deixa de ser movimento, deixa de ser vida: os tecidos se endurecem e são dominados pela rigidez. Se deixarmos de gerar e de cuidar de uma planta, ela fica murcha, perde o vigor e começa lentamente a agonizar.

Com muitas pessoas acontece o mesmo. Passaram anos sem fazer um esforço ordenado, metódico, paciente e perseverante para entrar na comunhão profunda e frequente com o Senhor. Fizeram, durante muito tempo, uma oração esporádica e superficial. Inventaram mil racionalizações para justificar esta posição como: quem trabalha está rezando; devemos buscar Deus no homem... Com isso, tranquilizaram sua consciência, pelo menos até certo ponto. Puseram a reflexão no lugar da oração, a conversa partilhada no lugar da meditação. Pouco a pouco foram perdendo o sentido de Deus e o gosto da oração. Em seu íntimo aconteceu o seguinte: as energias que os místicos chamam de potências ou faculdades, por não serem ativadas, foram lentamente perdendo a elasticidade. Sem vigor, foram sendo cada vez menos utilizadas. Não utilizadas, foram entrando na contagem regressiva para a extinção.

Essas energias são o nó do laço entre a alma e Deus: é por essa ponte que vai e vem a corrente afetiva, vestida de intimidade, entre a alma e Deus. Extinguindo-se essas energias de profundidade, ficou interrompida a comunicação com o Senhor. Assim se perdeu a familiaridade com ele. Deus foi se tornando cada vez mais longínquo, vaporoso e inexistente. É claro que nessa situação ninguém tem vontade de rezar.

* * *

É nessas condições que muitos chegam aos *Encontros de Experiência com Deus*. Com frequência encontrei casos de causar pena.

Chegam com um desejo vivo de recuperar o sentido de Deus e o hábito da oração. Dentro da pedagogia dos *Encontros*, os participantes começam a dar os primeiros passos, apoiados na oração vocal, e, quase desde o primeiro momento, essas pessoas se sentem mal, como que fora de órbita.

Enquanto fazem leituras, manuseiam a Bíblia, escutam conferências e pensam um pouco em suas vidas, tudo vai mais ou menos bem. Mas quando procuram entrar em maior profundidade divina, acontece algo difícil de descrever. Sentem-se como perdidos em um mundo estranho: como se tudo fosse mentira, como se nada tivesse consistência, como se não estivessem pisando em terra firme.

Sentem a cabeça cheia de confusão: leram na vida tantos livros e revistas, escutaram tantas teorias, assumiram ideias tão contraditórias... Por outro lado, sua vida está cheia de fragilidades; os compromissos vitais e as ideologias mentais condicionaram-nos e os configuraram. Todo esse confuso submundo emerge diante de sua mente, justamente agora que pretendem entrar em si para o encontro com o Senhor. Como sua cabeça está familiarizada com mil coisas díspares e disparatadas, a fé e seu conteúdo encontram-nos etéreos e inconsistentes.

Não têm nenhum problema para refletir e fazem acrobacias teológicas sobre mil tópicos do Evangelho. Também não têm dificuldade para tratar sobre assuntos de fé e para as aplicações pastorais. Sua dificuldade – impotência – começa quando querem viver pessoalmente essa mesma fé.

Nesse momento, descobrem que sua fé está ferida. Orar, nessas condições, é como pretender voar com as asas machucadas. Escutaram e leram mil disparates sem pestanejar, nestes últimos anos. Todo mundo se sentia com o direito de dar opiniões. Chamavam de progressismo as aventuras para além do dogma e da ortodoxia. Derrubaram, a machadadas, os conceitos de autoridade e de tradição. Engoliram, com toda a tranquilidade, qualquer quantidade de erros. Sua fé foi recebendo golpes e mais golpes. Nem estavam percebendo porque viviam na periferia. Mas agora, quando querem entrar em níveis mais profundos para o encontro vivo com o Senhor, pela primeira vez, tomam consciência de sua impotência para voar.

É uma situação que os surpreende. É uma descoberta amarga que não esperavam: não conseguem orar. Estão inválidos. Sentem, por outro lado, que a vida com Deus é para eles assunto de vida ou morte, em que se joga o sentido de sua vida. E começam a navegar entre o desejo e a impotência.

Muitos deles me fizeram as mais tristes confidências: "tenho sido um frívolo"; "dilapidei as esmeraldas mais preciosas". Tantas vezes me disseram que a fé é um tesouro frágil, que precisa de todos os cuidados; descuidei-a como se fosse um objeto de segunda necessidade. Que me sobra agora? Não posso alçar voo. Sem oração, minha vida não tem sentido, e não posso rezar.

Mas, pelo menos, esses estão inquietos, desejam recuperar-se e se esforçam. Há outros que estacionaram em uma mediocridade espiritual e não têm nenhum desejo de sair desse estado. Não sofrem por causa disso. Estão satisfeitos com seus êxitos. No apostolado e em outras atividades de tipo profissional encontram ampla compensação. Sentem-se realizados e não lhes falta nada. Não se preocupam pela vida com Deus. Estão contentes com um temperamento bem estruturado para se equilibrarem entre os vaivéns da vida. Para que mais? E se ajeitaram para viver como se Deus não existisse. São os *atrofiados satisfeitos*.

Para esses não se vislumbra nenhuma solução. O maior escolho é sua própria satisfação. Mas existe salvação para os outros, para os inquietos. Que fazer?

Deverão levar em consideração as orientações que apresentamos em diversos pontos deste livro sobre a paciência, a constância e a esperança, assim como sobre a natureza da vida da graça e seu crescimento. Precisam dar os primeiros passos como quem reaprende a andar. Deverão apoiar-se na oração vocal, salmos, leitura meditada etc. E, com infinita paciência e obstinada fidelidade, continuar a subir. Também poderão aproveitar-se das orientações práticas que apresentamos aqui sobre a secura e a aridez.

Aridez

A aridez é uma prova de impotência e de falta de vontade para se aplicar no relacionamento com Deus, coisa que, em outros tempos, causava tanto prazer e devoção. Costuma acontecer com as almas que empreenderam a sério a ascensão para Deus.

Em minha opinião, a aridez, como vamos descrever, é equiparável quase totalmente às "noites do espírito" de São João da Cruz.

Trata-se de uma verdadeira desolação. As almas situadas nesse estado falam assim: "Não sinto nada. Tudo me aborrece, até me repugna". Como Cristo no Getsêmani, "tenho tédio" (Mt 26,37). Querer rezar é um tormento. Já tive tanta felicidade com Deus... Já passaram dois meses nesse estado de aridez, e eu me sinto como uma pedra. Deus está longe, ausente, nem sei se existe. Se eu soubesse que, depois de um ano de aridez, me haveria de aparecer o rosto de Deus... Mas quem sabe se o Senhor não vai voltar nunca mais?

Não há noite que se possa comparar com essa escuridão. A alma até pode chegar a ter a tentação de dizer: "Oxalá nunca tivesse 'conhecido' a Deus!". Em alguns momentos, poderia repetir as palavras de Jesus: "Morro de tristeza" (Mt 26,38).

> A primeira purgação ou noite é amarga e terrível para o sentido... A segunda não tem comparação, porque é horrenda e espantosa para o espírito.[10]

Essas provas são recebidas pelas almas adiantadas, e se não tivesse a lembrança dos felizes encontros com Deus no passado, virariam definitivamente as costas para a vida com Deus. E se a alma experimentou muito vivamente, em tempos passados, a felicidade do tratamento com Deus, a prova da aridez poderia parecer-se com o próprio inferno.

> Porque são destes que verdadeiramente descem ao inferno, pois são purificados aqui da mesma maneira que lá...[11]

No meu entender, assim como a distração e a secura são fenômenos que ocorrem nos primeiros passos e geralmente são explicáveis por princípios psicossomáticos, a aridez, ao contrário, é uma prova enviada expressamente

---

[10] JOÃO DA CRUZ, São. *Noite escura*, lib. I, c. VIII, n. 2.

[11] Ibid., c. XI, n. 11.

por Deus; é profundamente purificadora e acontece com as almas habituadas a uma grande familiaridade com o Senhor. São muitas as pessoas um tanto superficiais na oração, as quais quando chegam as securas, abandonam definitivamente a oração. Até mais: se nesse momento de fragilidade são tomadas por uma crise forte, abandonam a instituição religiosa ou sacerdotal. Mas há almas envoltas na tormenta da aridez as quais, mesmo sofrendo espantosa e prolongadamente, não abandonam a oração.

A aridez é fundamentalmente uma sensação de ausência. Se uma pessoa desconhece ou é indiferente à outra, e esta se ausenta, a primeira fica insensível. Mas se se amam intensamente, quando uma delas se ausenta, a outra fica triste e desolada. Quanto maior o amor, maior a desolação.

> *Acaba com meus enjoos,*
> *pois ninguém consegue desfazê-los,*
> *e que meus olhos te vejam,*
> *pois és a sua luz,*
> *e só para ti quero tê-los*

> *Descobre tua presença,*
> *que me mantém tua vista e formosura;*
> *olha que dor*
> *de amor não se cura*
> *a não ser com a presença e a figura.*[12]

O trágico da aridez é que a alma sofre tal desconcerto interior que não entende que a causa de tudo é a ausência

---

[12] Id. *Cântico Espiritual.*

de Deus. Tem a impressão de que tudo é mentira, ou que tudo acontece por uma fatalidade irracional, ou que Deus não é nada. Psicologicamente falando, a sensação de aridez é provavelmente equiparável ao que os antigos chamavam de "tédio da vida", embora em intensidade muito mais aguda.

Geralmente, essas tormentas purificadoras costumam ser acompanhadas por incompreensões sociais, calúnias, acusações injustas, deserções de amigos, e tudo envolto em enigma e escuridão. Deus faz convergir tantas casualidades para desvencilhar a alma das mil ataduras que a prendem a si mesma. Não há alma escolhida que se veja livre dessas provas purificadoras.

> Por isso, irmãs, se assim vos virdes alguma vez, não penseis que os ricos e os que estão em liberdade terão melhor remédio para esses tempos. Não, não; eu acho que se pusessem todos os prazeres do mundo diante dos condenados, não seriam suficientes para aliviá-los, antes, aumentariam o tormento. Aqui também é assim: vem de cima e as coisas da terra não adiantam nada.[13]

É certo que no terreno psicológico podem acontecer fenômenos parecidos com a aridez, como o fastio e a vontade de morrer. Nas almas muito avançadas no mistério de Deus, um temperamento dessas tendências poderia aumentar até à exasperação a aridez espiritual. Será impossível determinar até onde influi Deus e até onde influi o fator temperamental. Todavia, não nos esqueçamos de

---

[13] TERESA D'ÁVILA, Santa. *Moradas*, VI, c. I, 13.

que temperamentos radiantes como os de São Francisco de Assis e Santa Teresa sofreram agudamente a investida da aridez e da escuridão.

Portanto – sem desconhecer a possível influência do temperamento – a aridez é uma prova de Deus para purificar, libertar, curar, queimar, transformar e unir. O mistério trabalha muito por baixo das aparências, e os mecanismos psicanalíticos não podem chegar sequer à soleira do mistério.

Para consolação das almas que passaram ou podem passar por situações semelhantes, vou transcrever este formoso parágrafo de Santa Teresa:

> Que vai fazer essa pobre alma quando muitos dias forem assim? Porque se reza, é como se não rezasse. Digo-o para sua consolação. Porque não se admite no interior e nem sequer entende o que ela mesma reza, mesmo quando a oração é vocal, pois para a oração mental esse tempo não serve de maneira alguma, uma vez que as potências não estão para isso. A solidão até lhe faz mal maior, porque já é um outro tormento estar com alguém, ou que lhe falem.
>
> E assim, por mais que se esforce, ainda exteriormente com uma insipidez e tão má condição, que só vendo. Saberá o que tem? É indizível, porque são apertos e penas espirituais a que não sabemos dar nome.[14]

A aridez é o prolongamento do drama do Getsêmani. No monte das Oliveiras, em uma noite clara do mês de Nisan, uma noite escura apoderou-se de Jesus. Sua alma chegou

---

[14] Ibid., VI, c. I, 13.

ao fundo da aridez. As almas que o experimentaram em "alta voltagem" costumam usar expressões parecidas com as de Jesus naquela noite (Mt 26,30-46; Lc 22,39-45; Mc 14,26-43). Todos os que se debatem na luta da noite árida participam daquela depressão crítica de Jesus.

Que fazer? Continuar em pé, ficar acordado, velar com Jesus ainda que nossa alma esteja desgarrada e aniquilada. A fé e a esperança devem iluminar como um fraco candeeiro a noite do Monte das Oliveiras, essa fé e esperança que nos dizem que por trás de toda noite há uma aurora. Sim, amanhã vai surgir o Sol.

Que fazer? Não se deixar abater pelo desânimo. Esperar contra toda esperança. Resistir à escuridão, aceitando-a. Vencer o transtorno com o humilde abandono. Não desanimar se a noite se prolongar. Velar sem dormir durante a noite toda, junto a Jesus, acompanhando-o com amor, com esperança, com carinho.

Uma "rainha" para as "noites"

Chamam a atenção as descrições sublimes das noites purificadoras, feitas por São João da Cruz. Já vimos a concretude feminina com que Santa Teresa as descreve.

Mas não há dúvida de que, no terreno das noites áridas, modelo e rainha é a Santinha de Lisieux. Não só pela clareza com que se expressa ou pela força simples e dramática de suas descrições, como, principalmente, pela inteireza com que as viveu em uma perpétua atitude de abandono. Como há tantas almas nesse purgatório da aridez (elas talvez se imaginem no "inferno" pela atroz ausência do

Amado), vou apresentar alguns comovedores testemunhos de Teresinha, para seu consolo.

Antes de vestir o hábito, recém-saída do mundo, escreve a uma monja, em janeiro de 1889:

> Ao lado de Jesus, nada. Secura...! Sonho!

Chamando-se de *cordeirinho*, evoca o trágico silêncio de Deus com uma linguagem infantil, em outra carta do mesmo ano:

> O pobre cordeirinho não pode dizer nada a Jesus; e principalmente, Jesus também não lhe diz absolutamente nada.

No mesmo ano, com fina ironia e simbolismo, juntando a simplicidade da expressão à grandeza patética, diz:

> O cordeiro se engana crendo que o brinquedo de Jesus não está em trevas; está abismado nelas... Talvez, e o cordeirinho está de acordo, essas trevas sejam luminosas, mas não deixam de ser trevas...

Passaram-se dezoito meses. Vai comprometer-se com Deus pela aliança da profissão. Prepara-se para emitir os votos com o fervor que todos experimentamos nessa oportunidade. Sente-se, porém, como uma fonte esgotada no meio do deserto, e escreve a uma irmã:

> Não julgue que não penso em nada. Numa palavra, estou em um subterrâneo escuro.

Nenhum de seus diretores espirituais é capaz de conjurar sua aridez. Deus é para ela "aquele que sempre se cala". Ela, porém, continua em paz, absolutamente abandonada. E mesmo sem ver nada, sem sentir nada, vislumbra por baixo de todas as aparências a presença do Amado que inspira e edifica:

> Meu amado instrui minha alma, fala-lhe por meio do silêncio, por entre as trevas.

Ainda está em sua primeira juventude, tem apenas 19 anos, e já vislumbramos nela uma maturidade desproporcionada para a idade. É uma frágil mulher, mas dispõe de uma sabedoria acabada. Em sua vida há um mistério que desconcerta: possui uma inteligência privilegiada, porém não entende o que lê. Ela escreve a uma irmã:

> Não pense – escreve a uma irmã – que estou nadando em consolações. Oh! Não! Minha consolação é não ter consolação na terra. Sem se mostrar, sem me fazer ouvir interiormente sua voz, Jesus me instrui em segredo; não por meio de livros, porque não entendo o que leio.

É uma mulher de uma fortaleza única. Em sua vida não há fatos extraordinários. A única coisa extraordinária é a densidade e persistência do silêncio de Deus sobre a sua vida. Contudo, ela vive sossegada. Sente-se pobre e confiante como uma criança. Deixa-se levar. Nem se queixa da escuridão ou da aridez. Aceita-as até com alegria. Com vertiginosa rapidez, vai devorando as distâncias da santidade; com o simples abandono, vai queimando etapa após etapa. Imaginando-se uma prometida, assim descreve seu itinerário:

> Antes de partir, parece que seu Prometido perguntou para que país queria ir e que caminho queria tomar... A pequena prometida respondeu que tinha um só desejo: chegar ao alto da montanha do amor. Para lá chegar, havia muitos caminhos...
> Então Jesus me tomou pela mão e me fez entrar em um subterrâneo onde não faz frio nem calor, onde não brilha o Sol, aonde não chegam nem a chuva nem o vento. Um subterrâneo onde não vejo senão uma claridade meio velada, a claridade que espargem ao redor os olhos baixos do rosto do meu Prometido... Não percebo se estamos avançando para o cume da montanha, porque nossa viagem é por baixo da terra; mas me parece que estamos nos aproximando, sem saber como.[15]

Eis um modelo de conduta a seguir na aridez. Não se deixar dominar pelo desalento. Crer e esperar contra todas as aparências. Caminhamos por um subterrâneo, mas estamos escalando a montanha. Como? Não sei; ela sabe. Deus se cala. Entretanto, eu sei que, sem ninguém perceber, o Senhor instrui minha alma no meio do silêncio. Consolação? Talvez não haja até o dia da eternidade. A consolação é a esperança. Abandonar-se, esperar e velar com Jesus na longa noite da aridez, essa é a atitude.

---

[15] TERESINHA DO MENINO JESUS, Santa. *Carta à Madre Maria Inês*, setembro de 1870.

CAPÍTULO IV

ADORAR E CONTEMPLAR

"A noite sossegada,
a música calada,
a solidão sonora,
a ceia que recreia e enamora."
São João da Cruz

"Descobre tua presença,
e mate-me tua vista e formosura;
olha que a dor do amor não se cura
a não ser com a Presença e a Figura."
São João da Cruz

Em pleno meio-dia ardente, Jesus, coberto de pó e de sol, atravessa a província da Samaria pela agreste garganta que se abre entre os montes Ebal e Garizim. No cume desse último, os cismáticos de Israel, que eram os samaritanos, tinham erigido um templo relativamente modesto, como réplica e desafio ao templo de Jerusalém. Em torno desse monte desenvolvia-se a vida dos samaritanos. Tal rivalidade entre judeus e samaritanos remontava aos dias longínquos da volta do cativeiro da Babilônia.

Ao sair da garganta, Jesus entrou no vale que se estende desde Siquém até Nablus. À entrada do vale levantava-se Sicar, cidade enfeitada de lendas que remontavam aos dias de Jacó. Perto da cidade havia um poço de uns 30 metros de profundidade. Jesus, cansado, sentou-se à beira do poço. Era meio-dia.

Aconteceu uma cena estranha. Com um cântaro à cabeça, chegou da cidade uma mulher com muita vida e longas histórias para contar. Jesus pediu-lhe água para aliviar a sede. Ela achou o pedido estranho. Mas bem depressa os dois iniciaram uma conversa de alto voo. A certa altura, soou pela primeira vez, em tão singular ambiente, uma palavra com grande peso de eternidade: *adorar*.

Entre digressões e desvios do tema geral, Jesus pôs-se a dizer: "Mulher, vocês samaritanos dizem que é no pico do Garizim que se deve adorar o Pai. Os judeus, ao contrário, dizem que o lugar de adoração é o templo de Salomão. Mas eu lhe digo: nem aqui nem lá. Em outro 'templo', minha filha. Olhe: Deus é espírito; você não é espírito, mas tem espírito por ter sido plasmada à imagem e semelhança de Deus. Você é portadora de um hálito divino e imortal. Pois bem, se Deus é espírito e você tem espírito, o espírito é o verdadeiro 'lugar' do encontro com o Pai. Os verdadeiros adoradores, de agora em diante, devem adorá-lo 'além' dos ritos, templos, cerimônias e palavras: adorarão em espírito e verdade. E é desse tipo de adoradores que o Pai está precisando, e os deseja" (cf. Jo 4,1-27).

Para o interior

Um poema oriental diz o seguinte:

> Eu disse à amendoeira:
> Irmã, fala-me de Deus.
> E a amendoeira floresceu.

Mas o rosto não vai florescer tão facilmente. Esse rosto bendito está coberto de densas neblinas, sempre longe, lá no mar do tempo. Nós temos que içar as velas e remar sem cessar por entre as ondas hostis da dispersão, das distrações e securas, avançar sempre adentro pelo mar do silêncio, com a ajuda de métodos psicológicos, para atingir o Centro que concentrará e aquietará todas as expectativas do coração.

Os vestígios da criação, as reflexões comunitárias e as orações vocais podem fazer-nos presente o Senhor, mas de maneira reflexa e desbotada. A fonte viva e profunda está longe. A gente pode saciar a sede nas águas frescas da torrente. Contudo, a origem dessas águas está lá em cima, no glaciar das neves eternas.

Quanto mais a alma experimenta Deus, mais suspira pela própria Fonte, pelo Glaciar.

> Não quero que me envies, hoje,
> mais um outro mensageiro
> que não sabe dizer o que eu quero.

Vendo que não há nenhuma outra coisa que possa curar seu sofrimento senão a presença e a visão de seu Amado, desconfiada de qualquer outro remédio, essa canção pede que lhe dê a posse de sua presença.[1]

Para além dos vestígios, dons e graças, a alma busca, pretende, não a água, mas o próprio Manancial. Busca essa quieta, identificadora e inefável relação eu-tu; busca – como dizê-lo? – essa comunicação profunda de presença para Presença, essa interação e inter-relação de consciência para Consciência.

Entretanto, uma vez mais, através das sombras, Deus começa a se manifestar à alma. Todavia, é como o sol derramando-se através de espessa ramaria em um bosque muito denso. É o Sol, mas não é o Sol, são partículas do Sol derramado através da espessura.

> Oh! fonte cristalina!
> Se, nesses teus semblantes prateados,
> formasses, de repente,
> os olhos desejados
> que tenho em minhas entranhas desenhados![2]

É este, em outras palavras, o anelo ardente expresso numerosas vezes pelos homens de Deus na Bíblia. O rosto de Deus é uma expressão bíblica para significar a presença viva de Deus; e essa presença se engrossa e se condensa quando a fé e o amor fazem com que as relações da alma com Deus sejam mais profundas e mais íntimas.

A alma tem de entender muito bem que essa presença é sempre escura. Todavia, permanecendo escura, faz-se

---

[1] JOÃO DA CRUZ, São. *Cântico*, 6,2.
[2] Ibid., 12.

mais viva. Quero dizer que, quando a fé e o amor se intensificam, então percebem-se com maior clareza os traços de Deus, tornam-se mais vivos. A claridade não se refere às formas, porque Deus não as tem, mas sim à densidade e segurança de sua presença. Eu posso estar em uma noite escura "com" uma pessoa. Mesmo que não nos vejamos, nem nos toquemos e estejamos em completo silêncio olhando as estrelas, posso "sentir" vivamente sua presença, "sei" que está ali.

Quando a alma procura entrar em comunicação com o Senhor, a primeira coisa que tem de fazer é vivificar a Presença do Senhor, depois de dominar e recolher as faculdades. A alma precisa ter muito claro que Deus está objetivamente presente em seu todo inteiro, ao qual comunica a existência e a consistência. Deverá lembrar que Deus nos sustém. Não é o caso da mãe que leva a criança em suas entranhas. Em nosso caso, Deus nos penetra, envolve e sustém.

Deus está além e aquém do tempo e do espaço. Está em torno de mim e dentro de mim, e alcança com sua presença ativa até as zonas mais afastadas e profundas da minha intimidade. Deus é a alma de minha alma, a vida de minha vida, a realidade total e totalizante dentro da qual estamos mergulhados. Com sua força vivificante penetra tudo quanto temos e somos.

Procurarei dizer tudo isso em um poema.

> Não estás. Não se vê teu rosto.
> Estás.
> Teus raios dispararam em mil direções.
> És a Presença escondida.

Ó Presença sempre obscura e sempre clara!
Ó Mistério fascinante
para o qual convergem todas as aspirações!
Ó Vinho embriagador que satisfazes
a todos os desejos!
Ó Infinito insondável que acalmas todas as quimeras!

És o Além de tudo e o Aquém de tudo.
Estás substancialmente presente em meu ser inteiro.
Tu me comunicas a existência e a consistência.
És a essência de minha existência.

Tu me penetras, me envolves, me amas.

Estás em torno de mim e dentro de mim.
Com tua Presença ativa atinges as mais remotas
e profundas zonas de minha intimidade.
És a Alma de minha alma, a Vida de minha vida,
mais "Eu" do que eu mesmo,
a realidade total e totalizante
dentro da qual estou submerso.
Com tua força vivificante penetras
tudo quanto sou e tenho.
Toma-me todo inteiro, ó Todo de meu todo,
e faze de mim uma transparência viva de teu Ser
e de teu Amor.

Apesar de tão estreita vinculação, não há simbiose
nem identidade, e sim uma presença ativa, criadora e vivificante. O salmista expressa essa realidade última do
homem com incomparável expressão poética: "Todas as
nossas fontes estão em vós" (Sl 86). A recitação pausada

de alguns salmos, no começo da oração, pode servir para fazer Deus "presente".

É preciso avançar para o interior, porque só em nosso interior percebemos Deus. A sabedoria desta contemplação é a linguagem de Deus para a alma, do espírito puro para o puro espírito. Tudo é secreto e não sabem nem podem dizer, nem têm vontade, porque não o veem.[3] As pessoas que se movem no mundo dos sentidos e são dominadas por eles não serão capazes de experiência religiosa, ao menos enquanto permanecerem sob esse domínio.

O Doutor místico distingue como que uma periferia da alma que ele imagina como arrabaldes buliçosos. Seriam os sentidos e a fantasia um mundo que, por sua agitação, impede de observar as paisagens interiores. Avançando mais para dentro, o santo distingue a região do espírito, que é uma "profundíssima e amplíssima solidão [...] deserto imenso que não tem fim de nenhum lado".[4]

É o que chamamos de *alma*, uma região fronteiriça entre o homem e Deus, quero dizer, é simultaneamente uma realidade humana e teatro da ação divina, um universo realíssimo como uma parede que tocamos, mas cuja percepção escapa ao comum dos homens, porque vivemos na periferia. Os homens interiores o distinguem e percebem nitidamente, embora também eles tenham dificuldades para pôr isso em palavras.

---

[3] Id. *II Noite* 17,4.

[4] Ibid., n. 6.

> O centro da alma é Deus, e quando a alma tiver chegado a ele com toda a capacidade de seu ser e com toda a força de sua operação e inclinação, terá chegado ao último e mais profundo centro de si mesma em Deus, o que vai acontecer quando entender, amar e gozar a Deus com todas as suas forças [...].[5]

É assim que o santo explica como a alma é a região fronteiriça entre Deus e o homem: dizendo que a profundidade da alma é proporcional à profundidade do amor. O amor é o peso que inclina a balança para Deus porque, mediante o amor, a alma se une com ele, e se concentra tanto mais profundamente em Deus quanto mais numerosos forem os graus de seu amor.

Para que a alma esteja em seu centro (que é Deus) basta que tenha um grau de amor. Quanto mais graus de amor a pessoa tiver, conseguirá na mesma proporção ir centrando-se e concentrando-se em Deus, em círculos cada vez mais interiores. E se chegar ao último grau de amor divino, terá aberto o último e mais profundo centro da alma.

Por isso, pode acontecer que se vão cavando sucessivas profundidades na substância da alma. Em cada profundidade, o rosto de Deus brilha mais, sua presença é mais patente, o selo transformador é mais profundo e o gozo mais intenso. Entenda-se bem: sou obrigado a falar em figuras, quero dizer, *perceber, distinguir*. A alma (com Deus) é inalterável. Na medida em que se vive a fé, o amor e a interioridade, distinguem-se novas zonas.

---

[5] Id. *Chama* 1,12.

Essa grandiosa realidade é simbolizada por Santa Teresa com as diversas salas de um castelo, como dependências cada vez mais interiores.

Por isso, diz Jesus: "Se alguém me ama, guardará minha palavra, e meu Pai o amará e viremos a ele, e nele faremos nossa morada" (Jo 14,13). Quanto maior o amor, uma morada mais interior e mais arraigada. Nessas regiões profundas de si mesmo é que a alma vai experimentar a presença atuante e transformadora de Deus.

1. O ENCONTRO

A oração de intercessão e também a de louvor estão povoadas de pessoas: roguemos pelos doentes, pelos missionários, pelo Santo Padre etc. Na *adoração*, desaparece todo mundo e ficamos só ele e eu. E se não conseguirmos ficar a sós, ele e eu, não há encontro verdadeiro. Eu poderia estar em uma assembleia de oração, entre cinco mil pessoas rezando e aclamando. Mas se eu, em minha última instância, não ficar a sós com o meu Deus, como se ninguém sequer respirasse no mundo, não haverá encontro real com o Senhor.

Vamos dizer logo que todo encontro é intimidade, e toda intimidade é um recinto fechado. Tudo o que é decisivo é solitário: as grandes decisões são tomadas a sós, a gente morre sozinha, sofre sozinha, o peso da responsabilidade é o peso de uma solidão, o encontro com o Senhor consuma-se a sós, mesmo na oração comunitária.

Portanto, o encontro é a convergência de duas "solidões".

Esse é o grande desafio para chegar ao encontro de adoração: como chegar, através do silêncio, à minha solidão e à "solidão" de Deus. E para conseguir isso, que fazer para silenciar (isolar, desligar) os clamores de fora, os nervosismos, as tensões e toda a turbulência interior até perceber, em pleno silêncio, o meu próprio mistério? E em segundo lugar, como atravessar o bosque de imagens, conceitos e evocações sobre Deus e ficar com o *mesmíssimo* Deus, com o Mistério, na pureza total da fé.

Além da evocação

Ao cair da tarde, escutamos uma música evocativa. Essa melodia, revestida com esse colorido orquestral, neste momento de fé, não sei por que molas misteriosas, desperta vivamente em mim o meu Deus. Mas se eu, concentrando toda a minha atenção, conseguir "ficar com" o *mesmíssimo* Senhor, já se esvaiu a música, mesmo que continue tocando. O Senhor Deus está além da evocação. Ou melhor, quando me conecto com o Evocado, desaparece a evocação. Que fazer para me ligar com a "solidão pura" de meu Deus?

Neste amanhecer, nós nos submergimos no coração da natureza. Este conjunto de cores, formas e tonalidades, esta embriagadora variedade de harmonia e vida, desperta em mim, não sei por que inefável encanto, a presença vibrante e amorosa de Deus, meu Pai. Mas se eu, concentrando as energias dispersas e na fé pura estabelecer com meu Deus uma ligação atencional ficando a sós com ele, desaparecem as montanhas, as flores e os rios, mesmo que continue brilhando o sol. Deus está "além", o que não quer dizer que esteja distante, mas que *ele mesmo* é muito diferente da imagem com que o revestimos. Quando o Evocado aparece, desaparece a evocação.

Nesta noite serena, saímos para o descampado. Contemplamos longamente, em silêncio, essa abóbada profunda, e dizemos: "esse firmamento estrelado, para além dos anos-luz e das distâncias siderais evoca para mim o mistério palpitante de meu Deus, eterno e infinito. Mas se na fé pura entro em uma corrente de comunicação pessoal com o *mesmíssimo* Eterno, esfumam-se as estrelas como que por mágica". Este é o problema: como chegar à "solidão" de Deus e ficar com *ele mesmo* na Presença simples e total? Como estabelecer a sintonia de mistério-a-Mistério?

Devido a sua natureza transcendente e a nossos processos cognoscitivos, nós vestimos Deus com imagens e formas conceituais. Mas ele mesmo, repetimos, é muito diferente de nossas representações. Para adorá-lo em espírito e verdade, temos de despojar o Senhor de todas essas roupagens que, mesmo que não sejam falsas, pelo menos são imperfeitas e ambíguas. Temos de "silenciar" Deus.

Será bom apoiar-se na criação para orar. Para alguns pode ser a maneira mais eficaz de adoração. Boa coisa será assistir a aulas de Teologia em que o mistério de Deus é transmitido em conceitos. Mas os profetas vêm dos desertos, lá onde, sobre a plataforma inapelável da monotonia, emerge o Senhor em sua "solidão", em sua substância iniludível, em sua pessoa inalienável. No jardim ou no campo, mil reflexos distraem, os sentidos se entretêm, e a alma se conforma com os reflexos de Deus que dançam entre as criaturas. Todavia, no deserto, na fé pura e na natureza despojada, Deus refulge com luz absoluta.

Não estamos querendo dizer que para adorar precisemos buscar as areias ardentes de um deserto. Falamos figuradamente. O que precisamos é de certos elementos do que significa "deserto": o despojamento da fé, o silêncio e a solidão. E isso, se não todos os dias, pelo menos para os encontros dos tempos fortes.

Deus é "só", o homem é "só". Avancemos para a convergência dessas duas "solidões".

Última estância

Sentir-se só é como sentir-se solitário. Algo negativo. Porém, perceber-se só é tomar consciência de que, como eu não há nem haverá outro no mundo: só eu e só uma vez; meu mistério, algo inefável, singular, inédito. Pelo silenciamento dos clamores exteriores, e principalmente dos interiores, chega-se à percepção da própria solidão (interioridade, identidade). O que impede, pois, a percepção (posse) de minha própria identidade é a dispersão interior em que a pessoa é dissociada em lembranças, sensações, projetos, preocupações que a desagregam de tal maneira que ela acaba sentindo-se como um montão de pedaços de si mesma. Se não se é (se sente) unidade, não se pode "possuir" o próprio mistério. Nesse caso, é impossível o encontro real com Deus que sempre se consuma de unidade para unidade.

O homem não é um ser acabado, mas um ser "por fazer-se", por obra de sua liberdade (GS 17).

Uma pedra, uma árvore, são seres plenamente realizados dentro das fronteiras ou limites de sua essência. Quero dizer: não podem dar mais do que dão, não podem ser mais perfeitos do que são. Igualmente um gato, um cachorro. São seres fechados, acabados, "perfeitos" dentro de suas possibilidades.

O homem não. Originalmente, ele é um "poder-ser". É o único ser da criação que pode sentir-se irrealizado, insatisfeito, frustrado. E por isso é, entre os seres criados, o único que tem capacidade para superar as barreiras de suas limitações. Por outro lado, também é o único ser capaz de autotransparência, de transcendência e de liberdade. Numa palavra, é um ser aberto, capaz de um encontro pessoal com Deus, de um diálogo com seu Criador.

* * *

O Concílio apresenta o ser humano como um ser magnífico, "centro e ponto culminante de todos os bens" (GS 12), carregando em suas profundidades a imagem de Deus, portador de germes ilimitados de superação e principalmente "com capacidade para conhecer e amar seu Criador". O homem distingue-se dos outros seres principalmente porque tem uma zona interior de solidão, que é o "lugar" do encontro com aquele que é o Absoluto e o Transcendente.

> Por sua *vida interior*, o homem excede a universalidade das coisas. Ele penetra nesta intimidade profunda quando se volta ao seu coração, onde o espera Deus, que perscruta os corações, e onde ele pessoalmente, sob os olhares de Deus, decide a sua própria sorte (GS 14).

Trata-se, portanto, de uma zona interior e secreta, para onde o ser humano terá de descer, se desejar um encontro face a face com Deus; mas também é um lugar onde mais ninguém pode entrar: "[...] o núcleo mais secreto e o sacrário do homem, em que ele se sente *a sós* com Deus, cuja voz ressoa em seu recinto mais íntimo" (GS 14).

Parece que, com isso, o Concílio quer dizer que, se essa zona de solidão não estiver habitada por Deus, o ser humano sentirá uma solidão despovoada e vazia. E é aí que a palavra solidão adquire um sentido trágico, convertendo-se no inimigo número um do homem.

É nesse "espaço de solidão" que Deus espera o ser humano para o diálogo, para fazê-lo participar de sua vida, e para plenificar e dar fundamento às altas energias da criatura.

Isso significa, por sua vez – sempre segundo o Concílio –, que o valor máximo para a estrutura psíquica do ser humano é o Deus que o convida ao diálogo na interioridade. Para esse valor máximo tendem as energias vitais, quando busca o silenciamento para a contemplação (GS 8). Tudo isso leva à sabedoria, que é o resultado final da plenificação desse "espaço de solidão"; impregnado de sabedoria, o homem passa das coisas visíveis às invisíveis (GS 15), isto é, para o Deus absoluto.

* * *

Vou completar essas ideias com outras palavras. Quando a pessoa *capta* experimentalmente a si mesma, percebe que "consta" de diferentes níveis de profundidade ou interioridade, como se fossem diferentes andares de um prédio.

Entre esses níveis e além deles, o ser humano percebe em si mesmo algo como uma *última estância* onde ninguém pode entrar a não ser aquele que não é afetado pelo espaço, justamente porque essa estância não é lugar, mas *algo*. Quando se estava elaborando a teologia escolástica e todos estavam buscando a definição de pessoa, João Duns Scotus disse que a pessoa é a *última solidão do ser*.

Em seus momentos decisivos, o ser humano percebe vivamente que *é uma solidão* (identidade inalienável e única), por exemplo, na agonia. Nesse momento, a pessoa pode estar rodeada pelos seus entes mais queridos, que, com sua presença, palavras e carinho, procuram "estar com ela", acompanhando-a na travessia decisiva.

Os carinhos e as palavras não passarão de sua pele ou de seu tímpano. Em sua última estância, onde *ela mesma* é diferente de todos, a pessoa que está partindo continua completamente solitária e não há consolações, palavras ou presenças que cheguem até "ali". Tudo fica na periferia da pessoa. Podem estar junto dela. "Com" ela – em sua última e definitiva profundidade – ninguém está nem pode estar. É como se dissesse: "Amigos, eu vou e ninguém de vocês pode vir comigo". Nas horas decisivas é que se torna transparente o fato de ser solidão (*mesmidade*, ela mesma).

Há, portanto, na constituição da pessoa, algo que lhe parece ser ela mesma, diferente de todos e que, como uma faixa de luz, atravessa e ocupa toda a esfera da personalidade, dando-lhe propriedade, diferenciação e identificação. Essa solidão (ser *ela mesma*) percebe-se quando silencia todo o ser: seu mundo mental, corporal e emocional. De tal maneira que, na hora de experimentar, confundem-se ou se identificam as duas expressões: silêncio e solidão. A percepção de si mesmo (solidão) é o resultado do silenciamento total.

A percepção possessiva de seu mistério é o "lugar" da adoração. Nesse "templo" é que se adora em espírito e verdade, como pedia Jesus, e se chega à convergência profunda dos mistérios.

Entra e fecha as portas

No alto da montanha, erguido sobre uma rocha diante de uma multidão, Jesus tinha proclamado o programa do Reino. Estava dizendo que, para adorar, não são necessários nem um palavreado abundante, nem fímbrias largas nem trombetas de prata. Basta entrar no aposento interior, fechar bem as portas, encontrar-se com o Pai que está no ponto mais secreto e ficar com ele (cf. Mt 6,6).

Quero traduzir essas palavras em outra linguagem, ampliando o horizonte de seu significado. Acima de tudo, não se trata de um encontro de pessoas de carne e osso, que apertam as mãos para se cumprimentar e se sentam cada uma em sua cadeira para conversar. É fácil fechar as portas de madeira e puxar as cortinas das janelas de vidro. Trata-se, aqui, de algo muito mais impalpável. Este aposento interior é outro "aposento", estas portas são outras "portas", e este entrar é outro "entrar".

Dissemos que todo encontro é intimidade e toda intimidade é recinto fechado, e recinto fechado significa silenciamento de tudo e o acender de uma "solidão" (presença de si mesmo ou "insistência"). É um encontro singular de duas pessoas singulares que se fazem mutuamente presentes em um aposento particularmente singular: em espírito e verdade.

Nunca me cansarei de repetir o seguinte: para que Deus "apareça", para que sua presença, na fé, se torne densa e consistente, é necessária uma atenção aberta, purificada de todas as aderências circundantes, a fim de preparar uma acolhedora "sala de visitas", vazia de pessoas. Numa palavra, um recipiente para acolher o Mistério. Quanto mais silenciarem as criaturas e as imagens, quanto mais despojada estiver a alma, tanto mais puro e profundo será o encontro.

É impressionante a insistência de São João da Cruz a esse respeito em todos os seus livros.

> Aprendei a estar vazios de todas as coisas, tanto interiores como exteriores, e vereis como eu sou Deus (2 Subida 15,5).

A meu ver, a maioria dos cristãos fica fora das experiências fortes de Deus porque não faz esse difícil e imprescindível trabalho prévio do encontro. Compreendo que para nós, pobres mortais carregados pelo torvelinho da vida, não é fácil fazer todos os dias um encontro em profundidade com o Senhor Deus Pai. Contudo, podemos fazer isso em *tempos fortes*. Quanto mais frequentes forem esses tempos fortes, mais fácil será viver em permanente presença de Deus.

A tarefa tem duas vertentes. A primeira, do silenciamento. A segunda, da *percepção do próprio mistério*. Vamos nos ocupar, em primeiro lugar, do silenciamento. Colocamos no capítulo anterior uma série de exercícios para silenciar tudo. Mas vamos dar mais algumas orientações práticas.

O cristão precisa levar em conta que temos de silenciar três zonas bem diferenciadas.

a) *O mundo exterior.* Um conjunto de fenômenos exteriores, acontecimentos ou coisas são, ou se convertem, em diferentes estímulos que, conforme o grau de sensibilidade de cada um, perturbam a quietude interior, excitam e dissociam o sujeito, fazem-nos perder o sentido de unidade. Para nos salvarmos dessas ondas dissociantes, é preciso *alienar-se, ausentar-se, desligar-se* (três palavras e um só conteúdo) de tudo isso, para que o que nos circunda não nos roube a paz nem perturbe nossa atenção.

b) *O mundo corporal.* Trata-se de tensões ou acumulações nervosas, que por sua vez produzem encolhimentos musculares, instalados em diversas partes do corpo. Elas consomem inutilmente excessivas cargas nervosas, e originam a fadiga depressiva e um estado geral de desassossego. Nesse caso, o silenciamento consiste em *relaxar-se*.

c) *O mundo mental.* É uma massa de atividade mental em que é impossível distinguir o que é pensamento e o que é emoção. Tudo está misturado: lembranças, imagens, projetos, pressentimentos, sentimentos, ressentimentos, pensamentos, critérios, desejos, obsessões, ansiedades etc. Tudo isso tem de ser coberto com o manto do silêncio. Silenciamento aqui quer dizer *desprendimento*, *desligamento*.

Trata-se de uma purificação completa. Quando toda essa poeira assenta, sobra a paz e aparece em toda a sua pureza o meu mistério: minha *mesmidade*. Colocando-nos na órbita da fé, "aqui" e "agora" emerge o Mistério, consuma-se o encontro mistério-Mistério, conseguindo o encontro em espírito e verdade.

Comece *silenciando o mundo exterior*. Considere que os pássaros vão continuar cantando, os motores zumbindo e as pessoas gritando. Mas desligue sua atenção de tudo isso, a ponto de poder ouvir tudo e não escutar nada. Silenciar, neste caso, quer dizer subtrair a atenção de tudo isso que fervilha, de maneira que a pessoa fique *ausente* ou *alienada* de tudo, como se nada existisse. Faça-o com a maior tranquilidade. Para desviar a atenção, o mais fácil é suspender a atividade mental ou fazer o vazio interior, como ensinamos no capítulo anterior.

Sentado em uma posição cômoda, respirando tranquila e profundamente, exercite-se no desligamento. Solte-se: não permita que os barulhos o *prendam*. Não permita que os agentes exteriores, que normalmente ferem os sentidos, o perturbem ou lhe causem impacto. Aproveite todas as circunstâncias para exercitar-se no desligamento.

Em segundo lugar, *relaxe as tensões*. A palavra-chave é *soltar*. Solta-se o que está amarrado, ou também o que eu estou agarrando ou que me agarra. Você vai sentir a sensação de que os nervos estão amarrados, de que os músculos lhe estão agarrados. Soltar os músculos e nervos é relaxar-se, e relaxar-se é silenciar.

Sente-se comodamente, com o tronco ereto. Respire profunda e tranquilamente. Como um senhor que percorre seus territórios, percorra todo o seu organismo, impondo-lhe calma.

Quieto, concentrado e tranquilo, comece soltando os músculos de sua fronte (falando em músculo, referimo-nos aos nervos que enrijecem os músculos) até que a fronte fique relaxada e lisa.

Solte os músculos da cabeça, os que rodeiam o crânio. Solte os músculos (e nervos) do rosto, do queixo... Solte os músculos dos ombros e do pescoço até senti-los relaxados. Solte o antebraço, o braço, as mãos. Solte os músculos do peito e do ventre, as pernas e os pés. E agora, experimente, de uma só vez, como o exterior de todo o seu organismo está em calma.

Depois comece a soltar os nervos e músculos interiores. Faça-o primeiramente com o cérebro. Depois com a garganta. Continue com o coração e o ventre, principalmente com o que se chama *boca do estômago* ou plexo solar. E acabe nos intestinos. Para terminar, experimente vivamente uma sensação profunda e simultânea: em todo o meu organismo reina completo silêncio.

Finalmente, temos de *silenciar o mundo mental*. É o mais difícil e decisivo. Precisamos usar mais uma vez o verbo *soltar* ou *desprender-se*. A pessoa perceberá que as lembranças e desejos lhe estão agarrados e presos. Solte-os e deixe que desapareçam entre as brumas do tempo e na região do esquecimento. Faça como quem apaga, em um instante, um quadro negro todo escrito. Sentado, assuma uma posição cômoda. Respire bem. Comece pelo passado de sua vida.

Apague de uma vez todas as lembranças: as que alegram, as que entristecem, as indiferentes. *Nada atrás* em sua vida: pessoas, conflitos etc. Faça o vazio completo como quem apaga a luz do quarto e deixa tudo escuro. Cubra com o manto do esquecimento total esse poço fervente do inconsciente, cemitério vivo de todas as impressões de uma vida. Se vierem recordações à memória, solte-as uma por uma.

Nada adiante em sua vida. Liberte-se de tudo: planos, expectativas, temores, ideais, desejos... Apague tudo de uma vez. Faça o vazio mental. Se os projetos o estiverem perturbando, solte-os, um por um, com grande tranquilidade. Solte e desprenda o medo geral que penetra o passado e o futuro.

Nada fora deste momento. Solte os problemas atuais, as emoções.

Nada fora deste lugar. Solte as pessoas ausentes, seu lugar de trabalho, sua família ausente...

> Tudo silenciado, resta apenas o presente:
> um perceber a mim mesmo,
> aqui e agora.
> Eu sou eu mesmo: percepção de mim mesmo
> como sujeito e objeto de minha experiência.
> Quem percebe sou eu; quem é percebido sou eu.

Pensar que penso. Saber que sei.
Sou um e único,
diferente de todos.
Sou eu sozinho e só uma vez,
unidade, "solidão", *mesmicidade*, mistério.

Diríamos que a adoração é uma convergência de *dois presentes*: duas presenças integram uma só presença.

Duas presenças mutuamente abertas e acolhedoras,
em quietude dinâmica,
em movimento quieto.
Dois presentes projetados mutuamente,
introjetados em uma intersubjetividade.

* * *

Esse viver o *presente* não significa desinteresse pelos demais. Não é egoísmo camuflado. Pelo contrário, este *presente* encerra uma grande carga explosiva de irradiação: estende-se dinamicamente de horizonte a horizonte de minha vida; o passado torna-se presente, o futuro torna-se presente, aqui e agora, e, como um núcleo de átomo, neste *presente* estão encerradas todas as virtualidades de transformação e de amor.

Vão dizer: orar assim é coisa complicada. Bem sabemos que toda oração é dom de Deus, e muito mais o é o dom da contemplação. Sei muito bem que o Senhor Deus, sem nenhuma ambientação, pode ocupar todas as salas de uma alma. Contudo, comumente não é isso que acontece.

Ao contrário: são muitas as almas que, por falta de preparação sistemática, ficaram paradas em uma áurea mediocridade. Os que vivem na superfície da oração é porque não se preparam, e não se preparam porque lhes falta interesse real. Nós não podemos cruzar os braços, levantar os olhos e esperar a chuva. Empregando os meios, estamos manifestando nossa disposição e demonstramos que *de verdade* buscamos o rosto do Senhor. Nós preparamos o terreno; o Senhor dará a chuva e o crescimento.

Ficar com o Pai

Cheguei e entrei na solidão mais profunda do meu ser. Acendi a luz da fé e, ó prodígio! Aquela solidão estava ocupada por um habitante: o Pai.

Se o Pai e eu nos encontramos em um quarto fechado, que vamos fazer? Como adorar? Jesus veio responder: "Cuidado com as palavras demasiadas! Agora que o Pai está aí no mais secreto, *fique com ele*" (Mt 6,6).

Ficar com o Pai quer dizer estabelecer uma corrente atencional e afetiva com ele, uma abertura mental na fé e no amor. Minhas energias mentais (aquilo que *eu sou* como consciência, como pessoa) saem de mim, projetam-se nele e ficam com ele. E todo o meu ser permanece quieto, concentrado, compenetrado, paralisado nele, com ele.

Mas não se trata apenas de uma saída minha para ele, não é só abertura. É simultaneamente uma acolhida, porque existe também outra saída – no amor – dele para mim. Se ele sai para mim e eu saio para ele, se ele acolhe a minha saída e eu acolho sua saída, o encontro vem a ser um cruzamento e a cristalização de duas saídas e duas acolhidas. Assim se produz uma união convergente, profunda e transformante em que o mais forte assume e assimila o mais fraco, sem que nenhum dos dois perca a identidade.

E assim, desde o primeiro momento, começa o processo transformador. Quanto mais profundo o encontro, a Presença começa a fazer-se presente, a impactar, a iluminar e a inspirar a pessoa em suas realidades mais profundas como são o fundo vital, o inconsciente, os impulsos, os reflexos, os pensamentos, os critérios etc. Quanto mais vivo e profundo for o encontro, repito, na mesma proporção, a Presença investirá, penetrará e iluminará os tecidos mais profundos e decisivos da pessoa.

O homem começa a caminhar na presença do Senhor (a Presença está acesa na consciência). Os impulsos e reflexos, indo para fora, saem *segundo Deus*. E assim, o comportamento geral do cristão (seu estilo) aparece diante do mundo revestido da "figura" de Deus. Sua figura torna-se visível através da minha figura, e assim o cristão se converte em uma transparência do próprio Deus. Dessa maneira, o Senhor continua avançando na conquista de novos espaços, e como em círculos concêntricos cada vez mais amplos, começa a divinização da humanidade. Entretanto, tudo começou no núcleo da intimidade. Lá estão encerradas todas as potencialidades.

* * *

Esse *ficar com o Pai* equivale à expressão *falar com Deus*.

É diferente falar com Deus e pensar em Deus. Sempre que se pensa em alguém, este alguém está ausente. Pensar em alguém é fazer presente (representar) esse ausente mediante uma combinação de lembranças e de imagens que tenho dele.

Mas se essa pessoa ausente se fizer de súbito presente diante de mim, eu já não penso nela, mas estabeleço com ela uma corrente dialogal, não necessariamente de palavras, e sim, de interioridades.

Quando duas presenças mutuamente conhecidas e amadas tornam-se presentes, estabelece-se imediatamente uma corrente circular de dar e receber, de amar e ser amado, numa função simultânea e alternada de agente e paciente.

É um circuito vital de denso movimento que, não obstante, consuma-se na maior quietude. Nesse diálogo não é necessário trocar palavras (nem mentais nem vocais) porque são as consciências que se comunicam em uma introjeção intersubjetiva, em uma projeção nunca identificante e sempre unificante.

Tudo o que foi dito resume-se nesta expressão: *estás comigo*. As trevas não te ocultam, as distâncias não te separam. Não há interferências no mundo que me possam afastar de ti. Estás comigo. Saio à rua e caminhas comigo. Ponho-me a trabalhar e ficas ao meu lado. Enquanto durmo velas o meu sono. Não és um detetive que vigia, és um Pai que cuida. Às vezes tenho vontade de gritar: "sou uma criança perdida na selva, estou sozinho, ninguém me quer". Logo escuto tua resposta: "eu estou contigo, não tenhas medo".

Em ti alimentam-se as minhas raízes. Envolves-me com teus braços. Estás comigo. Cobres minha cabeça com tua destra. Penetras minhas águas com a luz de teu olhar. Sou uma criança com frio e me aqueces com teu hálito. Sabes perfeitamente quando termina meu descanso e quando começa meu caminhar. Minhas veredas e minhas andanças são mais familiares para ti do que para mim. Quase não posso crer, mas é verdade: onde quer que eu vá, estás comigo.

Se eu fosse uma águia invencível e escalasse o firmamento para escapar de teu sopro, se eu fosse um golfinho de águas profundas e submergisse verticalmente até os abismos para fugir de tua presença, seria impossível. Não existe no mundo mãe tão presente junto de seu filho como tu comigo. Estás comigo.

Se a aurora me emprestasse suas asas de luz e eu fosse voando até o fim do mundo, seria inútil, lá também me tomarias com carinho em tua destra. Estás comigo. Se eu dissesse: "a noite será o meu refúgio; cobre-me, ó noite, com teu manto negro para desorientar esse perseguidor; empresta-me, ó treva, tuas asas negras para ocultar-me desse olhar" seria impossível, não o poderia evitar. Tua presença é fulgor que atravessa e transfigura as sombras. Estás comigo. Bendita seja tua presença! (cf. Sl 138).

Relacionamento de amizade

Santa Teresa nos dá a já famosa definição da oração:

> Não é outra coisa... senão relacionar-se com amizade, estando muitas vezes a sós com quem sabemos que nos ama.

Relacionar-se é uma expressão que, neste contexto, pressupõe, significa e contém um estado interior – sempre interpessoal – afetuoso, em um movimento recíproco e oscilante de dar e receber.

É no verbo *relacionar-se* que temos de colocar o acento. Sempre que há uma *relação com Deus*, há oração; para que haja oração tem de haver um *relacionamento de amizade*, e isso em qualquer tipo de oração, desde a recitação de uma prece aprendida de memória até os mais altos cumes da mística.

Seguindo a santa, diremos que o encontro é uma comunicação – mais uma vez, intercomunicação – algo como um comércio em que a mercadoria que se intercomunica é o amor: o que Deus nos oferece e o que nós lhe devolvemos correspondendo. Trata-se de um intercâmbio afetuoso em que sabemos que somos amados e que amamos. "Estar", relacionar-se, olhar, sentir-se reciprocamente presentes, seriam algumas palavras que nos aproximariam do que é a essência da oração. Poderíamos falar também de um intercâmbio de olhares. Santa Teresa, mulher e consequentemente afetiva, apoia-se mais no lado afetivo que no discursivo.

Como Deus é Amor, como nos criou por amor, como se revelou a nós por amor, o destino final de todas as suas intervenções não pode ser senão transformar-nos no amor. O amor é uma ação dinâmica: Deus, que é Amor, está sempre em ação, convida-nos, solicita-nos, se nos oferece e põe em "movimento" as faculdades interiores. O "movimento" é uma relação eu-tu: uma projeção e interação do "eu" no "tu" e do "tu" no "eu".

No *encontro*, principalmente quando se está em vias de aprofundamento da oração contemplativa, a intimidade intersubjetiva toma a totalidade do ser humano, sem excluir as potências corporais, até certo ponto. Em um encontro mais ou menos profundo, o *relacionamento de amizade* é um entrosamento do homem total, totalmente em Deus. Melhor será inverter a ideia: Deus invade totalmente o homem inteiro e, quanto mais liberdade ele dá a Deus em seu território, Deus abrange mais zonas e conquista mais regiões.

Com clareza francesa e objetividade feminina, Santa Teresinha descreve-nos o encontro com estas palavras:

> Para mim a oração é um impulso do coração, um simples olhar dirigido para o céu, um grito de gratidão e de amor, tanto no meio da tribulação como no meio da alegria. Enfim, é algo grande, algo sobrenatural que me dilata a alma e me une com Jesus...[6]

Intimidade

A palavra humana mais significativa para patentear-nos a sensação do encontro é a palavra *intimidade*. Intimidade é o cruzamento e, ao mesmo tempo, o resultado do cruzamento de duas interioridades.

Todo indivíduo, todo "eu" é sempre um círculo fechado e concêntrico por natureza. Interioridade é o resultado de um organizar-se e de um viver para dentro, em uma

---

[6] TERESINHA DO MENINO JESUS, Santa. *Obras completas*, pp. 426-427.

perpétua inclinação e convergência para o centro de si mesmo. A interioridade nada tem a ver com o egoísmo, embora sejam um pouco parecidos.

Pois bem. Duas interioridades, que saem de seu círculo concêntrico e se projetam mutuamente, têm por resultado uma terceira zona que chamamos de intimidade (um clima? uma realidade impalpável?), algo como uma realidade psicológica perceptível, mas não explicável; outra zona distinta das duas interioridades, das duas pessoas; algo como uma terceira "pessoa" nascida das duas interioridades.

É precisamente a fecundidade da transcendência. Transcender é superar-se. Transcender é sair de si mesmo. Transcender é amar. O amor é sempre fecundo, sempre gera.

Ora, duas interioridades concêntricas que saíram de si mesmas e se projetaram mutuamente "geram" *o encontro*, a intimidade. Em conceitos psicológicos, podemos concluir que, se a oração é um encontro e o encontro é uma intimidade, a oração é a intimidade com Deus.

* * *

Longe de permanecer em sua mesmicidade, Deus transborda sua inferioridade e se abre para nós de diversas maneiras.

Deus *é* "em si mesmo" e "por si mesmo"; mas "saiu" de suas "fronteiras" e se derramou nas criaturas. O universo é, portanto, um transbordamento do próprio Deus.

Além disso, por uma reação admirável de amor, ele se descobriu para nós, "declarou-se" a nós e se ofereceu gratuitamente para formar conosco uma comunidade de vida e de amor. Deus quer formar uma família, uma sociedade naquela única região em que pode ser feita a conjunção de Deus com o homem, a região do espírito.

Se o homem responde afirmativamente ao convite de Deus, já estamos formando a comunidade de vida, como companheiros de vida. O encontro pressupõe um clima de família. A Escritura explica esse clima com expressões como "habitar entre nós" (Jo 1,14), "faremos nele a nossa morada" (Jo 14,23), expressões muito caseiras que evocam certos matizes como calor, gozo, confiança, ternura, coisas parecidas com o fato de sentir-se no interior de um lar feliz.

Nesse clima é que nasce e cresce a intersubjetividade, isto é, a projeção de um sujeito sobre outro em mútua interação.

Numa palavra: o encontro é um viver e aprofundar interminavelmente a relação interpessoal, em um clima cordial e afetuoso, com o "eu" voltado para o "tu" entre Deus e o ser humano.

Diversidade

Porque cada pessoa é distinta em seu ser, em seu sentir e em seu agir, o "relacionamento de amizade" vai adquirindo em cada um novidades e matizes originais dentro da mais ampla e admirável variedade: conforme os estados de ânimo, diferenças de idade, ritmos de crescimento, disposições psicossomáticas, humor etc.

Não só a oração individual será essencialmente diferenciada, mas até a oração de uma mesma pessoa pode ir variando de uma época para outra, de um tempo para outro, e mesmo de um dia para outro. Uma será a oração de tipo intelectual, e outra de tipo afetivo.

A relação de cada pessoa com o mundo que a circunda é diferente. A maneira de enfrentar o mundo que a rodeia ou as pessoas com quem se relaciona, é diferente em uma criança, em um adolescente, em um homem, em uma mulher, em um idoso. O encontro com seu mundo é diferente para um audaz e para um tímido, para um impaciente e para um sossegado. Da mesma maneira, vai mudando o encontro com Deus.

A maturidade não depende da idade cronológica: um golpe forte pode amadurecer mais que cinco anos de vida. A possibilidade de conceber pensamentos mais profundos, a estabilidade emocional, a capacidade de decisão e de perseverança dependem da idade cronológica algumas vezes, mas muito amiúde dependem de causas que nos são desconhecidas. Todos esses fatores influem decisivamente na qualidade e na profundidade da oração. Para alguns adultos, o fervor juvenil parece puro sentimentalismo. Outros consideram esse fervor – já morto – como a perda irreparável de um belo tesouro e não fazem conta.

O *encontro com Deus*, como parte integrante da vida, vai se adaptando às disposições cambiantes da pessoa. A preocupação, a doença, a depressão, a euforia, a simples fadiga, finalmente um "não sei quê" imponderável dificultam, impossibilitam ou favorecem uma ou outra classe de encontros com Deus.

Como *relacionar-se* com alguém é viver, e viver é adaptar-se, o *relacionamento de amizade* com Deus se vai adaptando com dinamismo e flexibilidade a cada pessoa e a suas circunstâncias, utilizando alternadamente os meios ou obstáculos, entusiasmo ou aridez, inteligência ou imaginação, devoção ou fé árida, originando formas novas e modalidades inesperadas em cada alma.

O *relacionamento de amizade* pode ter diferentes características:

> Conforme os temperamentos ou até conforme os momentos: será triste ou alegre, terno ou insensível, silencioso ou expansivo, ativo ou impotente, oração vocal ou recolhimento aprazível, meditação ou simplesmente olhar, oração afetiva ou impotência dolorosa, elevação de espírito ou opressão de angústia, entusiasmo sublime no meio da luz ou suave abatimento na humanidade profunda.[7]

2. EXERCÍCIOS PRÁTICOS

Primeiro exercício: saída e projeção

Esclarecimentos

1. Neste primeiro exercício, em suas três variantes, há uma saída e uma projeção. Minha atenção, que é unidade integrada de todas as energias espirituais, sai de si mesma, apoiada na frase. Isto é, a frase é como que um veículo que transporta minha atenção e a deposita em Deus. Em outras palavras: quando minha atenção

---

[7] EUGÊNIO DO MENINO JESUS, Padre. *Quiero ver a Dios*. Madrid: [editor desconhecido], 1951. p. 77

se identifica com a substância ou conteúdo da frase (quando faço *minha* a frase), *todo eu* fico em *todo Deus*, identificado, compenetrado.

2. Portanto, é um exercício de quietude e de imobilidade. Como dissemos, minha atenção sai de mim mesmo, dirige-se para o Outro, concentra-se e se fixa nele e fica simplesmente "aí". É uma adoração estática. Há um simples "tu". Nem sequer eu estou, porque, neste exercício, o eu desaparece, ficando só o "tu".

3. Contemplando a Deus da perspectiva indicada em cada frase, não deve haver nenhuma preocupação analítica; não se trata de *entender* o que diz a frase. Isso seria meditar. Agora estamos adorando. Portanto, minha atenção concentra-se em Deus, não analítica mas contempladoramente, isto é, possessivamente, adesivamente (conforme o caso, com admiração), como diria São João da Cruz, *amorosamente*.

4. Conforme o ponto de vista, um objeto parece diferente, mas é o mesmo objeto. Nestes exercícios, Deus aparece como eternidade, como imensidade, como fortaleza, como descanso etc. A pessoa que faz o exercício não deve preocupar-se, insistimos, em entender como Deus é eterno ou imenso, mas em olhá-lo e admirá-lo estaticamente, agora como eterno, depois como imenso, mais tarde como fortaleza e assim por diante. Olhá-lo e admirá-lo a partir das perspectivas infinitas que ele tem.

5. Se em qualquer dessas frases sentir que seu ser *descansa* por completo (como dizer?), que aquela frase evoca vivências profundas, desperta riquezas insuspeitadas e o sacia inteiramente, fique por aí, "eternize-se", sem passar para a frase seguinte. Se a possessividade for total, solte a frase e passe para a adoração em silêncio. Ao contrário, se sentir desejos de dizer outras frases passando a um estado mais exultante, dê a maior margem à espontaneidade do espírito.

6. Cada exercício (variante) deve durar uns 40 minutos, podendo estender-se quanto se quiser.

Modo de praticá-lo

Antes de cada prática, faça esta preparação, sem esquecer que o capítulo anterior apresenta as diversas maneiras de silenciamento.

Tome uma posição orante.

Nada em seu passado: solte as recordações, lembranças...

Nada em seu futuro: desligue preocupações, projetos...

Nada fora de você: desligue ruídos, presenças, vozes...

Nada fora deste momento.

Tudo fica em silêncio.

Só permanece um presente: eu presente a mim mesmo, aqui, agora.

Você ficou pobre, vazio, despojado, livre, consciência pura.

Agora, na fé, torne presente aquele em quem existimos, nos movemos e somos, aquele que penetra e sustenta todas as coisas.

Comece a pronunciar as frases em voz suave, procurando *viver* o conteúdo de cada frase (que é *ele mesmo*): procure sentir o que a frase diz até que sua atenção fique impregnada com sua substância.

Depois de pronunciar cada frase, fique, durante 15 segundos ou mais, em silêncio, estático, mudo, como quem escuta uma ressonância, estando toda sua atenção imóvel, compenetrada possessivamente, identificada adesivamente "com" ele.

Uma mesma frase pode ser repetida muitas vezes ou durante todo o tempo. Se uma determinada frase lhe diz pouco, passe para a seguinte.

Regra de ouro: violência nunca; sempre calma e serenidade.

É conveniente acabar cada exercício com um propósito de vida.

Primeira variante

Geralmente, nesta variante não se produz corrente amorosa. É a contemplação (adoração) do *Ser-em-si-mesmo*, o Absoluto, o Transcendente. Dada a sua natureza, basta olhar e admirar. Há assombro, como para quem se eleva a um mundo de inesperada grandeza.

> Tu és meu Deus.
> Desde sempre e para sempre tu és Deus.
> Senhor meu Deus, tu és a essência pura.

Tu és sem contornos, sem medida, sem fronteiras.
Tu és o fundamento fundamental de toda realidade.
Meu Deus, tu és a realidade total e totalizante.
Tu és profunda e invencivelmente.
Senhor, tu és a eternidade imutável.
Deus meu, tu és a imensidade infinita.
Ó Presença sempre obscura e sempre clara!
Ó eternidade e imensidade de meu Deus!
Ó abismo insondável de Ser e Amor!
Ó meu Deus, simplesmente ÉS!

Segunda variante

Esta variante é feita de *contrastes*. É preciso tomar consciência de que, nestas três variantes de saída e projeção, o *eu* está ausente (não aparece como centro, como objeto de atenção), só o "tu" permanece sempre presente. Nesta segunda variante, não obstante, há três expressões em que aparece o "eu". Mas isso acontece para ressaltar, por contraste, o "tu".

Na prática desta variante, há o perigo do movimento mental, por causa de seus contrastes conceituais, em que a mente tende a entregar-se à atividade analítica. Mas isso não deve acontecer. Ao contrário, quem está fazendo o exercício deve tomar a atitude contempladora de quem olha uma paisagem de luzes e sombras, mas não se fixa primeiro nas luzes e depois nas sombras; faz tudo de uma vez. Faça como quem admira um céu de fortes contrastes (arco-íris, nuvens ameaçadoras, fragmentos de azul); tudo isso contemplado com um olhar totalizador.

Faça a preparação e exercite-se da maneira acima indicada, acabando sempre com um propósito de vida.

Tu és presente sem passado.
Meu Senhor, tu és a aurora sem ocaso.
Tu és princípio e fim de tudo,
sem ter princípio nem fim.
Deus meu, és proximidade e distância.
Tu és quietude e dinamismo.
Tu és imanência e transcendência.
Estás nas altas estrelas,
estás no centro de meu ser.
Deus meu, tu és meu tudo,
eu sou teu nada.
Senhor, tu és a essência pura,
sem forma nem dimensão.
Ó meu Deus, és a Presença escondida.
Tu "és" meu eu,
mais "eu" que eu mesmo.
Ó profundidade da essência e da presença de Deus.
Quem sois vós e quem sou eu?

Terceira variante

Nesta variante continuamos com a presença mantida em um Tu, dentro das mesmas coordenadas: saída e projeção. Aqui, entretanto, Deus não é tanto *em-si-mesmo*, mas muito mais *para-mim*. Existe maior proximidade e, por conseguinte, a relação (adoração) é muito mais *amorosa*. Apesar disso, a ênfase da atenção tem de ser posta no "tu".

Pode acontecer que a pessoa tenha a impressão de estar perdendo tempo. Tem de tomar consciência de estar

fazendo exercício de práticas profundamente transformadoras. Explico: todos os temores, ansiedades e rancores
nascem do fato de a pessoa estar apoiada e agarrada ao
seu "eu". Quando se agarra ao seu "eu", pensando em adquirir segurança, consegue é insegurança. O efeito imediato e vivo que a pessoa experimenta na adoração é que
o "eu" é assumido pelo "tu" e, consequentemente, nasce a
sensação de segurança.

Exercite-se como foi indicado acima.

> Senhor, tu me sondas e me conheces.
> Tu me penetras, me envolves, me amas.
> Tu és meu Deus.
> Senhor meu Deus, tu és meu descanso total.
> Meu Deus, só em ti sinto paz.
> Senhor, só em ti descansa minha alma.
> Meu Deus, tu és minha fortaleza.
> Senhor, tu és minha paciência.
> Senhor, tu és minha segurança.
> Senhor meu Deus, tu és minha alegria.
> Senhor, tu és a Formosura.
> Tu és a Mansidão.
> Meu Pai, tu és minha doçura e ternura.
> Tu és nossa vida eterna, grande e admirável Senhor!

Exercícios transformadores

Neste exercício, há muito movimento mental. A atenção
bifurca-se em duas direções: "tu" e "eu". Além disso, esta
prática contém atividade imaginativa.

Conjugamos o verbo "sentir" assim, entre aspas, como sinônimo de concentrar-se: sinto que tenho uma mosca na minha frente, sinto que o chão está frio, sinto que os dedos estão juntos, sinto em meu interior as batidas do coração... Em cada *sentir* centraliza-se a atenção. *Sentir* é diferente de pensar, parece-se com imaginar; equivale exatamente a centralizar a atenção.

Primeira variante

Para praticar este exercício, não se esqueça, antes de tudo, das práticas preparatórias acima indicadas. Depois, em cada frase tem de *sentir* como Deus vai entrando em seu cérebro, coração, entranhas; *sentir* como o Senhor assume os desejos mais secretos, a massa dos pensamentos, apaga as chamas das aversões; *sentir* como o Senhor apaga as manchas, lava as impurezas... E, enfim, soltando os remos, deixe-se levar pelo impulso: Que quereis de mim? Faça tudo lentamente.

> Meu Deus e Senhor, entra dentro de mim.
> Entra e ocupa até as raízes de meu ser.
> Senhor, toma-me por completo.
> Toma-me com tudo o que sou,
> o que tenho,
> o que penso,
> o que faço.
> Assume meus desejos mais secretos.
> Toma-me no mais íntimo de meu coração.
> Transforma-me em ti, por completo.
> Liberta-me de ressentimentos,
> opressões,
> rancores.

Retira tudo isso, leva-o embora.
Lava-me inteiramente.
Limpa tudo, apaga as chamas.
Deixa em mim apenas um coração puro.
Que queres de mim?
Faze de mim o que quiseres.
Eu me abandono em ti.

Segunda variante

Vamos imaginar que a pessoa está em um *tempo forte* de várias horas. Suponhamos que tem problemas em sua família, na fraternidade, no trabalho: conflitos com pessoas, situações que a desgostam, acontecimentos a que resiste. Precisa perdoar; precisa assumir, e é preciso fazer tudo em Deus.

Colocada em espírito de fé, e uma vez que entrou a fundo na comunicação com o Senhor, a pessoa deve *baixar* para a vida com seu Deus "à direita", apresentando-se mentalmente em seu lar, em sua fraternidade... enfrentar aquela pessoa, perdoá-la, compreendê-la, amá-la na presença do Senhor; assumir aquela situação com um "Que queres de mim?"; aceitar tal limitação com um "Eu me abandono em ti". Ore dessa maneira, intensamente e com efeitos libertadores até que se sinta são, forte, sem medo e cheio de paz.

Para fazer isso, pode servir-se das frases do exercício anterior. Também pode deixar-se levar pela inspiração, inventando outras expressões. Acabe sempre com um propósito concreto de vida.

Exercício visual

Consiga uma estampa expressiva, possivelmente com a imagem de Jesus, uma imagem evocativa de impressões fortes; fortaleza, intimidade, paciência...

Tome uma posição orante. Coloque a estampa em suas mãos. Faça os exercícios de silenciamento acima indicados. Por breve espaço de tempo fique simplesmente olhando a efígie.

Depois, durante quatro minutos, com tranquilidade, concentração e sem preocupação analítica, trate de captar intuitivamente as impressões que essa imagem expressa para você.

Num terceiro momento, com suma tranquilidade e sem violência, translade-se mentalmente para a imagem, como se você fosse essa imagem ou estivesse dentro dela. E, reverente e quieto, procure fazer *suas* aquelas mesmas impressões que a imagem evoca para você. Isto é, identificado com aquela figura, permaneça como que impregnado dos sentimentos de Jesus expressos pela estampa. Mantenha-se assim por muito tempo.

E nesse clima interior translade-se mentalmente para sua família ou lugar de trabalho, imagine situações difíceis. Supere-as mentalmente com os sentimentos de Jesus.

Exercício auditivo

Escolha um lugar solitário.

Tome uma posição cômoda e uma atitude orante.

Construa o silêncio: solte as lembranças do passado; solte as preocupações do futuro. Desligue-se dos ruídos e vozes que escutar ao redor. Fique em um presente simples, puro e despojado: "só eu comigo mesmo". Entre lentamente no mundo da fé.

Tome uma frase muito breve; possivelmente uma só palavra, por exemplo: *Senhor!* ou também *Jesus!* ou também *Pai!* ou alguma outra expressão.

Comece a pronunciá-la suavemente a cada dez ou quinze segundos. Ao pronunciá-la, faça sua a frase, isto é, o conteúdo da palavra, até que todas as suas energias atencionais se identifiquem, impregnadas com a presença ou substância da frase.

Faça-o com suma tranquilidade e calma. Comece a perceber como todo seu ser se povoa com essa Presença, começando pelo cérebro, os pulmões, o coração, as entranhas... Se se sentir bem, vá espaçando a repetição, dando cada vez mais espaço ao silêncio.

Faça um propósito de vida, e regresse à vida cheio de Deus.

Exercícios de imaginação

Para algumas pessoas são muito eficazes as seguintes maneiras de orar.

Primeira variante

Suponhamos que a pessoa teve, em tempos passados, uma fortíssima experiência de Deus em um lugar concreto, do qual atualmente encontra-se afastada.

Retire-se com a imaginação para aquele lugar com a maior vivacidade possível. Volte a reviver aquele lugar, seja uma capela, um morro, uma colina ou um rio, revivendo todos os detalhes: escutando o vento, o rumor das árvores, sentindo a calidez ou frescor do ar, aquela claridade, penumbra ou escuridão.

E assim, na fé, nesse momento trate de reviver aquela forte presença de Deus em outro tempo. A lembrança de experiências profundas alimenta por muitos anos a oração de muitas pessoas, principalmente nos momentos de aridez. Como reconforta regressar aos momentos de alegria vividos com o Senhor! Acabe com um propósito de vida.

Segunda variante

Depois da devida preparação, fomente em seu interior uma atitude profunda de fé e recolhimento.

Imagine Jesus em adoração na montanha, de noite, sob as estrelas. Com infinita reverência, imagine estar no interior de Jesus para viver o que Jesus *vivia*. Que sentimentos de admiração e adesão experimentaria Jesus pelo Pai! Como seria aquele misto de devoção, veneração e oferenda que Jesus sentiria pelo Pai! Aqueles desejos de agradá-lo, de ser-lhe fiel, de fazer de sua vida uma oferenda oblativa! Aquela atitude de submissão diante da vontade do Pai!

Trate de fazer *seu* tudo isso, na fé. Assuma o coração de Jesus com todos os seus sentimentos.

Volte agora para a vida e seja portador e irradiador dos sentimentos de Jesus, e transfigure o mundo.

Terceira variante

Seguindo o movimento pulmonar, cada vez que expirar o ar de seus pulmões, pronuncie o nome de Jesus com diferentes atitudes ou sentimentos que vou indicar em seguida.

Por exemplo, a cada cinco minutos repita a fórmula de fé: *Jesus, creio em ti!* Faça-o de tal maneira que todo o seu ser, inclusive o corpo, participe dessa atitude. Depois, durante outros cinco minutos, repita (quando expirar o ar): *Jesus, eu confio em ti!* Durante outros cinco minutos: *Jesus, misericórdia!* Mais tarde: *Jesus, eu me entrego a ti.* E assim sucessivamente vá dizendo expressões de adoração, de abandono durante uns 40 minutos.

Consiga lentamente que sua alma, cabeça, coração, pulmões etc. se encham da presença de Jesus, com o qual você baixará depois para a vida. Acabe com um propósito de vida.

Quarta variante

Para fomentar sentimentos de gratidão, reviva algum acontecimento concreto que no passado lhe tenha causado grande alegria, procurando sentir, se for possível, alguma vibração daquela mesma alegria. Trate de colocar-se nas "harmônicas" de Jesus quando disse: "Graças, meu Pai, por me haverdes escutado". E, com Jesus, agradeça e aclame ao Pai.

Volte a um acontecimento desagradável de seu passado recente. Reviva essa experiência sem temor. Depois, imagine Jesus diante de Pilatos ou Herodes, desprezado, agredido. Observe sua entrega e admire sua serenidade.

Procure reproduzir em seu interior (diante da recordação do fato desagradável) essa presença de ânimo, e com Jesus e como Jesus assuma esse fato com a mesma dignidade e paz.

3. ENCONTRO PROFUNDO

Dissemos que o encontro é um "trato de amizade" com Deus. Mas perguntamos: Que "acontece" nesse estado e nesse momento? Há uma tomada de consciência, há um conhecimento. Mas não é um conhecimento analítico e sim intuitivo e possessivo.

Nesse encontro, quando se trata realmente de uma contemplação autêntica, o *relacionamento* (conhecimento? consciência reflexa? estado consciente e emocional?) não distrai, mas concentra.

Há aqui uma coisa muito difícil de explicar: o encontro (quando é progressivamente contemplante) tende a ser cada vez mais simples, mais profundo e mais possessivo.

A reflexão fica para trás. A mente, trabalhando na multiplicidade e variedade de atos, não pode "atingir" essa realidade total (Deus) que está além do devir, do vaivém e dos acontecimentos. Quando a mente se põe a meditar, descobre que está sujeita à multiplicidade, à instabilidade e à inquietação que a dividem e perturbam. Por isso, na medida em que o encontro com Deus é mais avançado e contemplador, tende a desaparecer a reflexão, e vem a ser um momento (ato?) mais simples e totalizador.

O instrumento da experimentação de Deus não é a inteligência, mas a pessoa total. Se abandonar a linguagem e a comunicação, efetuar-se-á de ser para Ser; não são necessários veículos ou intermediários como a palavra, o diálogo, para unir-se com Deus; é um submergir em suas águas profundas. Por isso digo que a inteligência pouco ou nada tem de fazer, já que o mistério da união consuma-se de ser inteiro para Ser inteiro.

E pode acontecer que nessa experimentação contempladora apareçam energias misteriosas de "adesão", estranhas potências de "conhecimento" (são forças de profundidade que normalmente estão atrofiadas em nosso subsolo, porque em geral vivemos na superfície). São forças supranormais, naturais em sua natureza, despertadas pela Graça e pela vitalidade interior.

O verdadeiro contemplador é alguém que, pode se dizer, superou a racionalidade e a intelecção. Quando o contemplador entra na zona profunda da comunicação com Deus, cessou toda atividade diversificante e pluralizadora da consciência; e, nesse ato simples e total, o contemplador se sente em Deus, com Deus, dentro dele e com ele dentro de si (At 17,28).

Então, de que se trata? Trata-se de uma espécie de intuição densa e penetrante ao mesmo tempo, e principalmente muito vívida, sem imagens, sem pensamentos determinados; não há representação de Deus, não é necessário representá-lo porque Deus "está aí", "está comigo" é uma vivência consciente da grande Realidade que me ultrapassa absolutamente. Mas não é uma realidade difusa e sim alguém carinhoso, familiar, queridíssimo, concreto.

Numa palavra, trata-se de um superconhecimento. Ou melhor, de um ultraconhecimento. É a Sabedoria de que nos fala São João da Cruz. É uma *vivência imediata* de Deus.[8]

* * *

Como poderíamos descrever o encontro profundo? Só poderíamos falar em alegorias.

Era uma noite estrelada. A fé, essa bendita virtude teologal, surpreendeu o filho e o abriu para os braços do Pai. O filho instalou-se no coração do Filho e desse observatório passou a contemplar o Pai. O Pai era um panorama infinito, sem muros nem portas, iluminado noite e dia pela ternura, era um bosque infinito de braços cálidos convidando para o abraço, com ausência da amargura e presença da doçura, com os ares povoados de pássaros.

Contemplando a partir do interior de Jesus, o Pai é música inefável, harpa de ouro plena de melodias, é Energia, e Transparência, e Harmonia, e Fogo, e Força, e Pureza, e Inocência... Que calem os dicionários e fale o silêncio.

É uma noite estrelada e profunda. De repente, tudo se paralisa. Não há no mundo movimento tão quieto ou quietude tão dinâmica. Amor. Não há outra palavra. Talvez esta outra: Presença. Juntemos as duas e nos aproximaremos do que é "isto": Presença amorosa. Talvez esta outra expressão mais aproximativa: Amor envolvente. É o Pai. São dez mil mundos como dez mil braços que rodeiam e abraçam o filho amado. É uma maré irremediável, como quando um maremoto súbito invade violentamente as praias, uma maré de Amor envolvente. Como dizer? Uma enchente inesperada de águas que inundam os campos.

---

[8] JOÃO DA CRUZ, São. *Avisos e sentenças*, n. 19.

Foi assim que o filho amado se viu inundado de surpresa pela Presença amorosa e definitivamente gratuita.

As estrelas? Continuavam a brilhar obstinadamente, mas já não havia estrelas. A noite? Tinha submergido; era tudo claridade, embora fosse noite. O filho amado não disse nada. Para quê? O Pai amoroso também não disse nada. Tudo estava consumado. Era a Eternidade.

* * *

Há uma perda de identidade? A identidade pessoal permanece mais nítida do que nunca. A consciência da diversidade entre Deus e o homem adquire, em alguns contempladores, contornos tão trágicos como no choque entre a luz e as trevas. Assim foram as "noites do espírito" de São João da Cruz e a prolongada exclamação de Francisco de Assis: "Quem sois vós e quem sou eu?".

Alienação? A consciência vazia do "eu" empírico e concentrada no Uno é irresistivelmente atraída pelo Objeto e tomada por ele, feita totalmente *uma* com ele. O contemplador é arrancado de si mesmo; desaparece toda a diferença. Quando chegar esse estado, tudo será obra da graça; não servem nem existem muletas psicológicas, nem artifícios ou estratégias humanas. É Deus, em sua infinita potência e misericórdia, quem se desdobra sobre mil mundos de nossa interioridade.

Persiste a dualidade? A dualidade quase desaparece, sem perder certamente a consciência diversificadora entre Deus e o homem. Até certo ponto poderíamos dizer que há uma só realidade, porque esse tipo de encontros gera amor, e o Amor é unificante e também identificante.

Desde que Deus nos criou à sua imagem e semelhança, o destino final da Aliança é chegar a ser UM com ele, sem perder a identidade (a tendência do amor, sua força intrínseca é fazer *um* os que se amam). Quase me atreveria a dizer que o destino final e a perfeição do *encontro* estão no desaparecimento de toda dualidade entre Deus e a alma e no advento da Unidade total.

> Realiza-se tal união quando Deus faz à alma essa mercê tão sobrenatural que todas as coisas de Deus e da alma são unas, em transformação participante. E a alma mais parece Deus que alma, e inclusive é Deus por participação.[9]

Fusão? Diz Santa Teresinha: "Aquele dia não foi um olhar, mas uma fusão. Já não éramos dois". Teresa tinha desaparecido como a gota de água se perde no fundo do oceano. Sobrava apenas Jesus, como dono, como rei. Mas essa expressão é um modo de falar. Não só não há fusão como quanto mais se avança no mar de Deus, repetimos, a claridade que distingue e divide torna-se fulgurante e dolorosa ao comprovar a beleza de Deus diante da miséria da alma.

Transfiguração

O encontro profundo e contemplador é eminentemente transformador. Vou procurar explicá-lo com certa amplitude. Em resumo, direi que Deus assume e consome o "eu". E, sem mais, o ser humano entra na torrente do amor.

---

[9] Id. *II Subida* 5,7.

É uma quimera louca, uma vibração inútil que persegue e obsessiona o "eu". É uma ficção, um pesadelo, uma abstração. Deus, ao visitar a alma, não faz outra coisa senão despertá-la dessa ficção e instalá-la no chão firme da sabedoria, da objetividade e da paz.

Que acontece? O Pai sacia inteiramente o filho com seu amor envolvente. Com isso, ele descobre que tudo o que apreciava até agora é artificial, que são vãs aquelas ilusões com que enfeitava o seu "eu". Por conseguinte, o Pai purifica o filho com sua presença, o despoja e o liberta, destrói seus castelos no ar, queima seus bonecos de palha, como resultado emerge a verdadeira realidade, em sua despida pureza. Acabamos de entrar no recinto da sabedoria. "Quem sois vós e quem sou eu?! Tu és meu tudo, eu sou teu nada. Mas em meu nada, como filho amado, eu tenho tudo em teu amor gratuito". Diante do resplendor do Rosto, a figura do "eu" reduz-se a nada, como as estrelas se apagam diante do brilho do Sol.

Quando falamos aqui em "eu", nunca se trata de realidade pessoal, e menos ainda da identidade pessoal. A raiz de todas as desgraças é esta: o ser humano projeta diante de si mesmo e para si mesmo a imagem de sua realidade pessoal. Mas é a sombra da realidade. Ao longo da vida, transforma essa efígie em objeto de adesão e devoção. A ânsia de ser querido, de ser o primeiro, vai vigorizando essa imagem ("eu"). Interessante! Os desejos geram a imagem (como o óleo alimenta o fogo) e a imagem gera outros desejos. Até mais: o desejo de ser "adorado" gera o temor de não ser adorado. A metade da vida é gasta por muita gente na luta para erigir uma estátua, enquanto passa a outra metade sofrendo de medo que a estátua caia.

Apoiado em uma filosofia e em uma psicologia, o mundo ocidental estabeleceu uma poderosa afirmação do "eu", com alto sentido competitivo, organizando um verdadeiro culto do "eu". O que importa é a imagem.

A instalação do "eu" no centro de meu mundo pessoal e do mundo universal levantou muralhas de defesa e de separação ao meu redor. Se é *meu*, eu o amarro a mim mesmo com uma corrente. Isto se chama *apropriação*. Ora, toda apropriação gera diferença, e assim nasce a grande lei da oposição: o que é "eu" (ou meu) de um lado, e o que não é "eu" do outro lado, dois mundos, se não antitéticos, pelo menos opostos (não necessariamente contrapostos); adesão a um e desinteresse pelo outro.

Uma forte experiência de Deus racha pelo meio o núcleo central do "eu". A Presença envolvente envolve e assume o "eu", ou melhor, desvanece a aderência a uma imagem. Quando o filho é assumido pelo Pai, o "eu" deixa de ser o seu centro. Por conseguinte, o filho solta todas as suas apropriações e aderências, e fica livre. Partindo pela objetividade, começa a transformação. Não podíamos respirar pela angústia. Não podíamos ver objetivamente pelas alucinações doentias. Chega Deus, arranca as máscaras, despe o "eu" de suas roupagens artificiais e, de repente, o filho sente-se puro, livre, vazio, transparente, respirando em paz, vendo tudo com clareza.

A consciência adesiva ao "eu" é completamente atraída pelo Outro, como que arrancada de seus gonzos pela força da admiração e da gratidão, e assim extrapola o centro de convergência. O efeito disso é que a atenção e a intenção, livres de amarras, são irresistivelmente arrastadas por um novo centro de gravidade.

Por esse caminho, estabelece-se uma nova situação: é anulada a diferença entre o "eu" e o outro (os outros) e nasce o amor. Deus acaba sendo o grande indiferenciado (Amor), aquele que derruba as muralhas das diferenças e faz com que o outro seja para mim, pelo menos, tão importante como eu mesmo. Nasceu o amor.

Vou arredondar esses conceitos. Arrebatado pelo Pai e feito pobre, o filho amado solta tudo. De maneira sincera, espontânea e total, o filho abandona a si mesmo e todas as suas coisas, fica livre de aderências e de ataduras, instalado em uma paz inalterável, e já não é afetado pelo vaivém do que acontece ao seu redor. Desaparece a oposição entre o tu e o eu, fazendo com que todos sejam UM. O amor toma carne e figura. Já não é abstração, mas algo concreto.

A Presença amorosa desperta, inspira e transforma todas as potencialidades do filho bem como suas relações com os irmãos, e o filho, purificado pelo despojamento, começa a experimentar o amor (emanado do Amor) com plena profundidade e luminosidade. Dessa maneira, a vida do filho, que foi "visitado", entra em um processo irreversível de transparência, adquirindo um novo sentido e uma nova força.

A pobreza toma o filho pela mão e o conduz à pureza. As coisas, o mundo, os irmãos começam a ser puros para o filho: já não estão turvados pela minha visão perturbada pelos interesses e apropriações. As coisas começam a ser *elas mesmas* na pureza original em que Deus as sonhou e criou envoltas também elas na sabedoria e no amor.

E o ser humano libertado também fica puro (sábio) para si mesmo. O Amor envolvente arrastou consigo, como uma torrente, os delírios, as loucuras, as preocupações artificiais e as paixões inúteis que lhe turvavam o olhar e não lhe permitiam ver o fundo de sua realidade: tudo foi levado pela torrente e sepultado pelo mar. Por isso, agora, o filho enxerga com clareza sua realidade e a aceita em paz. Desaparece para sempre a *agonia mental*, que chamam de angústia. Amanheceu a paz.

O filho move-se e combate no mundo, mas sua morada está na paz. Naturalmente, como todos os humanos, ele desenvolve um amplo périplo de atividades, mas sua alma está definitivamente instalada em um fundo imutável que dá segurança a seu futuro.

Isso tudo não se consegue de um salto. Tudo na vida é lento e evolutivo, e é preciso aceitar essa lentidão. Uma extraordinária gratuidade infusa produz esses efeitos de forma quase instantânea. Mas isso não é o normal. Há passos, não saltos. Entretanto, quem se dedica à oração profunda e contempladora irá caminhando, passo a passo, mas indefectivelmente, para a transfiguração descrita.

Além do tempo e do espaço

O contemplador tende a elevar-se acima da multiplicidade das coisas e dos acontecimentos. De certa maneira, tende a situar-se por cima do tempo e do espaço e, em certo sentido, acima da lei da contingência, ao menos da contingência das situações e emergências cotidianas, porque o contemplador está ancorado como que por uma participação na substância absoluta e imutável de Deus.

É claro que o adorador não escapa à temporalidade e às leis do espaço. Mas por essa unidade profunda com Deus percebe um vislumbre experimental da unidade que coordena os instantes sucessivos que formam a corrente do tempo, e esse vislumbre faz com que participe em algum grau da intemporalidade do Eterno.

Dessa maneira, o adorador chega a superar a angústia que não é senão o efeito das limitações do tempo e do espaço, ou melhor, da não aceitação dessas limitações. Abandonado em Deus, o filho não sente temor da velhice nem da morte, mas de certa forma participa da eterna juventude de Deus. Por isso admiramos em muitos contempladores a serenidade imperturbável de quem se acha acima dos vaivéns da vida.

* * *

Tudo começa em um momento de alta consumação. Para o contemplador, ele não está aqui neste momento. Ele é a Presença. Não está comigo. Ele é comigo. Quase poderíamos arriscar: ele "é" eu mesmo. Tudo está claro. Ele é uma luz que penetra como fogo. Incendeia: não consome, mas consuma.

Não há além, aquém, longe, perto. Ele ocupa tudo, enche tudo. Diante dele tudo se relativiza e perde os contornos individuais. Se ocupa tudo, não existe espaço, as medidas foram assumidas e absorvidas – só existe a imensidade, ou melhor, só existe o Imenso. Se ele *é* comigo e eu *sou* com ele, também eu sou "imenso", ou melhor, *filho da imensidade.*

Ontem, amanhã, antes, depois, séculos, milênios não significam nada. Quem definiu o tempo como o *movimento das coisas?* No encontro profundo não existe movimento. Existem a Quietude, a Eternidade. O Senhor meu Deus é o Ser, quieto e eterno, mas em suas profundidades carrega um dinamismo tão grande que nos esplendores da eternidade, como um universo em expansão, dinamizou e deu à luz essa colossal fábrica do universo que nossos olhos contemplam. Que valem nossos conceitos de diferença, relatividade, distância? Diante do Absoluto tudo é relativo: o tempo não existe. Não direi que ele "ocupa" o tempo, mas que o tempo foi consumado pela eternidade. O Senhor é a Eternidade e eu sou filho da Eternidade.

Quando a vida se extinguir e a parábola biológica chegar ao fim, o filho (portador do esplendor eterno do Pai) sobreviverá à decadência biológica, e então vão se realizar todos os sonhos com aquilo que será a eternidade para o ser humano: *a posse simultânea e total da vida interminável* (Boécio).

O que acontece aqui com o adorador é um vislumbre fugidio do que vai ser nossa eternidade. No encontro profundo, quando o filho contemplador é assumido por aquele que é Imensidade e Eternidade, ficando tudo relativizado, desaparece a diversidade que é substituída pela unidade. Já não há oposição, mas implicação.

E assim, quase sem perceber, o adorador entrou no reino do amor e da fraternidade. No Senhor Deus Pai, as realidades (sobre todos os homens) perdem a individualidade, não em si mesmas, mas *para mim*. Ninguém perde a identidade, mas desaparece a lei da diferenciação ou oposição e, em seu lugar, nasce a lei da unidade ou implicação (não fusão).

Em outras palavras: quando o contemplador é fortemente agarrado pelo Pai, desaparece no filho o conceito (esta palavra é fraca), a sensação de *próximo* (ele e eu diferenciados: eu aqui e ele ali) e em Deus Pai, o próximo, o outro e eu ficamos implicados, *comprometidos*. Para Francisco de Assis não custou nada sentir ternura pelo leproso. É que, para o Pobrezinho, o leproso não tinha lepra: a seus olhos (que nesse momento eram os olhos de Deus) o leproso era uma criatura pura saindo das mãos do Pai.

Quando a lei da diferenciação é substituída pela lei da implicação, desaparecem as categorias (que sempre pertencem à lei da diferenciação), já não existe mau e bom, bonito e feio, amável e antipático, equilibrado e neurótico, repugnante e atraente... Resta só a criatura (sem categorias diferentes), filha do Pai, e eu (sem o "eu") sentirei ternura pelos outros e por tudo o mais como se tudo fosse eu mesmo.

E mais: para o adorador tudo é bom, tudo está bem. Este mundo em que vivemos não poderia ser mais bonito nem mais perfeito. O mundo é transparência e luminosidade: em tua luz tudo é luz (Sl 35). Complacência. Harmonia. Não há enigmas. Tudo está explicado. Quanto mais e melhor o adorador entender, usará menos conceitos e principalmente menos palavras. A essa altura, nem as perguntas têm sentido. As interrogações parecem puras artificialidades. Tudo é resposta. Tudo está correto.

* * *

Isso ocorreu no caso de Francisco de Assis. Ele viveu a intuição da unidade interna de todos os seres em Deus. Sentindo as estrelas, o fogo e o vento como "irmãos", Francisco tinha a experiência cósmica em Deus, essa sensação que ultrapassa toda poesia e toda experiência humana.

Os seres perdem o relevo individual que os diferencia e separa, e em Deus eu os "sinto" como parte de meu ser, como irmãos; dessa maneira, o contemplador avança para a unidade cósmica em Deus. Por isso se afirma que o *Cântico do Irmão Sol* não é primordialmente poesia, mas uma das experiências místicas mais profundas.

Essa *vivência imediata* de Deus é necessariamente acompanhada por uma sensação de plenitude que não admite termos de comparação. Não há no mundo nenhuma sensação que lhe possa ser parecida em densidade e júbilo. Assim entendemos que, se o anjo, como declarou Francisco de Assis, desse mais um arpejo em seu violino, ele teria morrido na hora: cena-símbolo de denso significado que, em minha opinião, está na mesma linha de "não se pode ver a face de Deus e continuar vivendo" (Ex 33,19-23); "estive no terceiro céu, não sei se no corpo ou fora do corpo..." (2Cor 12,2).

A essa *vivência imediata* de Deus refere-se Paulo VI quando diz que "é o ato mais alto e mais pleno do espírito" (Discurso de encerramento do Concílio). É aqui que se conseguem os três altos privilégios de que nos fala Kazantzakis: a onipotência sem poder, a embriaguez sem vinho e a vida sem fim.

Todo aquele que tem alguma experiência de Deus vive essas intuições em forma embrionária. Mas quando o encontro se verifica em "alta voltagem", nascem novos mundos no interior, despertam energias desconhecidas que têm por resultado exemplares humanos da magnificência e maturidade de um Francisco de Assis e tantos outros.

Gratuidade

Adorar não tem utilidade, não dá dividendos concretos. Até mais: o adorador em espírito e verdade não se preocupa com tais utilidades. Se não começamos aceitando essa "inutilidade" de Deus, nunca saberemos o que é adorar.

No mundo ocidental, a doença chama-se pragmatismo e é uma doença que leva à morte. Por baixo de tudo, mesmo entre homens de Igreja, subjaz a preocupação do *para que serve*. Frequentemente nossos critérios estão contaminados pela preocupação inconsciente e onipotente da utilidade, e para dar luz verde a um projeto, primeiro fazemos com que passe por esse parâmetro que, sem dúvida, é filho camuflado do egoísmo e da miopia.

Na adoração não existe nenhuma finalidade, nem a de *serem melhores*. A adoração é eminentemente gratuita; ela consiste em *celebrar por celebrar* o Ser e o Amor, porque ele merece, porque ele é assim tão fora de série que vale a pena que se saiba, que todo mundo conheça, que todos reconheçam e se alegrem com essa *notícia*, e que todos se sintam felizes porque o Senhor é Deus. Se não se começa por aceitar profundamente essa "inutilidade" da adoração, vamos cair aos poucos na frustração.

Como uma vela se consome inutilmente (inutilmente porque já temos luz elétrica), o adorador também vive inutilmente (por isso sua vida é gratuidade) só para proclamar que Deus é grande. É inútil que eu o reconheça e proclame; quero dizer, quer eu o aclame quer não o aclame como grande, ele, de qualquer jeito, é grande. Meu esforço é supérfluo.

Assim, a maior inutilidade acaba sendo a maior utilidade, porque não há coisa mais transformadora que a adoração gratuita. No reino do adorador desarmam-se os juízos de avaliação como andaimes podres; os movimentos egocêntricos perdem direção e impulso; as leis egoístas perdem sua vigência como os costumes obsoletos; quando desaparece o *proprietário*, esfumam-se todas as propriedades e o filho começa a sentir-se pobre, como não tendo nada, mesmo que tenha tudo.

Quando tem tudo, desaparecem os desejos, desaparecem os temores, já que o temor é um pressentimento de que não se vai atingir o que se deseja. E, ó paradoxo!, pela gratuidade chega-se à plenitude.

* * *

As coisas são assim independentemente de minha percepção. Deus é assim, quer eu saiba quer não saiba. Mesmo que eu viva de olhos fechados ou de costas para a realidade, a realidade é assim.

Quando a pessoa aceita com facilidade e felicidade que ela é assim mesmo, quando o filho assume e reconhece a mesmidade amorosa do Senhor Deus, essa pessoa é uma adoradora e sente a sensação plena da liberdade. Sente-se (como dizer?) leve, ágil. Morta ou viva, amargurada ou feliz, o Amor cuida de mim, olha para mim, me estende a mão mesmo que eu não sinta em minha pele a sua carícia. Perceba eu ou não, tudo quanto se estende à minha vista é presente do Pai e as coisas são bonitas.

Mesmo que eu tenha de engolir em seco para dizê-lo, os golpes da vida são carinhos especiais do Pai. Mesmo que as minhas iras se sublevem e se encrespem os rancores em meu reino, penso firmemente que a coisa mais "desejável" é receber golpes quando o filho está "armado" porque, nesse caso, se avança a alta velocidade para a libertação, queimando etapas. Mas é a própria crueldade, se choverem golpes quando o filho está indefeso. O verdadeiro adorador, porém, está sempre "armado" porque aceita em paz a realidade.

De claridade em claridade (2Cor 3,18)

Mesmo com perigo de repetir conselhos já mencionados aqui e ali, vamos recolher num só feixe algumas regras práticas, seguindo as orientações dos mestres.

Ao propor um ponto de reflexão, na meditação, a alma não deve fixar-se nele se não encontra proveito ou devoção. Se nalguma passagem ou trecho sente gosto, claridade ou amor, deve deter-se todo o tempo necessário. A primeira norma-lei é deixar-se levar pelo Espírito e não pelo plano preestabelecido. A finalidade decisiva é a experiência de Deus para transformar a vida a partir dessa experiência.

O principiante costuma desenvolver grande entusiasmo para conseguir e sentir a devoção. Mas pode acontecer que um entusiasmo agitado venha a ser contraproducente pela sua excessiva veemência. Não se alcança a devoção à força. Pelo contrário, esses esforços veementes para sentir alguma coisa costumam secar o coração, tornando-o inábil para as visitas do Senhor.

A alma deverá recordar que nessa matéria não funcionam essas leis: tais meios, tais resultados; posta a causa, produz-se o efeito; tal quantidade de ação (esforços), tanta reação. Estamos noutro mundo, com outras leis que transcendem as leis naturais e atuam noutras órbitas.

Perseverança sim, violência não. Um entusiasmo veemente para vencer etapas, para sentir sensações fortes, pode lançar por terra todos os planos; o que se consegue é o desgaste neurológico, fadiga nervosa, frustração e desalento.

O difícil e necessário é conseguir, no começo da oração, uma temperatura interior em que se integrem dois elementos contrastantes: um estado de entusiasmo e um estado de serenidade. É preciso suscitar no íntimo certa tensão emocional pela proximidade de um Ser querido, e porque essa relação "eu-tu" é energia, "movimento" das faculdades.

Mas essa tensão pode ser fatal se não for acompanhada simultaneamente por um estado de sossego, paz e suavidade.

Não desanimar quando não sentir logo aquela devoção que se deseja. Paciência e perseverança, repetimos, são as condições absolutamente indispensáveis para quem intenta entrar no castelo da experiência de Deus. Deus empunha a batuta. Compete a nós chegar muitas vezes e estar muito tempo às portas do castelo.

Se não se conseguir nada, estamos ante o escolho mais perigoso da navegação que é o desencanto. Se passou todo o tempo sem nada perceber, a alma não deve castigar-se a si mesma, cansando inutilmente a cabeça. Nesse caso é aconselhável que pegue um livro e troque a oração pela leitura, fazendo, isso sim, uma leitura calma, sempre atenta ao Espírito que a qualquer momento pode soprar.

Quando a alma for surpreendentemente visitada pelo Senhor, na oração ou fora dela, com uma claridade e intensidade particulares, não deve deixar passar a oportunidade, mas atender ao chamamento. Assim fazia Moisés. Assim fazia Jesus: deixando a multidão, retirava-se para "estar" com o Pai, acudindo à chamada (cf. Mt 14,23; Mc 6,46; Lc 5,16).

São Francisco, nas suas peregrinantes andanças, quando sentia uma "visita" particular do Senhor, mandava o companheiro ir à frente e ficava atrás caminhando sozinho, atento ao apelo do Senhor. Se essa "visita" o surpreendia estando num grupo de irmãos, envolvia a cabeça com o manto e assim se apresentava à entrevista com o Senhor.

A meditação deve desembocar na contemplação como toda a subida termina no cume. Como diz São Pedro de Alcântara: "Aquele que medita é como quem golpeia a pederneira para tirar dela alguma faísca". Conseguida a quietude, concentração ou afeto, só tem de permanecer em repouso e silêncio com Deus; não com raciocínios, conceitos ou especulações, mas com um simples olhar.

A meditação é o caminho; a contemplação é a meta. Conseguido o fim, cessam os meios. Chegado ao porto, cessa a navegação. Terminada a peregrinação, cessam a fé e a esperança que são como o vento que conduz a nave ao Porto. Uma vez que, através da meditação, a alma chegou ao "repouso sabático", deve abandonar os remos e deixar-se levar pelas ondas da admiração, espanto, júbilo, louvor e adoração.

4. SILÊNCIO E PRESENÇA

O que dissemos até agora é, de certa forma, *contemplação*. Em minha opinião, todo verdadeiro encontro (adoração) é contemplação, e muito mais o é o *encontro profundo*.

A vida é coerente e unitária. Não podemos tomar o bisturi para dizer: "até aqui chega o campo da meditação; aqui está a linha divisória entre a oração discursiva e a contemplação". Nas coisas da vida não há elementos quimicamente puros: tudo está entrecruzado e mutuamente comprometido. Em toda meditação pode haver boas doses de contemplação e vice-versa. Mas aqui nós queremos falar (com perigo de cair em reiterações) da contemplação propriamente dita, da *contemplação adquirida*.

Quanto à *contemplação infusa*, o Senhor a dá quando, como e a quem quer. Para obtê-la, o cristão não pode fazer nada: esse dom não se merece, não se exige, não se pede – ao menos me parece. É gratuidade absoluta e extraordinária.

Já falamos neste livro que, normalmente, no princípio Deus deixa que a alma procure seus próprios meios e apoios, não existindo instrumentos adequados para discernir quando uma operação espiritual é obra da graça e quando é obra da natureza. Mais tarde, o próprio Senhor irrompe progressivamente no cenário, invalida as técnicas humanas, arrebata a iniciativa submetendo a alma a uma atitude passiva, toma posse completa do castelo, cujas hostes se rendem para que ele se torne mansão do Altíssimo. Mas isso já é obra da graça, completamente.

Ao longo deste livro, nós vamos indicando métodos e atalhos pelos quais guiamos a alma ao encontro com o Senhor. Sabemos que tudo é obra da graça e, com esses métodos, não queremos desconhecer nem desvirtuar a ação da gratuidade. Com esses auxílios que apresentamos, queremos apenas preparar um recipiente (um berço?) para o Mistério, damos uma resposta positiva à graça e procuramos *verdadeiramente* o rosto do Senhor.

Em silêncio e solidão

Desde longas eternidades Deus *era* silêncio. Mas no seio desse silêncio estava em gestação a mais profunda e fecunda comunicação. Nessa interioridade desenvolviam-se, como que em órbita circular e fechada, as relações intratrinitárias, relações mútuas de atração, conhecimento e simpatia, do Pai pelo Filho no Espírito Santo.

Como já dissemos, não há diálogo mais comunicativo do que aquele em que não há palavras, ou em que as palavras foram substituídas pelo silêncio. Os contempladores verificam de modo admirável este fato: à medida que a alma vai elevando e aprofundando as suas relações com Deus, vão desaparecendo primeiro as palavras exteriores, depois as palavras interiores. Por fim, desaparece todo o diálogo. E nunca há comunicação tão densa como nesse momento em que nada se diz.

Também o universo foi silêncio durante milhares de séculos. Não havia acima nem embaixo, não havia limites nem contornos. Tudo era um silêncio informe (cf. Gn 1,2). No meio desse silêncio cósmico ressoou a Palavra e brotou o universo. A Palavra foi, pois, fecunda. Mas o silêncio também foi fecundo.

Todo artista, cientista ou pensador tem de criar no seu interior um grande silêncio para poder gerar percepções, ideias e intuições.

A vida cresce silenciosamente no seio obscuro da terra e no seio silencioso da mãe. A primavera é uma explosão imensa, mas uma explosão silenciosa.

> Veio a Primavera.
> Ninguém sabe como foi. (A. Machado)

Os grandes movimentos da História foram gerados no cérebro dos grandes silenciosos.

Os homens mais profundos e dinâmicos da História são aqueles que foram capazes de aguentar cara a cara a luta com o silêncio e a solidão, sem se deixarem abater. É o caso de Elias (cf. 1Rs 17,1-8), Jesus de Nazaré (cf. Mt 4,1-12), Paulo de Tarso (cf. Gl 1,17).

* * *

Em minha opinião, o "mal do século" é o *aborrecimento*, cuja origem está na incapacidade do ser humano em estar a sós consigo mesmo. O homem da era técnica não suporta a solidão nem o silêncio. E, para combatê-los, lança mão de um cigarro, de um transistor ou de um televisor.

Para se evadir do silêncio, o ser humano se lança cegamente nos braços da dispersão, da distração e da diversão. Como resultado, produz-se em seu interior a desintegração. E ela acaba por gerar a sensação de solidão, desassossego, tristeza e angústia. Essa é a tragédia do homem dos nossos dias.

Sem dúvida que o cultivo, *de tempos em tempos*, do silêncio, da solidão e até da contemplação é hoje mais do que nunca necessário, tanto religiosa como psicologicamente. Os grandes pensadores atuais que analisam a nossa sociedade ficam admirados de não haver ainda mais loucos, e acrescentam que os complexos e inúmeros mecanismos, como os da evasão, da compensação, da sublimação e da alienação, é que impedem que isso aconteça.

E tudo isso se dá porque a interioridade do ser humano é assaltada e abatida pela velocidade, pelo ruído e pelo frenesi; o próprio homem é, ao mesmo tempo, vítima e verdugo de si mesmo, acabando por se sentir inseguro e infeliz.

* * *

Há um silêncio que é estéril. É quando o homem se fecha sobre si mesmo para fugir à comunicação com os outros, comunicação essa que nem sempre é agradável. Esse é o silêncio dos mortos.

Falamos de uma zona de silêncio e solidão que radica na própria constituição do ser humano. Mas o dinamismo desse silêncio não o leva a esconder-se, e sim a abrir-se ao diálogo com Deus. E como esse diálogo é amor e o amor é expansivo, abre ao diálogo com os irmãos. Se não houver essa trajetória e esses resultados, estamos em face do silêncio alienante. Diz Paulo VI:

> A fé, a esperança e o amor de Deus, bem como o amor fraterno, implicam como exigência própria uma necessidade de silêncio (ET, 45).

A Palavra vai sempre envolta no silêncio. É o seu recipiente natural para poder ser fecunda. Só no silêncio se pode escutar a Deus.

> A busca da intimidade com Deus leva consigo a necessidade verdadeiramente vital dum silêncio de todo o ser, seja para quem deva encontrar a Deus mesmo no meio do estrondo, seja para os contemplativos (ET, 46).

Os momentos de avanço do Reino, bem como as grandes revelações ao longo da história da salvação, deram-se no meio do silêncio. É uma lei constante da Escritura:

> Um profundo silêncio envolvia tudo e a noite avançava no meio da sua corrida, quando a tua Onipotente Palavra baixou dos altos céus ao meio da terra, qual guerreiro invencível (Sb 18,14-15).

Contemplação e combate

A Bíblia apresenta-nos Moisés como um contemplador de extraordinário relevo. Suas relações com Deus desenvolvem-se em um clima de imediatez, num face a face com Deus, não isento de certo suspense dramático que é sempre produzido pela proximidade com Deus.

Toda grandeza humana e profética de Moisés é sintetizada pelo livro do Êxodo nas seguintes palavras:

> Deus falava com Moisés face a face, como um homem fala com seu amigo (Ex 33,11).

Nos dias de Moisés, a experiência contempladora atingiu um de seus pontos mais altos, e Deus se prodigalizou em manifestações e teofanias de uma força rotunda e primitiva.

Moisés foi moldado diretamente no troquel de Deus, nesses longos dias e noites dentro da nuvem, envolvido pelo silêncio e a solidão, frente a frente com Deus, no cume da montanha. Moisés é uma obra de arte do próprio Deus. É ardente como o fogo e suave como a brisa (extraordinariamente manso – Nm 12,3).

Foi militar, político e contemplativo. Ao considerar sua envergadura humana, chegamos à conclusão de que todo contemplador, quando se deixa "tomar" pela proximidade arrebatadora de Deus, transformar-se-á em uma figura cinzelada pela força, a pureza e o fogo.

O servo de Deus harmonizou a têmpera de um libertador político com as exigências de uma vida escondida em

Deus. Alterou as batalhas com Deus no cume da montanha e as batalhas com os homens no vale.

* * *

As leis do silêncio e da solidão para os encontros com Deus adquirem contornos extraordinários em seu caso.

Sempre que Deus quer falar com Moisés, chama-o ao alto da montanha (Ex 19,3; 19,20; 24,1). Nos anos da travessia do Sinai, Moisés e Deus nunca falaram a não ser no pico da montanha.

Há momentos em que as expressões "subir a Deus" e "subir à montanha" são sinônimas, como no livro do Êxodo (24,12).

Mesmo quando Moisés já está no cume, Deus exige a solidão absoluta. E assim, nas primeiras rampas da montanha, manda colocar meticulosamente um cerco que não pode ser passado por ninguém, já que "quem tocar a montanha, morrerá" (cf. Ex 19,12).

É uma solidão-silêncio tão exigente, que mesmo quando Moisés se faz acompanhar, às vezes, por Aarão e pelos anciãos, eles têm de ficar longe quando Moisés entra em diálogo com Deus (cf. Ex 24,2).

No Sinai, o próprio monte é um sinal fulgurante do silêncio-solidão: uma altura de 2.285 metros, um sol que queima, areia, rochas, vento, solidão e, como único vestígio vivo, as águias. Aqui desaparece a maquilagem dos falsos rostos, as falsas seguranças são levadas pelo vento, e o ser humano volta a se encontrar, despido de ornamentos e apoios entre as mãos de Deus.

Mesmo quando Moisés garantia que a solidão era completa em torno de si, não estava tudo terminado. Deus fazia com que um silêncio cósmico invadisse, envolvesse e arrebatasse o contemplador. O símbolo desse silêncio era a nuvem que cobria Moisés quando estava falando com Deus.

Mas aqui há um tremendo mistério: Deus toma a forma de nuvem, e o símbolo do isolamento ou solidão é a nuvem. Parece haver uma relação identificante entre Deus-nuvem-silêncio.

> Tendo Moisés subido, a nuvem cobriu o monte, e a glória do Senhor era como um fogo ardente sobre o cimo do monte, à vista dos filhos de Israel. E entrando Moisés pelo meio da nuvem, subiu ao monte; e lá esteve 40 dias e 40 noites (Ex 24,15-18).

Que aconteceu nesses 40 dias e 40 noites no interior da nuvem, no cimo da montanha? É um dos grandes mistérios da história humana.

Só sabemos que, quando Moisés saiu de lá e desceu para a planície, os hebreus não podiam suportar a luz deslumbrante que irradiava de seu rosto. Ele tinha que pôr um véu para que as pessoas pudessem olhar para ele e escutá-lo. Só tirava o véu quando entrava na nuvem para falar com Deus. "Os filhos de Israel viam o rosto radiante de Moisés, e Moisés voltava a cobrir o rosto com o véu, até que entrava de novo para falar com Deus" (Ex 34,35).

Não há dúvida de que toda essa simbologia é prenhe de profundo significado; podemos vislumbrar algo, mas nos escapa quase todo o conteúdo. Destaca-se, entretanto, no meio de tantas imagens, símbolos e teofanias, uma lição sensacional: Moisés, o homem mais "comprometido" entre os profetas, grande libertador e grande revolucionário, foi um homem que cultivou, como poucos, o silêncio e a solidão.

Chama de fogo

Outro que alterna o fragor das batalhas com a solidão em Deus é o profeta Elias. Não é um profeta-escritor, mas um profeta de ação, e por isso mesmo seus longos períodos de solidão chamam mais a atenção. Elias surge surpreendentemente "como uma chama" no cenário da história de Israel. Deus o separa de seu meio ambiente e o conduz a uma torrente para transformá-lo em um "homem de Deus".

> Dirigiu o Senhor sua palavra a Elias, dizendo: "Retira-te daqui e vai para o lado do oriente, e esconde-te junto da torrente de Carit, que está defronte do Jordão. Lá beberás da torrente; e eu mandei aos corvos que te sustentem ali mesmo". Partiu, pois, e procedeu segundo a ordem do Senhor. Tendo-se retirado, alojou-se junto da torrente, e os corvos traziam-lhe pela manhã pão e carne, e de tarde também pão e carne, e ele bebia da torrente (1Rs 17,2-6).

Ao longo de sua vida, Deus o manteve à margem da sociedade, por sua consagração. Não tinha morada fixa. Andava errante como o vento, impelido e dirigido por Deus. Sua morada era a solidão.

O profeta foi se abandonando cada vez mais à vontade de Deus. Esse abandono fará com que se interiorize progressivamente nas mais secretas e profundas intimidades com Deus. Fez a peregrinação durante 40 dias e 40 noites até o cume do monte Horeb. Lá em cima, primeiro dentro de uma gruta e depois fora dela, Deus desdobrou diante dos olhos assombrados do profeta toda sua glória e esplendor (cf. 1Rs 19,8-10). O mistério dessa teofania ficará para sempre oculto e inacessível para nós. Em Sarepta, quando restitui a vida ao menino, nós o sentimos cheio de ternura, intimidade e confiança em Deus.

> "Senhor meu Deus, até a uma viúva que me sustenta como pode, afligiste matando-lhe o filho?". Estendeu-se depois, inclinou-se três vezes sobre o menino, gritou ao Senhor e disse: "Senhor, meu Deus, faze, te rogo, que a alma deste menino [...]". A mulher respondeu a Elias: "Agora reconheço por isto que és um homem de Deus e que a palavra do Senhor na tua boca é verdadeira" (1Rs 17,20-24).

Quando aparece em público, Elias é um homem envolto em chamas. Sempre vive atento à voz de Deus, de acordo com seu grito de guerra: "Vive o Senhor em cuja presença permaneço!" (1Rs 17,1). Só se preocupa com os interesses e a glória de Deus. Por isso a potência de Deus resplandecerá em seus gestos e em suas palavras.

Parece um vigia que está esperando a ordem, e quando Deus se lhe apresenta com o habitual "levanta-te!" lá vai Elias a toda pressa para cumprir sua arriscada missão para anunciar castigo ao rei, para reunir o povo no cume do Carmelo, para fazer baixar o fogo do céu sobre as tropas de assalto de Ocozias, para desmascarar os poderosos ou para passar à espada os adoradores de Baal.

A solidão temperou-o para as empresas mais audazes. É uma vida alternada: oculta-se em Deus e resplandece diante dos homens.

A travessia do Verbo

A "passagem" de Jesus pelo mundo é a odisseia, a grande "volta" do silêncio, no seu sentido mais profundo e emocionante.

A sua primeira etapa, a Encarnação, é o grande mergulho nas águas da experiência humana. É esse o significado daquele intraduzível "ekenosen" (cf. Fl 2,7): aniquilou-se, *desceu* até as mais remotas profundidades do anonimato, da humildade e do silêncio, até os limites últimos do homem.

Desceu ao humilde seio de uma virgem silenciosa.

No silêncio de uma "noite de paz" fez a sua entrada na História, escoltado por pastores, no trono dum presépio. Na noite de Belém, o silêncio escalou o mais alto de todos os cumes.

Nos dias da vida de Jesus, a Palavra do Pai esteve retida e presa entre as pregas do silêncio. Enquanto viveu, quantos foram os que souberam que Jesus era Filho de Deus?

É também impressionante o silêncio da presença real de Jesus na Eucaristia. Ali não há qualquer sinal de vida, de presença; ali nada se ouve, nada se vê; contra todas as evidências fica apenas o silêncio irredutível. Só a fé nos pode libertar da perplexidade.

O silêncio cobriu, com o seu reverente véu, a totalidade do mistério de Jesus nos longos anos de Nazaré. Nazaré é o novo nome do silêncio.

Jesus vai realizar uma carreira vertiginosa, desde o batismo até a cruz. Mas antes, nesses intermináveis anos de silêncio, que tranquila espera! Que longa imobilidade! Vemos Jesus impaciente: "Eu vim lançar fogo à terra e que quero eu senão que ele já se tenha ateado?!" (Lc 12,49). Mas nesses longos anos que precederam a evangelização, quanta paciência! Quanto silêncio!

Meditação e contemplação

A contemplação não é um discurso teológico em que se entretece uma brilhante combinação com imagens sobre Deus, manuseando premissas e tirando conclusões. Também não se trata de uma reflexão exegética pela qual atingimos o sentido exato do que o escritor sagrado quis dizer, mas sem penetrar na experiência que o autor viveu.

Algumas comparações vão nos iluminar.

Um botânico toma uma flor. Divide a flor em diversas partes com o bisturi, deposita-as em ordem sobre a mesa de um laboratório, toma o microscópio e estuda a flor. Em resumo, entende a flor dividindo-a, através de um instrumento (*ele mesmo* está longe da flor). *Entende analiticamente.*

Um poeta, ao contrário, não toma a flor: *é tomado* por ela. "Entende" a flor, fora de si mesmo, maravilhado, agradecido e quase identificado com ela, não por partes, mas globalmente. Entende-a possessivamente. Esses conceitos são sintetizados na exclamação do poeta: "Que linda flor!".

Um meditador (ou teólogo) primeiramente *toma*, não Deus mesmo, mas os conceitos sobre Deus, pois distingue esses conceitos e os divide; ordena-os e os combina; tira conclusões e aplica-as à vida. Entende mediante o instrumento da inteligência, podendo dizer-se que *ele* está "longe" do próprio Deus, já que não há contato de pessoa para pessoa. Entende analiticamente.

Um contemplador não toma Deus, é *tomado por ele*. É um homem eminentemente seduzido e arrebatado. "Entende" Deus, maravilhado e agradecido, identificado com ele, de pessoa para pessoa, adesivamente, experimentalmente, confusamente, em uma ação totalizante.

Adesão

O Concílio afirma que o ser humano nasceu para continuar a viver para além da morte. Acrescenta que o seu destino final está na contemplação eterna do mistério inesgotável de Deus. E conclui o documento dando-nos esta esplêndida definição da contemplação:

> Deus chamou e chama o homem para aderir a ele com a total plenitude do seu ser, na perpétua comunhão da incorruptível vida divina (GS 18).

Não se podia dizer melhor. É interessante notar que quando o Concílio se refere à contemplação, o faz quase sempre com a palavra *aderir*, palavra que envolve e compenetra o conhecimento, o amor, a admiração, o compromisso, a entrega e a vida.

Também, tal como assinalamos acima, o instrumento da contemplação não é a inteligência discursiva sozinha. É todo o ser, integradamente, que participa na contemplação unificante, "com a total plenitude do seu ser".

A contemplação, tal como estamos explicando aqui, aproximar-se-ia do conteúdo que tem a palavra *conhecer* na Bíblia.

Efetivamente, na Bíblia, *conhecer* é mais do que o saber humano e expressa uma relação existencial. Conhecer uma coisa é ter experiência concreta dessa mesma coisa. Assim, conhece-se o sofrimento (cf. Is 53,3), o bem e o mal (cf. Gn 2,9): é um compromisso real de profundas consequências.

Conhecer alguém é entrar em relações pessoais com ele. Essas relações podem adotar muitas formas e comportar muitos graus. De qualquer maneira, na Bíblia, conhecer (assim como contemplar) é entrar numa grande corrente de vida que brotou do coração de Deus e ali volta a aterrar.

Impressiona a insistência com que Paulo VI requer a contemplação do discurso de clausura conciliar. E que precisão e variedade de formas nas suas palavras!

No discurso de clausura fala-nos, em primeiro lugar, da "relação direta com o Deus vivo". Precisa e preciosa definição da contemplação! Depois, pergunta-se se "procuramos o seu conhecimento e amor". Outro modo muito próprio para se referir ao ato e à atitude da contemplação!

Mais adiante se pergunta o Santo Padre se teremos avançado no mistério de Deus com as sessões conciliares e, por fim, elevando o tom e a emoção, resume o objetivo final do Concílio proclamando diante do mundo:

> [...] que Deus existe, que é real, que é vivo, que é pessoal, que é providente, que é infinitamente bom, nosso criador, nossa verdade, nossa felicidade; de tal maneira que o esforço de *cravar nele o olhar e o coração*, que chamamos *contemplação*, vem a ser o ato mais elevado e mais pleno do espírito, o ato que hoje pode e deve hierarquizar a imensa pirâmide da atividade humana.

O objeto da contemplação não é uma ideia, nem sequer a verdade; é alguém, um alguém que é, por sua vez, fonte original e meta final dos nossos destinos e das nossas vidas.

Elevar para o alto todas as energias humanas e fazê-las aderir a Deus é o ato mais sublime do espírito humano. E esse ato recapitula e estabelece a ordem exata de prioridades nos valores e nas atividades humanas.

Abundando nos mesmos conceitos, o Concílio faz outra tentativa séria para decifrar a natureza da contemplação, na sua forma dinâmica. Ao falar de como devem integrar-se a atividade e a oração, diz que "é preciso que os religiosos juntem à ação a contemplação, pela qual *aderem* a Deus com a mente e com o coração..." (PC 5).

Notícia geral, confusa e amorosa

À medida que o cristão vai subindo a encosta da contemplação, o Deus que é objeto dessa contemplação vai progressivamente se evaporando. Explico: como em uma noite de decantação, esse Deus vai perdendo pouco a pouco formas, imagens e representação até se desvanecer e se reduzir à essência pura. Mas esse Deus nunca é tão concretude, transformação, força, universalidade e ação como nesse momento em que se reduziu à *pureza essencial* na fé.

Sim. Para a contemplação pura, também Deus tem de silenciar, despojando-se das variadas roupagens com que nossa fantasia o reveste. Isto é, Deus tem de ir empobrecendo. Ao contemplador não interessam as "vestes" de Deus, mas o *próprio Deus em si mesmo*, não a figura, mas a substância, não Deus-Palavra, mas Deus-Silêncio, embora o Senhor nunca seja *tão* Palavra, *tão* Substância como nesse momento de silêncio.

Quando dois silêncios se cruzam até se consumarem, estalam em uma grande explosão. As palavras carregam conceitos e os conceitos carregam "partículas" de Deus. Mas só o silêncio pode abranger *aquele que é* e está acima dos conceitos e palavras.

Para sabermos quando entramos na terra da contemplação, São João da Cruz nos dá os seguintes sinais:

1. – gostar de estar a sós com a atenção amorosa de Deus;

   – estar só com advertência amorosa e sossegada;

2. – deixar a alma ficar em sossego e quietude, mesmo que lhe pareça que está perdendo tempo;

   – em paz interior, quietude e descanso;

3. – deixar a alma livre, solta e descansada de qualquer discurso mental, sem se preocupar em pensar ou meditar;

– sem especial consideração, sem atos e exercícios das potências, ao menos discursivos, que é ir e vir de um lado para outro;

4. – evitar eficácias e preocupação que inquietam e distraem a alma da sossegada quietude;

– só atenção e notícia geral, se bem que amorosa, sem entender sobre o quê.[10]

São João da Cruz resume todas essas características em três notas: notícia geral, confusa e amorosa.

Diz *geral* porque se trata de uma atenção extensiva ou difusa. Isto é, a atenção não se concentra de maneira convergente em um aspecto concreto, mas se estende ou se difunde sobre o objeto geral: Deus.

Quando uma pessoa contempla uma paisagem, não centraliza seu olhar sobre a copa de uma árvore ou sobre o pico de uma montanha, mas estende seu olhar difusamente sobre a amplidão do horizonte. Isso se chama "olhar o infinito". De maneira análoga, o "olhar da contemplação é difuso, extensivo ou geral".

Diz notícia *confusa* em contraposição à analítica. Tudo o que é analítico é claro, porque na análise há divisão e onde há divisão há claridade. Se se quer "vencer" (conquistar) uma verdade, é preciso começar por dividi-la:

---

[10] Id. *I Noite* 10,4; *II Subida* 13,4.

divide e vencerás. A notícia contempladora é confusa porque não é analítica.

Também é confusa porque a atividade contempladora não é intelectual, mas vivencial, e o vivencial identifica-se tão substantivamente com minha própria pessoa que faltam distância e perspectiva para medir e ponderar o vivido: por isso não se pode conceitualizar, porque a experiência é, por si mesma, densa e plena e está muito perto.

Entretanto, embora confusa, não existe na mente humana notícia que infunda tanta certeza e projete tanta claridade como a notícia da contemplação.

O contemplador voa por cima dos cumes teológicos e das claridades exegéticas; e quanto mais submerge nos abismos, torna-se mais perdido e encontrado, quanto mais densas são as escuridões maiores são as claridades que percebe, com a mente paralisada e sem movimentos acrobáticos não entendendo, mas possuindo a *Ciência* e a divinal Essência; quanto mais sábio mais mudo, alcançando e cruzando com seu voo as alturas mais verticais de todas as ciências. Como o expressa bem São João da Cruz:

> Entrei onde não sabia
> e fiquei sem saber,
> toda ciência transcendendo.

> Estava tão embebido,
> tão absorto e alheado
> que ficou meu sentido
> de todo sentir privado,
> e o espírito dotado
> de um entender não entendo
> toda ciência transcendendo.

Quanto mais alto se subia
tanto menos se entendia,
pois era a nuvem tenebrosa
que a noite esclarecia.
Por isso quem a sabia,
fica sempre sem entender
toda ciência transcendendo.

Diz-se que a notícia é *amorosa*, isto é, emocional. A proximidade da pessoa amada produz sempre suspense e emoção. O encontro do contemplador é de pessoa para pessoa. Por isso há uma espécie de possessividade, e o coração se incendeia, estabelecendo-se uma corrente circular e alternada de dar e receber, abrir-se e acolher.

E quando o contemplador se sente infinitamente amado pelo Pai, todas as estabilidades vêm abaixo. Não há no mundo vinho que embriague tanto, nem fogo que penetre e transfigure tanto, nem rios que levem tanta alegria, nem mares que retenham tanta consolação, nem jardins que perfumem, nem melodias que arrebatem, como o experimentou o descobridor dos princípios da hidrostática, Pascal, na segunda-feira, 23 de novembro de 1654. Outra vez São João da Cruz:

Ó lâmpada de fogo
em cujos resplendores
as profundas cavernas do sentido,
que estava escuro e cego,
com estranhos primores
calor e luz dão junto, a seu querido.

Com total plenitude

Como dissemos, Deus nos predestinou para "aderirmos a ele com nossa natureza inteira" (GS 18).

Plenitude é a experiência da integração interior. Quando a atenção (consciência) penetra todos os departamentos do edifício humano, podemos dizer que a pessoa está integrada. O que está desintegrado nunca está pleno. Quando o cristão faz oração (procura fazer) em estado dispersivo, acaba sempre se sentindo frustrado, justamente porque não fez (nem pode fazer) oração nesse estado.

Sempre nos impede o caminho o mesmo inimigo: a dispersão. Ela origina um estado conflituoso: os critérios contra os impulsos, os comportamentos contra os juízos de valorização. Onde há conflito não há paz. Onde não há paz, Deus não "está".

Como integrar? Por um lado não há força tão integradora como o próprio Deus. Em comparação a ele, de nada valem as terapias integradoras. O mistério profundo do Senhor Deus estende-se como um leque por todo o âmbito da pessoa, atravessa e purifica as diversas partes e, em Deus, o cristão se sente um, sólido e indestrutível. Mas, por outro lado, antes e para poder aderir a Deus com total plenitude, o cristão precisa ter um grau elementar de integração. Como consegui-lo?

O ser humano percebe sua unidade interior quando sua consciência *se faz* presente simultaneamente em todas as suas partes. Mas acontece que a consciência não pode estar, *ao mesmo tempo*, em várias partes. Então, que fazer?

É preciso conseguir que a consciência se faça plenamente presente a si mesma. E, nesse momento, estando todo o ser em silêncio, acontece que a *profundidade de si mesmo* estende-se sobre o território da pessoa, integrando tudo com sua presença. Quando a consciência está "sobre" si mesma está também "sobre" todos os seus componentes. Se a mente retém o domínio absoluto de si, todas as suas partes ficam integradas.

Exercício de silêncio e presença

É possível que o cristão, no princípio, tenha a impressão de estar perdendo tempo com esse exercício. Não se impaciente. Persevere. Lembre-se de que se trata da prática mais eficaz para conseguir o espírito de oração e para "caminhar na presença de Deus", caminho de toda grandeza espiritual.

Ambiente adequado: escolha possivelmente um lugar solitário, uma capela, um quarto, um bosque, uma colina.

Tempo: reserve para essa prática um tempo forte em que não seja perturbado por pressas ou preocupações.

Posição: cômoda e orante, em quietude completa.

Faça o silenciamento progressivo conforme as instruções que já demos. Consiga o vazio interior, suspendendo a atividade dos sentimentos e emoções, apagando as lembranças do passado, desligando-se das preocupações futuras, isolando-se e desapegando-se de tudo quanto ferve fora de você e fora desse momento.

Não pense em nada, ou melhor, não pense nada.

Vá ficando além do sentir, além do movimento, além da ação, sem "olhar" nada nem dentro nem fora, sem se agarrar a nada, sem se deixar agarrar por nada, sem se fixar em nada.

Fora de você, nada.

Fora deste momento, nada.

Plena presença de você mesmo "a" você mesmo.

Uma atenção pura e despojada.

* * *

Agora, uma vez conseguido o silêncio, colocando-se na plataforma de fé, deve abrir-se à Presença.

Fique simplesmente com uma atenção aberta ao Outro, como quem olha sem pensar, como quem ama e se sente amado.

Nesse momento em que já se colocou na órbita da fé, deve evitar *imaginar* Deus. Toda imagem, toda forma representativa de Deus deve desvanecer-se. Vá "silenciando" Deus, vá despojando-o de tudo quanto significar *localidade*. Lembre-se: a Deus corresponde o verbo *ser*, não o verbo *estar*. Ele "não está" longe ou perto, em cima ou embaixo, na frente ou atrás. Ele é o Ser. Ele é a Presença pura e amorosa e envolvente e penetrante e onipresente. Ele *é*.

Esqueça-se de que você existe. Nunca olhe para si mesmo. Contemplação é fundamentalmente êxtase ou saída. Não se preocupe se "isso" é Deus. Não se inquiete se "isso" pertence à natureza ou à graça.

Não pretenda entender ou analisar o que vive. Tudo isso equivale a centralizar-se sobre si mesmo. Só existe um "tu" para o qual você é, neste momento, uma atenção aberta, amorosa e sossegada.

Pratique o exercício auditivo que indicamos acima. Quase insensivelmente, o silêncio irá substituindo a palavra até que, no momento em que o espírito estiver *maduro*, a palavra por si mesma "cairá". Não pronuncie nada com os lábios. Não pronuncie nada com a mente.

Você olha e "é olhado". Ama e é amado.

A presença pura, no silêncio puro e na fé pura, consumará uma aliança eterna.

É o nada. É o Tudo.

Você é o recipiente. Deus é o conteúdo. Deixe-se encher.

Você é a praia. Ele é o mar. Deixe-se inundar.

Você é o campo. A Presença é o Sol. Deixe-se vivificar.

Permaneça assim por muito tempo. Depois "volte" à vida, cheio de Deus.

* * *

Também conheço pessoas que fazem contemplação *imaginativa*. Instalam-se em uma capela em completa quietude. Olham para Jesus na fé; sentem-se olhadas por ele. Não dizem nada. Não ouvem nada. Em completa quietude, limitam-se simplesmente a "estar".

CAPÍTULO V

ORAÇÃO E VIDA

Reconheço que a oração pode transformar-se rapidamente, e sem que a percebamos, em uma evasão egoísta e alienante. Houve cristãos que fizeram da oração uma atividade estéril, não porque ficaram parados em árida secura, mas porque, vivendo em uma devoção sensível, tinham buscado o prazer, a paz e as consolações: buscaram a si mesmos.

Tudo o que queremos apresentar neste livro pode-se dissolver como uma estátua de barro, se não realizarmos um árduo e incessante questionamento entre vida e oração. A vida tem de desafiar a oração, e a oração tem de questionar a vida.

Em nossos dias, alguns jovens julgam e condenam os mais velhos porque estes nunca deixaram de rezar e, apesar disso, permaneceram – segundo eles – egoístas e imaturos durante toda sua vida.

Os jovens (alguns) dizem que não se preocupam em rezar.

Por quê? Para quê? Para ser imaturos e viver descontentes como aqueles que rezam?

Esses jovens poderiam compreender facilmente que se alguns dos mais velhos são assim, não é pelo fato de rezarem. No máximo, poderia ser por rezarem mal, ou por não rezarem bem. Mas assim mesmo nos perguntamos: se são assim rezando, como seriam se não rezassem? Por parte dos que criticam, não se trata de *vontade de aparecer* ou de sutis racionalizações para justificar o próprio comportamento?

Seja como for, esse fenômeno que alguns jovens indicam e acusam (a incoerência entre a oração e a vida) sempre me inquietou. É verdade que não se pode generalizar. Não acontece com todos. Conhecemos numerosos casos (sem descontar nossa própria história) em que as pessoas fazem esforços sobre-humanos e prolongados para, *em Deus*, superar os defeitos congênitos e os traços negativos da personalidade.

Com grande esforço conseguem superar-se em três ocasiões e caem em seis. Quando estão prevenidos (atentos a si mesmos) superam-se quase sempre. Mas acontece que normalmente não estão prevenidos e por isso caem com frequência. Se eles próprios notam um pequeno progresso com a melhora de seus traços negativos, é à custa de numerosos atos de vitória. Quanto mais para que também os outros percebam! Não se pode dizer tão levianamente: "Rezam e não mudam". Não sabemos de seus esforços silenciosos. A mudança é sempre evolutiva e sumamente lenta.

Com tudo isso, temos de nos preocupar com a dicotomia frequente entre a oração e a vida, e estabelecer um confronto franco entre as duas.

* * *

Muitas vezes temos nos deparado com esse quadro contraditório.

Era uma pessoa piedosa. Dedicou a Deus horas sem conta. Estava sempre na capela e com o terço na mão. Mas arrastou seus defeitos congênitos até os últimos dias: sempre conflituosa, desconfiada, agressiva e imatura. Parece que não cresceu; pelo contrário, até voltou atrás, pelo menos à primeira vista.

E o Deus da Bíblia é um Deus desinstalador, aquele que desafia, questiona e incomoda. Nunca deixa em paz, embora sempre deixe a paz. Está sempre tirando os homens e os povos, que se colocam sob sua influência, de algum Egito, para colocá-los em um deserto, em um caminhar para a terra prometida da salvação e da maturidade.

Então, o que aconteceu nesses casos? Como se explica que essas pessoas dedicaram tantas horas a Deus, e um Deus essencialmente libertador não foi capaz de libertá-las? Entregaram-se com tanta devoção durante tantos anos ao Senhor Deus; como esse Deus não foi capaz de pô-las em movimento para um mundo de maturidade, humildade e amor? Como não cresceram nem um pouquinho? Onde está a explicação dessa contradição?

A explicação é esta: essas pessoas – relativamente poucas – em vez de adorar a Deus cultuaram a si mesmas. Em suas vidas houve um fenômeno sutil, tão inconsciente como trágico, de *transferência*: sem perceber, essas pessoas fizeram uma transposição de seu "eu" para o que elas chamam de "Deus".

Aquele Deus com que tratavam com tanta devoção não era o verdadeiro Deus. Era uma projeção de seus temores, desejos e ambições. Em Deus, buscavam a si mesmas. Serviam-se de Deus em vez de servir a Deus. Aquele Deus nunca foi o *Outro*. O centro de sua atenção e interesse nunca foi o *Outro*, mas eles mesmos. Nunca saíram de si mesmos.

Parecia que prestavam culto a Deus; prestavam culto (em Deus) a si mesmos. Parecia que amavam a Deus; amavam (em Deus) a si mesmos. Seu Deus era um "Deus" falso, um ídolo, um "Deus" fabricado de acordo com seus desejos, interesses e temores. *Era* "eles mesmos". Em outras palavras: fizeram uma identificação simbólica e infeliz de seu "eu" com o "Deus" a quem dedicaram seu amor e culto.

Conclusão: essas pessoas nunca saíram de si mesmas. Quando rezavam, estavam sempre concentradas em si mesmas. Em toda a sua vida mantiveram-se fechadas em um círculo egocêntrico. Foi por isso que não cresceram em maturidade e arrastaram até a sepultura suas infantilidades, agressividades e defeitos congênitos: porque nunca saíram de si mesmas. Se não há saída, não há liberdade. Se não há liberdade, não há amor. Se não há amor, não há maturidade. Essa é a explicação.

Por isso, nós temos de buscar o rosto verdadeiro do Deus verdadeiro, estabelecendo um questionamento franco entre a vida e a oração.

1. LIBERTAÇÃO

O Deus da Bíblia é um Deus libertador. É aquele que sempre interpela, incomoda, desafia. Não responde, mas pergunta. Não soluciona, mas cria conflitos. Não facilita, mas os dificulta. Não explica, mas complica. Não gera crianças, mas adultos.

Nós o transformamos em um "Deus-explicação" de tudo o que não sabemos, o "Deus-poder" que soluciona todas as nossas impotências, o "Deus-refúgio" para todos os nossos limites, derrotas e frustrações. É a projeção de nossos medos e inseguranças. Não é este, porém, o Deus da Bíblia.

Algumas pessoas famosas do nosso século afirmaram que a religião gera tipos alienados e infantis. Na linha de suas explicações psicoanalíticas, esse "Deus" que tudo explicava e solucionava era o grande "seio materno" que equilibrava (alienava) os homens em meio aos perigos e dificuldades da vida, e os fazia evitar a luta aberta no campo da liberdade e da independência. Neste sentido, tinha razão Nietzsche ao afirmar que a presença lá em cima deste "Deus" impedira que aqui embaixo os homens adquirissem sua *maioridade*, e por isso se comportaram como crianças até agora. Este, porém, não é o verdadeiro Deus da Bíblia.

Este "Deus" deve morrer. Neste sentido podemos falar corretamente de "morte de Deus". Era a mentira de Deus, o falso rosto de Deus, inventado por nossa imaginação, usado e abusado por nosso orgulho, nossa ambição, nossa ignorância e nossa preguiça.

O verdadeiro Deus, sempre pascal, arranca-nos de nossas inseguranças, ignorâncias e injustiças, não fugindo delas, mas enfrentando-as e superando-as. O verdadeiro Deus, segundo o profeta Ezequiel, conduz os homens "ao deserto para lutar com eles, frente a frente", e, um por um, "fazê-los passar sob o bastão" (Ez 20,35-37). É aquele que abandona seu Filho na hora da agonia, à espera da morte. É o Deus dos adultos.

Aquele mesmo que, depois de criar o homem, não o retém como criança nos braços maternos para livrá-lo dos perigos da vida, mas corta rapidamente o cordão umbilical e lhe diz: "Agora seja adulto, leve o mundo para a frente e seja senhor da terra" (Gn 1,26). O verdadeiro Deus não aliena, mas liberta a fim de tornar adultos e livres os homens e os povos.

Salvar-se desde as raízes

Na Bíblia não existe, tão só nem sobretudo, a *salvação da minha alma*. A salvação trazida por Jesus, cujo programa nos anuncia na montanha das Bem-aventuranças, prende e domina todo o homem, submerge no inconsciente reprimido, ilumina com um fulgor penetrante e deslumbrador as obscuras regiões dos impulsos e motivos, desperta a consciência reflexa dos sonhos de onipotência e de seus delírios de grandeza, põe-lhe os pés no solo, o solo da objetividade, e o faz entrar na zona da sabedoria, da maturidade, da humildade e do amor.

Numa palavra, é a salvação integral. O Deus da oração deve ser um Deus desafiante e questionador. Isto é, um Deus libertador.

* * *

Um drama do ser humano é este: desde aquela tarde fatídica do paraíso em que sucumbiu à tentação "... sereis como deuses" (Gn 3,4), desde então, o homem leva em suas entranhas mais profundas um instinto ancestral, obscuro e irresistível de constituir-se em "Deus" e reclamar toda adoração.

Submete violentamente, pressiona e obriga todos os homens e criaturas a serem "adoradores" seus. "Apropria-se" dos valores e realidades que estão a seu alcance: dinheiro, beleza, simpatia, inteligência, sexo etc. e submete tudo a seu serviço e adoração. "Pois a criação foi sujeita à vaidade" (não voluntariamente, mas por vontade daquele que a sujeitou) (Rm 8,20). Usa e abusa do que considera "seu", como um déspota.

Se pudesse dominar o mundo inteiro, o faria. Se pudesse se apropriar de todas as criaturas, o faria. Se pudesse oprimir a todos os homens, o faria. Sente uma sede louca e insaciável de honra, aplauso e adoração. Sua vida é guerra de concorrência para ver quem açambarca mais adoração. O pecado mora no interior do homem e o pecado é pretender ser *como Deus*.

Todo aquele que ameaça eclipsar seu poderio ou depreciar sua honra fica automaticamente qualificado como inimigo. Nasce em seu interior a sombra negra da inimizade e desencadeia a guerra para esmagar qualquer competidor.

Vive cheio de delírios, alucinações e mentiras. Por exemplo: quando ama, crê que ama, mas quase sempre ama a si mesmo; quanto mais possui, crê ser mais livre, mas na realidade é mais escravo que nunca; quanto mais gente domina, crê ser mais dono, quando na realidade é mais dependente que nunca.

"O inimigo do homem é a sua própria carne", dizia São Francisco. Efetivamente, por suas loucuras de grandeza de ser o primeiro e sobressair acima de todos, o ser humano castiga a si mesmo com invejas, incapacidades, suspeitas, preocupações, anseios impossíveis, convertendo-se em vítima para criar impérios, hegemonias e dominações, e logo se sente aprisionado por suas próprias criações.

Explora o fraco. Passa por cima da justiça e da misericórdia para entesourar mais. É insensível ao clamor dos pobres. Ajunta fortunas com o suor e o sangue dos trabalhadores. Muitas vezes, quando um pobre se faz rico, converte-se no maior explorador dos pobres.

Numa palavra, somos escravos de nós mesmos. Necessitamos de libertação. No fundo, e sobretudo, somos idólatras. Necessitamos de redenção.

Dar a Deus um lugar

Se a escravidão consiste na idolatria (egolatria), o problema todo da libertação está em deslocar o "Deus-eu" e suplantá-lo pelo verdadeiro Deus. A salvação consiste em que Deus seja o *meu Deus*. Para isso é preciso lançar desordem a esse mundo de desejos, sonhos e quimeras que brotaram em torno do ídolo "eu" e que, além disso, o engendram e o adoram. É preciso arrasar, limpar e esvaziar o interior do ser humano de todas as "apropriações" absolutizadas e divinizadas para que, em seu lugar, Deus tome posse e desenvolva seu santo Reino.

A linha da libertação passa, pois, pelo meridiano da "pobreza e humildade de Nosso Senhor Jesus Cristo" (São Francisco).

> Ao pobre que está nu, vestirão; e à alma que se despir de seus apetites, quereres e não quereres, Deus a vestirá com sua pureza, gosto e vontade.[1]

Só o caminho dos "nadas" (libertação absoluta, nudez total) nos conduzirá ao cume de tudo o que é Deus. "É preciso esvaziar a alma de tudo o que não é Deus, para ir a Deus".

No deserto do Sinai, a fórmula da Aliança retumbou assim: "Eu sou o Senhor teu Deus, que te fez sair do Egito, da casa da servidão. Não terás outros deuses diante de mim. Não farás para ti imagem de escultura, nem figura do que está em cima nos céus, ou embaixo sobre a terra, ou nas águas, debaixo da terra" (Ex 20,2-4). Com a força selvagem de uma fórmula desértica e primitiva, a Bíblia nos entrega o segredo final da Salvação: que Deus seja Deus *em nós*.

Temos essa severidade expressa na cena bíblica, quando Mardoqueu podia ter salvado seu povo beijando os pés do orgulhoso Aman:

> [...] recusei prostrar-me diante do orgulhoso Aman. Voluntariamente, para salvar a Israel eu beijaria os rastros

---

[1] HAMMAN, A. *La oración*. Barcelona: Herder, 1967. p. 71, nota 7.

de seus pés. Mas procedi assim por temor de colocar a honra de um homem acima da honra de Deus; não adorarei jamais a ninguém senão a vós. E, contudo, não farei isso por orgulho (Est 4,17f-17h).

Ora, o único "Deus" que pode disputar com Deus seu reinado sobre o coração do homem é o próprio homem.

No fundo, ocorre um mistério trágico: nosso "eu" tende a converter-se em "Deuses". Isto é, nosso "eu" reclama e exige culto, amor, admiração, dedicação e adoração, em todos os níveis, que só a Deus são devidos. Os ídolos de ouro, pedra e madeira que aparecem na Bíblia competindo com Deus (bezerro de ouro, estátuas de Marduck, Baal ou Astarté) não têm atualidade; eram e são puros símbolos.

O único ídolo que de verdade pode disputar, palmo a palmo, o reinado de Deus sobre o coração do homem é o próprio homem. Em conclusão, ou se retira um ou se retira outro, porque os dois não podem governar ao mesmo tempo e em um mesmo território. "Ninguém pode servir a dois senhores" (Mt 6,24).

Se a libertação consiste em que Deus seja Deus em nós, e o único "Deus" que impede esse reino é o "Deus-eu", chegamos à conclusão de que o Reino, através da Bíblia, é uma disjuntiva excludente: ou Deus ou o homem; entendendo-se por homem o "homem velho" enroscado sobre si mesmo, com suas loucas ânsias de apropriar-se de tudo e de exigir toda honra e toda adoração.

Quando o interior do ser humano está liberto de interesses, propriedades e desejos, Deus pode estar ali sem dificuldade. Ao contrário, na medida em que nosso interior estiver ocupado pelo egoísmo, não haverá mais lugar para Deus. É um território ocupado.

Assim chegamos a compreender que o primeiro mandamento é idêntico à primeira bem-aventurança: quanto mais pobres, desprendidos e desinteressados somos, Deus é "mais" Deus em nós. Quanto mais somos "Deus" para nós mesmos, Deus é "menos" Deus em nós. O plano está, pois, muito claro: "importa que ele cresça e 'eu' diminua" (Jo 3,30).

O profeta Isaías exprime essas ideias com uma beleza insuperável:

> Os olhos soberbos do homem serão abatidos
> e deprimida a altivez dos mortais,
> e somente o Senhor será exaltado naquele dia,
> porque o dia do Senhor dos exércitos impende
> sobre todo soberbo e altivo,
> e sobre todo o que se ergue, para o humilhar;
> sobre todos os excelsos cedros do Líbano
> e sobre os elevados carvalhos de Basã,
> sobre todos os montes altaneiros
> e sobre todos os outeiros eminentes;
> sobre toda a terra elevada
> e sobre todo o baluarte inacessível;
> sobre todos os navios de Tarsis
> e sobre todas as embarcações mais atraentes.
> Será humilhado o orgulho do homem
> e deprimida a altivez dos mortais,
> e só o Senhor será exaltado naquele dia (Is 2,11-17).

Bem-aventurados os que têm um coração de pobre, porque deles é o reino dos céus (Mt 5,3).

À medida que o ser humano se vai fazendo pobre, despojando-se de toda apropriação interior e exterior, e isto feito em função de Deus, automática e simultaneamente, começa o Santo Reino de Deus a se desenvolver em seu interior. Se Jesus disse que o primeiro mandamento contém e esgota toda a Escritura, nós podemos acrescentar paralelamente que a primeira bem-aventurança contém e esgota todo o Evangelho de Nosso Senhor Jesus Cristo.

A libertação caminha, pois, pelo caminho real da pobreza. O Reino é como um eixo extraordinariamente simples que atravessa toda a Bíblia movendo-se sobre dois pontos de apoio: o primeiro mandamento e a primeira bem-aventurança. Que Deus seja realmente Deus (primeiro mandamento) se verifica nos pobres e humildes (primeira bem-aventurança). Daqui se originou aquela tradição bíblica segundo a qual o pobre-humilde herdeiro de Deus é a herança dos pobres. Só eles possuirão o Reino.

A salvação é equivalente ao amor. Mas a quantidade de amor é equivalente à quantidade de energia liberada em nosso interior, quer dizer, o amor é proporcional à pobreza. Por isso São Francisco disse: "A pobreza é a raiz de toda santidade".

A oração deve ser um momento e um meio de libertar forças, ligadas no centro de nós mesmos, para pô-las a serviço dos homens.

Livres para amar

Ser pobre (libertação absoluta) é também condição indispensável para criar uma fraternidade contente.

São Francisco de Assis, que não tentou fundar uma Ordem, mas uma Fraternidade itinerante de penitentes e testemunhas, põe a pobreza-humildade evangélica como a única condição e possibilidade para haver uma real fraternidade entre os seus seguidores.

Francisco percebeu claramente que toda propriedade é potencialmente violência. Quando o bispo Guido lhe perguntou: "Por que não queres admitir algumas propriedades para os irmãos?". Francisco respondeu: "Se tivéssemos propriedade precisaríamos de armas para defendê-las". Resposta de enorme sabedoria!

Se os irmãos estiverem cheios de si mesmo, cheios de interesses pessoais, os interesses de uns se chocarão com os dos outros e a fraternidade cairá em pedaços. Ou seja, onde houver propriedades, haverá violência. Quando o irmão se sente ameaçado em sua ambição ou em seu prestígio pessoal, passará à luta em defesa de suas apropriações e ambições, e da defensiva passará à ofensiva, e estarão presentes aquelas "armas que defendem as propriedades", a saber: as rivalidades, as invejas, as intrigas, os sectarismos, as acusações, numa palavra, a violência que dilacerará a túnica inconsútil da unidade fraterna.

Por isso Francisco pede aos irmãos que se esforcem por ter benignidade, paciência, moderação, mansidão e humildade quando forem peregrinando pelo mundo (II Regra, 3). Suplica-lhes também que se esforcem por ter "humildade, paciência, simplicidade pura e verdadeira paz de espírito" (I Regra, 17). É evidente que, se os irmãos vivem impregnados por essas tonalidades típicas do Sermão da Montanha, serão homens cheios de suavidade e mansidão, fáceis para respeitar, aceitar, compreender, acolher, estimular e amar a todos os demais irmãos.

Aconselha aos irmãos que lutem decididamente contra a "soberba, vanglória, avareza, cuidado e solicitude com as coisas deste mundo" (Regra, 10). Se os irmãos estiverem dominados por essas atitudes, será um sarcasmo chamá-los irmãos; no meio deles a fraternidade será uma bandeira dilacerada, ensanguentada e pisoteada.

Para ser um bom irmão, é preciso começar por ser um bom "menor". Primeiro a libertação de todas as apropriações e ambições. E pela rota da libertação chegará à fraternidade.

Pobres para serem maduros

A libertação de si mesmo também é condição para a maturidade humana, para a estabilidade emocional. Basta analisar a origem das reações desproporcionadas e das atitudes infantis.

Quando alguém vive cheio de si mesmo, arrastando-se para mendigar o apreço das pessoas, buscando sempre ficar bem ante a opinião pública, preocupado por sua "figura"; quando esse irmão tiver sucessos, na medida de seus desmedidos desejos, terá uma desproporcionada reação de felicidade. Sua emoção será tão grande que se desequilibrará com sua própria felicidade, exaltando-se.

Entretanto, ai do dia em que o marginalizarem, esquecerem ou o criticarem! Nesse dia também se quebrará sua integridade, mas desta vez de amargura. Verão que "se joga ao chão", se "faz de vítima", vê-lo-ão tão deprimido, abatido numa reação completamente desproporcionada ao que na realidade aconteceu. Qual a explicação profunda dessa reação?

É objetivo e justo, suponhamos, aquilo pelo que o criticam ou aquilo pelo que o marginalizam. Entretanto, ele considera uma injustiça monstruosa. Há, pois, um problema de objetividade. Essa pessoa tem uma imagem exagerada de si mesma, um "eu" aureolado e idealizado, e sua reação não foi segundo as medidas objetivas de sua realidade, de seu "eu" tal como é, mas de seu "eu" endeusado e falsificado (revestido) por seus sonhos e desejos. É preciso libertar-se desses sonhos que falseiam a realidade, de outro modo seremos perpetuamente infantis e amargurados.

Nos quatro séculos que se seguiram ao império Davi-Salomão, a vida de Israel com Deus desceu a seus mais baixos níveis. Por quê? Porque viviam adormecidos sobre lauréis. Viviam projetados em dois sonhos irreais: na passada recordação do império salomônico, sonhado (desejando) que esse império poderia rejuvenescer de um momento para outro (viviam sonhando no presente). Em segundo lugar, viviam olhando para frente, para as façanhas (inexistentes) de um Moisés que os faria ser donos da terra.

Essas projeções delirantes alienavam-nos completamente da situação real presente (divididos e dominados). E os alienavam de sua fidelidade à Aliança com Deus, apesar de o Senhor lhes ter enviado, nesse lapso de tempo, a mais impressionante plêiade de profetas.

Deus viu que a única solução era uma catástrofe que os libertasse de suas delirantes quimeras. E assim foi.

Deportados para a Babilônia, verificaram que nada tinham no mundo nem sequer a esperança de ter; que todos os sonhos eram mentira, os do passado e os do futuro; que não eram mais que um pobre punhado de débeis e derrotados. Ao despertar das imagens falsas e enfatuadas de si mesmos e de sua história, quando caíram em si, e reconheceram (e aceitaram) a realidade objetiva do que eram, então aconteceu a grande conversão para Deus.

Essa é a terrível história de cada povo e de cada pessoa. É necessário libertar-se das falsas máscaras com que nos cobrimos e aceitar a realidade de nossa contingência, precariedade, indigências e limitações. Só então teremos a sabedoria, a maturidade e a salvação.

Aristocratas do espírito

Por outro lado, imaginemos o caso contrário. É uma pessoa que trabalhou longos anos para libertar-se de seus interesses e "propriedades" e progrediu na "pobreza e humildade de Nosso Senhor Jesus Cristo".

O que primeiro consegue é a objetividade. As flores não o emocionam tanto, as pedras não o molestam tanto.

Se sobe ao trono, não morre de gozo; se cai do trono, não morre de tristeza. Seu ânimo permanece estável ante os aplausos e ante as críticas, e quanto mais liberto de si mesmo, mais inquebrantável se sentirá. E se a libertação de si mesmo for completa, estaremos diante de alguém que sente uma serenidade imperturbável, acima dos vaivéns da vida.

Estaremos diante de uma figura admirável e invejável, uma figura talhada segundo o espírito das bem-aventuranças, cheia de suavidade, paciência, doçura e equilíbrio. O pobre do Evangelho é um aristocrata do espírito.

Nada nem ninguém poderá perturbar a paz serena de sua alma porque nada tem a perder, já que de nada se "apropriou". Ao que nada tem e nada quer ter, o que poderá perturbar? Nada haverá neste mundo que o possa exasperar ou deprimir.

A libertação de si mesmo deu como resultado uma pessoa madura, equilibrada, extraordinariamente estável em suas reações e emoções, um exemplar humano de alta qualidade.

Circuito vital

Todo esse processo de libertação que nos levará ao Reino de Deus, ao reino da fraternidade e à maturidade pessoal, se efetuará no encontro com Deus, em um circuito que vai da vida para Deus e de Deus para a vida.

Hoje corre, quase como voz comum, a opinião de que o lugar do encontro com Deus é o ser humano, o mundo. Teologicamente esse conceito poderia não oferecer reparos. Entretanto, é um fato inquestionável que os mais combativos e comprometidos libertadores de povos escravizados – Moisés e Elias – não se encontraram com Deus no fragor das batalhas ou das lutas sociais, mas se retiraram para a solidão completa e ali adquiriram a têmpera e o vigor para as batalhas que se avizinhavam. Outro tanto ocorreu com Jesus.

Tenho de chegar à presença de Deus com toda a carga de dificuldades e problemas. Será lá (no tempo e lugar da oração) que terei de ventilar com Deus minhas perguntas, crises e assuntos pendentes.

Esse Deus com quem "falei" na oração, a quem "vi", esse Pai amantíssimo tem de "baixar" comigo para a vida; aquele estado de penetração e intimidade que vivi com o Senhor, essa temperatura (espírito de oração, presença de Deus) deve perdurar e ambientar minha vida, e "com ele a minha direita" tenho de travar a grande batalha da libertação.

O encontro com Deus é como um motor que gera forças. Mas se a força desse motor não se transmite por meio de roldanas e outras rodas que ponham em movimento complexas indústrias é uma força inútil.

O homem esteve com Deus. Sentiu-o tão vivo que sua presença inconfundível o acompanha aonde quer que vá. Se se apresentar uma grande dificuldade, como perdoar uma ofensa, sentirá grande repugnância em aceitar a alguém que não lhe agrada. Por amor a esse Deus a quem sente presente, enfrentará a situação e superará a repugnância. Ao fazer essa vitória, cresce o amor por Deus (diria "cresce" Deus: sua presença é mais densa em mim). Esse amor empurra-o para um novo encontro com ele. Este é o circuito vital.

Não somente isso. A situação repugnante, superada com amor, se transformou em doçura, como aconteceu a São Francisco com o leproso. E Deus lhe disse: "Francisco, deverás renunciar a tudo o que amaste até agora, e tudo quanto te parecia amargo se converterá para ti em prazer e doçura".

Qualquer migalha de egoísmo (irritabilidade, capricho, inveja, vingança, sede de honra e prazer) que se supere (de que se liberte) com Deus e por Deus, faz crescer o amor; e como o amor é unitivo ("amor meu, peso meu", de Santo Agostinho) cresce a atração (peso) para ele, e o levará a um novo encontro com ele.

No encontro, vislumbra que, durante o dia, terá de travar as grandes batalhas no campo da mansidão, da paciência e da aceitação, e "leva" Deus para a batalha, e "com ele à direita" terá uma série de superações, com alto preço por certo, sendo cada superação compensada com a alegria e o aumento do amor.

Não faltará quem diga que isso é masoquismo. Os que assim falam jamais vislumbraram, nem de longe, a experiência de Deus. Os que vivem "para" Deus, ao contrário, sentem esse processo como uma jubilosa libertação.

Quando o homem de Deus está em profundo encontro com ele, parece sentir que o "tu" "toma", "tira", absorve o seu "eu", e então experimenta a liberdade absoluta em que desaparecem a timidez, a insegurança, o ridículo, os complexos. Jamais ninguém sentirá uma plenitude de personalização tão intensa, apesar de que os que não "sabem" de Deus continuem falando de masoquismo. Essa sensação equivale exatamente àquela onipotência embriagadora e desafiante que sentia Paulo ao dizer: "Se Deus é por nós, quem será contra nós?" (Rm 8,31). O problema está em experimentar o *Deus está comigo*. Quem o sentiu vivamente, "saberá o que é libertação absoluta".

O homem baixa novamente à vida. Encontra comentários desfavoráveis sobre sua atuação. Seu desejo de parecer bem, sua sede natural de estima impele-o a se justificar. Lembra-se do silêncio de Jesus diante de Caifás e Pilatos, e não se justifica. Perde prestígio, mas ganha liberdade. Progride a libertação.

Com o "Senhor à direita", volta à vida. Há uma situação conflituosa em que a "prudência humana" aconselha a calar-se; assim não se complica. Mas lembra-se da sinceridade e veracidade de Jesus, e diz o que deve dizer. Complicou-se realmente, porém sentiu-se interiormente livre.

O homem de Deus baixa ao campo ardente das lutas pela justiça. Torna-se a voz dos que não têm voz. O amor o leva aos esquecidos deste mundo. Vai para junto daqueles por quem ninguém olha, para aqueles que ninguém quer.

Logo descobrirá a razão de haver famintos e maltrapilhos e terá de desembainhar a espada afiada para chamar a atenção e denunciar. Sua guerra será respondida com guerra. Logo sentirá em suas costas a maquinação dos poderosos com mentiras e provocações.

O profeta terá de se refugiar na solidão, frente a frente com Deus para temperar o seu ânimo. Senão, os poderosos acabarão por derrubar, a machadadas, a fortaleza espiritual do "enviado".

Na medida em que convive com os abandonados, aparecem a seus olhos, como um fulgor rubro, as causas e desastres das injustiças; vê claramente quem são os interessados na continuação da ignorância e da miséria para engordarem à custa da fraqueza alheia; vê como aumenta, dia a dia, a desproporção entre os que amontoam riquezas e os que cada vez têm menos, e que essa desproporção clama ao céu com um grito que não se pode conter.

Este é um momento muito perigoso para o homem de Deus. À noite (sem se aperceber) pode brotar em seu coração a semente do ódio contra os opressores. Seu espírito pode ficar envenenado e o veneno do ódio pode "matar" o próprio Deus, porque Deus é Amor, e pode esterilizar os melhores propósitos.

Em tão delicado momento precisa de um facho iluminador para discernir, entre seus sentimentos, aqueles que brotam de suas escuras profundezas e aqueles que emanam de Deus; terá de sufocar os primeiros.

Ainda que suas tarefas possam, às vezes, ser comuns às atividades dos políticos, o homem de Deus tem uma permanente preocupação de *ser* uma *testemunha* e não um político. Para permanecer idêntico a si mesmo e fiel à sua missão, mais do que nunca necessitará da "visão" facial de Deus para em sua luz distinguir as atitudes puras das espúrias. Baixa frequentemente das "montanhas" com o "Senhor à sua direita" (Sl 15) para ficar ao lado dos pobres, para defender os oprimidos e libertar todos os cativos. Mas, ao mesmo tempo, não se envolve por motivações que não sejam as de uma testemunha.

Com essas superações aumenta o caudal de amor.

O "peso" cada vez o inclina com mais frequência e profundidade para Deus. O amor o empurra de novo para a batalha da libertação com novas vitórias. Um dia, visita ao que sempre o molestou. Noutro dia, cala-se ante palavras agressivas. Depois trata de ser paciente com alguém que realmente é insuportável.

Vive envolto em Deus e estimulado pelo amor; procura novas oportunidades e inventa novas formas para manifestar o amor. Se se encontrou entre conflitos, com perigo de quebrar-se, recordou a inteireza de Jesus em seus momentos difíceis, e se manteve íntegro. A semana passada foi agitada e frenética. Entretanto, à visita do Senhor, equilibrou-se com serenidade entre alvoroçadas ondas.

Sua libertação diária consiste em aceitar-se tal como é, sem se amargurar, evitando extravagâncias e reações que magoam aos demais. Liberta-se perdoando e esquecendo muitos detalhes, aceitando os difíceis tais como são, frequentando pessoas cuja simples presença o desagrada, evitando suscetibilidade, superando sensibilidades e sendo cada vez mais senhor de si mesmo.

Enquanto isso acontece, a fé e o amor crescem. Deus se torna prêmio e prazer, e a vida passa a ter sentido, alegria e esplendor. Em Deus e por Deus, as renúncias se transformam em libertação, as privações em plenitude e as repugnâncias em doçuras.

Retificação

Conforme a Bíblia, qual é o plano de Deus ao criar o homem? Deus quer entrar em comunhão com o homem. Esta é a meta das intervenções de Deus na História da Salvação e, sobretudo, é o objetivo final das Alianças.

Por outras palavras: tendo Deus no princípio criado o homem semelhante a ele (cf. Gn 1,26), posteriormente, por suas diversas intervenções, quer fazê-lo mais semelhante a si. Isto é, primeiro quer formar uma família com o homem, para assim torná-lo mais parecido com ele, fazendo-o participar de sua própria natureza para finalmente divinizá-lo.

Antes do pecado, esta comunhão-semelhança era fácil e natural porque o ser humano, segundo a Bíblia, foi desenhado de tal modo que se tornou uma ressonância perfeita do próprio Deus. Falando com certa ousadia, diríamos que as "estruturas psíquicas" de Deus e as do ser humano são correspondentes, são harmônicas (cf. GS 12,14).

Mas veio o pecado e se desfigurou o rosto do homem (cf. GS 13). Desde esse momento tornou-se impossível a harmonia, impossível a comunhão entre dois seres tão diferentes. Teria de haver uma profunda purificação da estrutura interna do homem mediante a penitência, para restabelecer a harmonia, a unidade e a semelhança.

A Bíblia apresenta o pecado como uma trágica realidade que aprofunda suas raízes na própria substância do ser humano: "Fui concebido em pecado desde o seio de minha mãe" (Sl 50). São Paulo vai mais além: "Não sei o que faço... não sou eu que faço, mas o pecado que habita em mim" (Rm 1,14ss). Pecadores, pois, duplamente: por nascimento e por culpa pessoal.

No princípio, Deus pôs uma ordem no ser humano. Essa ordem foi desequilibrada pela irrupção do pecado-egoísmo. Agora será preciso restabelecer a ordem original pelo reordenamento da penitência.

Definiríamos, pois, a penitência evangélica como o restabelecimento daquela ordem original estabelecida por Deus no ser humano. Por outras palavras, uma retificação.

Caminho do amor

Penitência significa, também, converter-se. Converter--se significa, por sua vez, um avançar dificultoso desde o homem até Deus. Quer dizer, um incessante "passar" das estruturas psíquicas do "homem velho" (Rm 6,6; Ef 4,22; Cl 3,9) para as "estruturas" de Deus. Quais são estas? São as estruturas do amor, porque Deus substancialmente é amor (1Jo 4,16).

Com outras palavras: penitência-conversão é estar "passando" do egoísmo para o amor.

Como se vê, a penitência tem um forte sentido pascal.

No Evangelho Jesus nos assinala a rota para essa "passagem" com a fórmula penitencial: "mudai vossos corações" (Mc 1,15; Mt 4,17). Mas o Sermão da Montanha é a estratégia mais profunda de libertação das escuridões e exigências do egoísmo.

É um programa ditado do alto do monte, gritado a todos os ventos, recolhido por seus ouvintes muitos anos mais tarde, procurado em estilo isento de exclamações. Tudo isso dificulta captar com exatidão o sentido de sua mensagem libertadora.

Mas, ainda assim, vemos que no Sermão da Montanha está perfeitamente delineado o processo de libertação e sua meta final que é o amor. Efetivamente, em sua primeira parte, fala-nos da pobreza de espírito, da humildade de coração, da paciência, da mansidão, do perdão... Todo ele está significando que as exigências idolátricas do "eu" foram negadas (Mt 16,24), reprimidas (Mt 11,12) e, deste modo, as violências interiores foram acalmadas.

E quando essas energias forem liberadas, desamarradas e desvinculadas desse "eu" inflado de ilusões e de sonhos, transformar-se-ão automaticamente em amor.

Então, de acordo com a segunda parte do Sermão da Montanha, poderemos utilizar essas energias egoístas, transformadas em amor, para o serviço da fraternidade:

- fazer bem aos que fazem mal (Mt 5,38-42);

- perdoar aos que nos ofendem (Mt 5,23-25);

- admoestar o irmão (Mt 18,15);

- fazer o bem sem esperar gratidão nem recompensa (Lc 6,35);

- apresentar a outra face (Lc 6,39);

- amar a todos, e não somente os que nos amam (Lc 6,32).

Resumindo, penitência é um constante "passar" do egoísmo para o amor.

Subida para o cume

Encontramos, no Evangelho, a estratégia secreta da conversão, em forma de sucessivas cenas antitéticas e contrapontos que, como verdadeiros lances psicológicos, quase confundiram os Doze.

Psicanalisar essas cenas é descobrir completamente os segredos da penitência.

Eis as cenas:

1. Jesus aceita a "confissão" de Pedro. Realmente ele é o Messias esperado (cf. Mt 16,17). Essa descoberta desperta nas almas dos Apóstolos o "homem velho" como uma febre delirante. Imaginavam o Mestre como um comandante e chefe, acima das forças romanas, e eles mesmos, é claro, participando e usufruindo as doçuras do poder e da glória.

2. Jesus, sabendo como era perigoso deixá-los embalados por esses sonhos de grandeza, desperta-os e lhes diz: "Sim, coragem, vamos para Jerusalém, não para eu ser coroado Messias-Rei, e sim, para ser preso, açoitado, cuspido, crucificado e morto. Mas, ao terceiro dia ressuscitarei" (cf. Mt 20,17; Mc 8,31; Lc 9,22).

3. Essas palavras foram um jato de água fria sobre seus delírios; provocaram a típica reação do "homem velho". Eles nada compreenderam (cf. Lc 18,34) e nada quiseram saber. É a repugnância que sente o homem à vista da cruz.

4. Então Pedro, fazendo-se eco dessas repugnâncias, dispõe-se a travar a última batida pelo "homem velho" e seus sonhos. Toma à parte Jesus e começa a repreendê--lo: "Que é isso? Subir a Jerusalém para ser executado?

De modo algum! O Messias não pode fracassar, tem de ser invencível e imortal!" (cf. Mt 16,22; Mc 8,33; Lc 9,24).

5. A resposta de Jesus foi dura e taxativa. Mas ele, voltando-se e olhando para os discípulos, repreendeu a Pedro. "Pedro, falas como um mundano. Não sabes ou não queres distinguir os pensamentos de Deus dos pensamentos do homem. Sabes o que mais? Escandalizas-me. Afasta-te" (cf. Mt 16,23; Lc 9,24).

6. Temos a impressão de que Jesus considerou esse momento como decisivo. E, em caráter doutrinal, lhes demonstra as condições absolutas, dizendo-lhes: "Amigos, ainda é tempo para ficar ou ir-se embora. Ainda podem escolher. Mas, de agora em diante, saibam que aquele que quiser seguir-me terá de negar-se a si mesmo, carregar sua cruz de cada dia. Quem tiver condescendência consigo próprio não servirá para me seguir. O que renuncia a si próprio, salva-se e serve para o meu programa. O grão de trigo só produzirá quando morrer. Assim, quem quiser viver, tem de morrer" (cf. Mt 16,24-27; Mc 8,34-38; Lc 9,23-27; Jo 12,25).

7. Jesus viu que esse duro programa penitencial aniquilou a fortaleza dos Doze. Tornara-se uma pedra de tropeço para seus desejos e esperanças. Por isso Jesus chamou os líderes do grupo, levou-os ao cimo da montanha, e para devolver-lhes a segurança transfigurou-se diante deles.

Nessas cenas de tanto contraste, descobrimos, como em um "inconsciente reprimido", as molas secretas da penitência-conversão. Encontramos, primeiramente, as resistências e repugnâncias do "eu" ilusório que reluta a desapegar-se de si mesmo, a morrer para si mesmo.

Nelas, há uma estranha mistura de cruz, morte e transfiguração. Aparece, à primeira vista, uma confusa mescla de derrota e fracasso, de luz e escuridão, de Tabor e Calvário. Entretanto, apesar desta aparente confusão, distinguimos uma nunca desmentida lógica no Evangelho. É a nova lógica para a nova ordem:

- para viver, é preciso morrer;

- a ressurreição e a crucifixão são uma mesma coisa;

- o Calvário e o Tabor não são uma mesma coisa;

- a ressurreição não é sequência, e sim consequência da morte de Cristo;

- só a penitência conduz à transfiguração.

Mortificar-se, para quê?

É um fato histórico fora de discussão que homens de Deus de grande envergadura, como um São Francisco de Assis ou um São João da Cruz, realizaram sua transformação em Jesus Cristo *na medida e ao mesmo tempo* em que se entregavam a penitências corporais.

O biógrafo contemporâneo de Francisco de Assis diz que ele "viveu crucificado", inclusive a ponto de ter de pedir perdão ao "irmão asno" por tê-lo submetido a tantos maus tratos. E isso é tanto mais estranho se pensarmos que Francisco foi um dos homens que mais vibrou com as belezas da criação.

É verdade que penitência não quer dizer apenas mortificar-se. Mas, no contexto bíblico, a mortificação está incluída no conceito geral de penitência. Na tradução alexandrina da Bíblia, distinguem-se dois verbos: *metanoein*, que indica a mudança mental, a conversão interior, e *epistréfein*, que poderia ser traduzido por mortificar-se, indicando os atos externos de penitência enquanto condicionam e facilitam a conversão.

* * *

A mortificação, entendida em seu sentido ascético, recebeu, nos últimos tempos, forte investida, certamente em nome das novas correntes "teológicas". Hoje até a palavra *mortificação* soa mal e parece repugnante. E a classificação que logo lhe aplicam é: masoquismo. Estou de acordo com boa parte das razões pelas quais têm dado, com indignação, machadadas contra as mortificações voluntárias. Mas acho que poderiam ter podado os ramos sem ferir o tronco. Alguns atacaram às cegas.

A partir da teologia dos valores humanos, estes vêm dizer-nos que devemos amar a vida, que Deus criou todas as coisas para que sejamos filhos felizes e que devemos usar convenientemente essas coisas, que ninguém é feliz buscando privações, que o verbo *renunciar* já não tem sentido. Eu sei que essas ideias, bem entendidas, são corretas.

Contudo, logo se começa a aplicá-las indiscriminadamente à universalidade da vida, inclusive à vida consagrada, e é preciso ver o que é que entendem pelos três votos, por fraternidade! E tudo em nome dessas teorias entendidas com superficialidade e aplicadas com irresponsabilidade. A impressão que fica por baixo dessas teorias (assim explicadas e aplicadas) não fica longe do grito pagão consignado na Escritura: "Comamos e bebamos, que amanhã vamos morrer" (Is 22,13).

* * *

Teorizar não faz falta. Basta esgaravatar um pouco na própria pele e qualquer um pode experimentar por si mesmo que se privar de alguma coisa *por amor* traz a satisfação característica de quem é amado. No amor, a privação se plenifica. Quanto mais compensações dão a si mesmos, mais vazios vão se sentir com o tempo. O povo da sociedade de consumo nunca tinha tido tantas satisfações como hoje. Apesar disso, nunca se sentiu tão insatisfeito.

Se Santa Teresa diz que "a quem tem Deus não falta nada", qualquer um de nós pode observar que quem não "tem" Deus, sente falta de tudo, mesmo que o mundo inteiro esteja em suas mãos. Nesse sentido são eloquentes as estatísticas dos suicídios. Quem são os que se autoeliminam da vida? Principalmente os ricos enfastiados aos quais não falta nada, mas são oprimidos pelo vazio da vida como um peso insuportável.

São verdades experimentais. Basta chegar às raízes do ser humano para qualquer um de nós perceber que cada pessoa é um poço infinito. E um poço infinito não pode ser enchido com infinitos finitos; só há um Infinito que pode enchê-lo. Só Deus poderá plenificar o coração humano e aquietar suas mais profundas vibrações. A frase de Santa Teresa encerra uma grande dimensão antropológica: *só Deus basta*. Esse é o verdadeiro parâmetro para medir e cobrir os abismos humanos.

Como Jesus pode dizer que felizes são os pobres, os que choram, os perseguidos, os desprestigiados quando o sentido comum qualifica de felizes os milionários, os que riem, os que gozam de prestígio e liberdade? Deve entender-se que, se alguém não tem dinheiro, liberdade, prestígio etc., mas *tem Deus*, então tem tudo, é bem-aventurado, tem a plenitude porque "para quem tem Deus, nada faz falta".

Essas coisas, entendidas intelectualmente, parecem insustentáveis e até absurdas. Mas, o que *sabe* a cabeça? Só se *sabe* aquilo que se experimenta. Para *entender* o Evangelho, é preciso vivê-lo. Para entender a Deus, é preciso vivê-lo. Sim, as coisas de Deus só se entendem vivendo, e então deixam de ser paradoxais.

Quando o cristão entra a fundo na torrente vital de Deus, sente imediatamente a necessidade de exteriorizar sua resposta de amor com atos de vida concreta. Dir-me-ão que esse amor deve ser canalizado para o âmbito da fraternidade, para o atendimento dos pobres, para a aceitação das enfermidades etc. Nisso estamos plenamente de acordo. Entretanto, o que a vida ensina é o seguinte: se o cristão não se *treina* no amor com privações voluntárias, normalmente não será capaz de amor oblativo, mas só amará a si mesmo, de forma indireta, diferida ou transferida.

O que acontece é que, hoje, para estabelecer juízos de avaliação, recorre-se às chamadas ciências humanas e se prescinde, *de fato*, de Deus, ao menos do Deus vivo e verdadeiro. E então sim, quando Deus não é fonte viva de experiência, qualquer mortificação é masoquismo, o celibato é repressão, a obediência é dependência infantil, as renúncias são mutilações ou necrofilias e a própria vida acaba sendo um conjunto de desajustamentos, compensações e vias derivadas. Para o que não tem experiência da fé, qual pode ser o sentido, por exemplo, da fidelidade conjugal ou do amor ao próximo?

Nunca se entenderá suficientemente que a privação é amor e o amor amadurece e desenvolve a personalidade, e que os incapazes de privar-se de alguma coisa são assim justamente porque são incapazes de amar.

* * *

Ao longo desses anos, tenho assistido a reuniões de grupo, a encontros de responsáveis de comunidade. Quando se trata das práticas penitenciais, manifestam-se as seguintes considerações e conclusões, que fui recolhendo.

Considerações – Por terem sido, no passado, exageradas e excessivas, as mortificações caducaram e por isso é que também se constituiu uma legenda negra sobre essa prática ascética.

As mortificações também caíram em desuso porque eram ordenadas de cima para baixo. Não havia espontaneidade. Não eram apenas praticadas sem vontade, mas até contra a vontade, pelo peso do costume.

As penitências, repetidas todos os dias, todos os anos e toda a vida, produziram saturação, fadiga, rotina. Porque faltava variedade na prática penitencial, ou talvez porque se praticava sem amor, originou-se em alguns irmãos uma espécie de repugnância por sobressaturação, e por isso seria conveniente que não existissem penitências externas por certo tempo, ou pelo menos que fossem reduzidas.

Quando uma fraternidade exige de si mesma certas privações, é sinal de vitalidade espiritual: assim patenteia sua fidelidade. É um sinal de amor. Pelo contrário, é sintoma de decadência quando uma fraternidade resiste a esses atos.

Conclusões – Estamos de acordo em que a melhor mortificação é a interna, na humildade e na fraternidade. Contudo, muitas vezes os irmãos não conseguem dominar suas sensibilidades e se sentem como que defraudados consigo mesmos. Mas experimentam uma sensação concreta de terem amado quando praticam certas privações.

A vida ordinária de uma comunidade está repleta de exigências mortificantes. É de se desejar que essas práticas ascéticas sejam orientadas para atos externos de sua vida: por exemplo, participar com pontualidade dos atos comunitários, trabalhar com assiduidade, sofrer as enfermidades, assistir aos pobres etc.

Os atos de privação não teriam de emanar, se fosse possível, da legislação. Teriam de ser determinados voluntária e espontaneamente no grupo dos irmãos.

A prática penitencial, quando é promovida voluntária e comunitariamente, como vigílias noturnas, fazer uma hora santa, privar-se de alguma coisa em certas oportunidades etc., suscita o entusiasmo juvenil, quebra a rotina e incentiva o idealismo e o amor, como em virgens fiéis que esperam a chegada do Senhor.

É conveniente que as mortificações tenham caráter esporádico, para uma oportunidade ou um tempo determinado e não indefinidamente, a fim de não causarem rotina.

Almas vítimas: substituição ou solidariedade?

Desde os mais remotos séculos, na história da humanidade, vêm sendo formuladas estas perguntas:

– Se Deus existe, é bom e poderoso, por que não enterra de uma vez os males sofridos por seus filhos?

– Se Deus existe, é bom e justo, por que os maus triunfam e os bons fracassam?

– Se os males que sofremos são consequência do pecado, por que os justos vivem cheios de desgraças e os pecadores nadam em saúde, prosperidade e alegria?

São problemas terríveis, que atormentaram o velho coração humano. São perguntas que vêm se arrastando pelas páginas da Bíblia e que, mesmo hoje, na boca de muitas pessoas são verdadeiros desafios lançados contra o céu.

Por aí saiu a caminho o problema do mal, problema de grande complexidade desde os pontos de vista filosófico, teológico e humano. Não interessa abordar aqui, a fundo, o problema do mal, mas apenas tomar essas perguntas e dirigir-nos diretamente para o terreno a que nos propomos, o das "almas vítimas".

O Senhor me deu a graça de viver penetrando no interior de muitas pessoas. Sofri com os que sofrem. Partilhei a alegria dos que se libertavam ou se curavam. Sofri também a pena da impotência diante de casos que pareciam sem solução, ou pelo menos não tiveram. A observação constante da vida deixou-me um conjunto de impressões.

* * *

Há pessoas que parecem ter nascido para sofrer. Converge para elas uma corrente implacável de limitação, má sorte, falhas biológicas ou psicológicas. O sofrer foi para elas o pão nosso de cada dia. Às vezes esses males se alternam, outras vezes sobrevêm todos juntos. Escutei muitas pessoas nos últimos anos de sua vida dizendo: "Em minha vida não tive um único dia feliz".

Ao que me parece, a fonte principal de sofrimentos está na própria constituição pessoal, a partir dos códigos genéticos e leis hereditárias. Há pessoas que nasceram com um desejo insaciável de estima e uma carência notável de qualidade, dando origem a uma personalidade altamente conflituosa. Outros vieram a este mundo com tendências, periódicas ou esporádicas, de depressões maníacas e outras observações que não podem controlar. Outros nasceram retraídos ou misantropos. Há alguns que andam sempre dominados por melancolias. Estão tristes e não sabem por quê. Nasceram rancorosos e sofrem. Vieram tímidos e têm medo de tudo. Para que continuar? É um poço sem fundo.

Muitos outros se sentem infelizes porque suas enfermidades os limitam, tiram-lhes a sensação de bem-estar e a alegria de viver. Cada um conhece sua própria história clínica: certas deficiências orgânicas que os acompanham até o fim, dores transitórias, emergências graves etc.

Para outros, é a má sorte – como dizem – que lhes prega uma peça. Tudo sai mal. Não se sabe por que causas misteriosas alguns vivem permanentemente entre incompreensões, perseguições, invejas...

* * *

Diante dessa realidade geral, cada pessoa reage de maneira diferente conforme os critérios orientadores ou categorias mentais. Há alguns que, simples e passivamente, se limitam a queixar-se: "Só se vive uma vez, e tive tão má sorte!".

Mas há uma maneira quase comum de reagir, que não se saberia como denominar e aflora quase unanimemente, embora com diferentes modalidades. É uma misteriosa *constante* do coração humano.

O que é? Como chamá-la? O fato é que encontramos no coração humano – principalmente no que sofre – uma espécie de vocação inata para a expiação. Alienação? Masoquismo? As pessoas superficiais sempre estão prontas para lançar alegremente qualificativos, sem se preocuparem em analisar cuidadosamente os fenômenos.

O que é? Eu diria que se trata de uma necessidade de transcendência, de abertura. Nas raízes ancestrais do ser humano há uma vocação (necessidade?) de *solidariedade* profunda e transcendente com a humanidade, principalmente com a humanidade dolorosa e pecadora. Será que o homem encontra, por esse caminho, a maneira de orientar-se e libertar-se (alienar-se?) do peso terrível do sofrimento, ou será que já havia uma ânsia de redenção e solidariedade ainda antes que experimentasse o sofrimento? Não haverá em cada tronco humano, como um veio escondido, um pequeno "redentor"?

Soloviev, Dostoievski, em parte Tolstoi, e Berdiaiev refletiram profundamente sobre o messianismo no povo russo. Disseram de muitas maneiras que a humanidade se salvaria pelos sofrimentos aceitos em silêncio e paz.

Consolação alienante ou solidariedade messiânica?

Lembro-me de ter conhecido, em minha vida, três pessoas que aderiram fervorosamente à doutrina da *reencarnação*. Sofriam em paz todos os infortúnios da vida, pensando que estavam expiando os pecados de sua vida passada. E isso lhes dava grande alívio, era a única coisa que as consolava no meio de suas aflições.

Conheci numerosas pessoas, afligidas por enfermidades ou desgraças, que sentiam paz e serenidade só de pensarem que estavam colaborando com Jesus para a redenção do mundo. Sentiam um alívio infinito quando ofereciam suas dores pela solidariedade salvadora. Vi nos olhos de muitos doentes incuráveis, prostrados em hospitais, uma paz profunda e uma estranha alegria quando contemplavam o Crucificado e pensavam que estavam partilhando suas dores pela salvação do mundo. É uma maneira de se libertar do sofrimento ou de corresponder à sua vocação de solidariedade?

O trágico não é sofrer, mas sofrer inutilmente. Quando há um *porquê*, o sofrimento não só perde sua virulência, mas o sofrer pelo inevitável da vida pode até transformar-se em uma bela causa e em uma "tarefa" transcendente.

* * *

O ser humano nunca está só diante de Deus nem diante da humanidade. Tanto o pecado como a salvação têm, na Bíblia, uma dimensão social. O homem tem um destino comum: a ação má prejudica todo o povo, assim como a ação boa também beneficia a todos.

Na Bíblia, o profeta Isaías foi o primeiro a penetrar em um dos rincões mais misteriosos do coração humano e a indicar a função substitutiva ou solidária do Justo através de seus sofrimentos.

> Ele carregou nossas enfermidades e assumiu nossas dores... Foi transpassado por nossos pecados e esmagado por nossas maldades... Por suas feridas nós fomos curados (Is 53,4-5).

Na época dos Macabeus, cristalizou-se a ideia da importância do sofrimento e da morte do justo para a expiação supletiva. O sofrimento não merecido e o martírio do justo representam não só a satisfação pelos próprios pecados, mas principalmente pelos dos outros.

Em lugar de

O grande pensador francês G. Bernanos aborda essas perguntas na perspectiva do *medo*, em sua famosa obra *Diálogos das Carmelitas*.

No começo da obra fala dos últimos dias da Priora, uma mulher de Deus, admirável em todos os sentidos, que tinha exercido o cargo durante muitos anos. Na hora de morrer, o medo enrosca-se em seu inteiro ser como uma serpente. Faz esforços para dissimular esse medo diante das irmãs, e não consegue. É dominada por uma situação muito parecida com a crise de Jesus no Getsêmani: pânico, medo, tristeza, angústia. A única coisa que consegue dizer no último momento são algumas palavras entrecortadas: "Peço perdão... morte... temor da morte". E assim morre, aterrada.

Um mês mais tarde, quando duas irmãs jovens estão colhendo flores no jardim para o túmulo da Priora, travam este diálogo:

Irmã Constança:
– Oh! De nada me vale ser jovem. Sei muito bem que as alegrias e as desditas parecem estar mais entregues ao acaso que logicamente repartidas. Mas será que o que chamamos de acaso não é a lógica de Deus? Irmã Branca, pense na morte de nossa querida Madre. Quem pensaria que lhe ia custar tanto morrer? Que ia morrer tão mal?! Eu quase diria que o bom Deus enganou-se quando lhe enviou a morte, como podem trocar a nossa roupa por outra na lavanderia. Sim, devia ser a morte de outra; foi uma morte fora da medida de nossa Priora, uma morte pequena demais para ela; nem conseguia enfiar as mangas...
Irmã Branca:
– A morte de outra pessoa? Que quer dizer com isso, Irmã Constança?
Irmã Constança:
– Quero dizer que essa outra pessoa, quando chegar a hora de sua morte, vai se surpreender de entrar nela

com tanta facilidade, de se sentir tão à vontade... Talvez possa até vangloriar-se dizendo: "Vejam como estou à vontade, como me cai bem este vestido...". (*Silêncio*) Quem sabe se cada um morre para si, ou uns pelos outros, ou mesmo uns em lugar dos outros?
(*Silêncio*)
Irmã Branca (*com voz trêmula*):
– Este ramalhete já está terminado...[2]

E assim tão simplesmente com o pensamento de uma ingênua noviça, o autor abre uma tremenda interrogação, mas, ao mesmo tempo, nos coloca na pista e insinua a solução de certos enigmas que sempre atormentaram o coração humano. Trata-se de conhecimentos absurdos, sem sentido nem lógica, que acontecem todos os dias diante de nossos olhos.

Vemos pessoas francamente boas cercadas de infortúnios e de fracassos. Mais adiante, vemos pessoas opressoras sob uma chuva de triunfos, saúde e honras.

Quem entende isso? Que aconteceu? Deus confundiu os papéis: deu a um o que era de outro? Como diz Bernanos, uns estão sofrendo e morrendo *em lugar dos outros*. Mas isso não é uma injustiça evidente? Não há aqui uma absoluta falta de lógica e de senso comum? Por que Deus faz isso?

* * *

Vamos nos aventurar, timidamente, a dar uma explicação. Deus precisa pôr equilíbrio entre ganhos e perdas,

---

[2] BERNANOS, Georges. *Diálogo das Carmelitas*. Rio de Janeiro: Agir, 1960. Quadro III, Cena I.

entre a quantidade de bem e de mal. Vivemos em uma sociedade singular, em que *os ganhos são comuns* e *as perdas são comuns*. Sim, a Igreja é como uma sociedade anônima de interesses comuns, em que há um fluxo e refluxo de bens, na qual todos participamos da mesma forma nos lucros e nas perdas.

E como nessa sociedade há tanta perda de consistência ou de vitalidade por parte dos batizados inconsequentes, terão de ser equilibradas as perdas de uns com os lucros dos outros. Pois bem, como os batizados que fazem perder vitalidade não seriam capazes de render *Vida* com as "cruzes", Deus se vê "forçado" a colocar os bons em circunstâncias dolorosas para que façam render mérito e vida. Dessa maneira, Deus consegue o equilíbrio entre os lucros e as perdas.

Para compreender melhor esse mistério e para que a "explicação" se torne convincente, precisamos ir ao fundo de outros dois mistérios.

O Corpo da Igreja

Não somos sócios, mas membros de uma sociedade especial, que é como um corpo com muitos membros, todos formando juntos uma só unidade. Cada membro tem sua função específica, mas todos concorrem complementariamente para o funcionamento geral de todo o organismo (1Cor 12,12).

Quando nos dói o pé, por acaso nós o deixamos sangrando, e dizemos: "Que é que minha cabeça tem a ver com o pé?". Quando o ouvido está doente, por acaso, diz o olho: "Que tenho a ver com isso?". Não! Cada membro ajuda os outros, porque todos juntos constituem o organismo. Que seria do braço se não estivesse ligado ao corpo? De que valeriam os olhos sem o ouvido, ou os ouvidos sem os pés? (1Cor 12,14-22). E há mais: Se um membro sofre, todos os membros compartilham seu sofrimento; se um membro é honrado, todos os membros compartilham a sua alegria (1Cor 12,26).

É justamente esse o eixo da questão. Um machucado no dedo mindinho pode causar febre em todo o organismo: todos os membros sofrem as consequências. Por que os joelhos teriam de sofrer as consequências do dedinho? Porque ganhamos em comum e perdemos em comum. O dedo saiu perdendo? Todos os membros perdem. O dedo sarou? Sararam todos os membros.

Portanto, existe no interior desse organismo, que chamamos Igreja, uma intercomunicação de saúde e de enfermidade, de bem e de mal-estar, de graça e de pecado, como nos vasos comunicantes.

* * *

De acordo com esse mistério, podemos dizer: "Por que eu tenho de sofrer no lugar de um sacerdote desertor da França ou no lugar de um banqueiro americano? Que tenho a ver com eles?". Tenho muito a ver. Todos os batizados do mundo estamos misteriosamente intercomunicados. O mistério opera por baixo de nossa consciência.

Uma vez que fomos enxertados nessa árvore da Igreja, a vida funciona apesar de nós mesmos. Isso fica claro em um exemplo. Em meu organismo, eu não sei como funcionam o fígado ou os pulmões, mas sei que funcionam. Não sei qual é a relação entre o fígado e o cérebro, mas sei que essa relação existe, porque, quando o fígado funciona mal, a cabeça dói. A vida profunda e misteriosa de minha inserção no Corpo vivo da Igreja e de meu relacionamento com os outros batizados eu também não sei como funciona, embora saiba que funciona.

Então, não é indiferente que eu seja um santo ou um morno. Se eu ganho, toda a Igreja ganha; se eu perco, toda a Igreja perde. Se eu amo muito, cresce o amor na torrente vital da Igreja. Se eu sou um "morto", toda a Igreja tem de arrastar esse morto. Portanto, há uma interdependência.

Com essa explicação fica esclarecido o mistério e a espiritualidade das "almas vítimas".

O combate noturno de Jacó

Há na Bíblia um acontecimento misterioso, carregado de força primitiva e selvagem. É o combate que Jacó travou com Deus.

Jacó pegou seus onze filhos. Conseguiram atravessar juntos o rio Joboc. Jacó enviou os seus à frente e ficou para trás. Entretanto, caiu a noite e o cobriu com sua escuridão. E assim envolto em sombras invisíveis, alguém manteve com ele um vigoroso combate até o raiar da aurora.

Num momento da luta, o combatente tocou o nervo ciático e deslocou o fêmur de Jacó. E disse-lhe: "Deixa-me partir porque a aurora se levanta". "Eu não te deixarei partir", respondeu Jacó, "antes que me tenhas abençoado". O combatente perguntou-lhe: "Qual o teu nome?", ao que respondeu: "Jacó". "Teu nome não será mais Jacó", tornou ele, "mas Israel, porque lutaste com Deus e com os homens, e venceste". Jacó perguntou-lhe: "Peço-te que me digas qual o teu nome". "Por que me perguntas o meu nome?", respondeu ele. E abençoou-o no mesmo lugar. Jacó chamou àquele lugar Fanuel porque, disse ele: "Eu vi a Deus face a face, e conservei a vida" (Gn 32,23-33). Como se explica isso?

Esse relato está cheio de um formidável simbolismo. O homem que se abraça com Deus apodera-se, de certa maneira, de sua força divina e consegue a sua proteção. O homem que trava batalha com Deus e aceita ser atacado por ele é arrebatado e transformado por Deus, participa em alto grau do seu ser e potência.

Esse nervo ciático onde Jacó foi ferido é o egoísmo, eixo de sustentação e viga mestra de todo pecado. Nesse ponto nevrálgico Deus ataca, por aí derruba toda a fortaleza. Vulnerado nesse ponto, o homem começa a transformar-se em Deus e a participar da maturidade e grandeza de Jesus.

A razão profunda do que foi dito é a seguinte: ao sentir Deus como um Pai amantíssimo, ao "conhecer" sua formosura e poder, nasce no homem um amor vibrante por ele. Ora, o amor é uma força unitiva e produz um desejo forte de chegar a ser um com ele.

Mas é impossível que dois seres tão díspares sejam um em tudo, a não ser que um deles perca a resistência própria. Assim, a seiva se transforma em planta, uma gota de licor se dissolve na água, o ferro se converte em fogo.

Num combate, num encontro entre Deus e o homem, o Forte – que é Deus – se apodera e transforma o fraco – que é o homem – sob a condição de que este ceda em sua resistência. Por isso, insistimos a todo momento na atitude de abandono como condição indispensável para toda transformação.

Quanto menor a resistência e maior o abandono, o homem e Deus podem chegar, na união das vontades, a ser realmente um. Assim, a imagem e semelhança podem ser tão notáveis, a participação do mistério de Deus por parte do homem tão forte que, então sim, este pode passar pelo mundo como uma transparência viva de Deus. É um testemunho vivente.

Ser e viver com Jesus

Repetimos do começo ao fim, neste nosso livro: a meta final de toda oração é a transformação do ser humano em Jesus Cristo. Qualquer relação com Deus que não conduz a essa meta é inconfundivelmente fuga alienante. Certamente, a meta nunca se atinge. Mas a vida deverá ser um processo de transfiguração: a troca de uma figura por outra.

Somos uma pedra tosca que o Pai extraiu da pedreira da vida. Sobre essa pedra o Espírito Santo tem de esculpir a figura deslumbrante de Nosso Senhor Jesus Cristo. Toda a vida com Deus se encaminha para isso. E isto a justifica: repetir outra vez em nós os sentimentos, atitudes, reações, reflexos mentais e vitais, a conduta geral de Jesus.

Misericordioso e sensível

Em muitas passagens, o Evangelho diz expressamente que Jesus "... comoveu-se de compaixão..." (Mt 9,36; 14,14; Mc 1,41; Lc 7,13). Seu rosto se transformava, se identificava com a desgraça, seu estremecimento interior se refletia nas palavras e nos olhos.

Como Jesus, que não podia contemplar uma aflição sem se comover, porque nunca vivia "consigo", sempre saía "com" e "para" os demais. Esse viver "para" o outro, sofrer "com" o que sofre foi notório, impressionou tão vivamente que as testemunhas não puderam esquecer, e o fazem constar frequentemente: Jesus compadeceu-se dele (o leproso), estendeu a sua mão, tocou-o e lhe disse: "Eu quero, sê curado" (Mt 1,41).

Vendo Jesus numerosa multidão, moveu-se de compaixão para com ela, e curou seus doentes (Mt 14,14). Jesus percorria todas as cidades e aldeias [...] curando todo mal e toda enfermidade (Mt 9,35). Havia ali um homem hidrópico [...] Então Jesus, tomando o homem pela mão, curou-o e despediu-o (Lc 14,2-4). [...] Achava-se ali um homem que tinha a mão seca...

"Estende tua mão!". Ele estendeu-a e sua mão foi curada... (Mc 3,16). [A mulher] andava encurvada e não podia absolutamente erguer-se. Ao vê-la, Jesus a chamou e disse-lhe: "Estás livre da tua doença" (Lc 12,11-12).

Como Jesus, que convida a grande massa de oprimidos e angustiados, pois para eles tem uma mensagem que lhes dará paz. "Vinde a mim, vós todos que estais aflitos sob o fardo e eu vos aliviarei" (Mt 11,28). Ele veio para curar os corações feridos, anunciar a liberdade aos escravos, aos cegos a vista e aos oprimidos a libertação (Lc 4,18ss).

Como Jesus, que se entregou aos abandonados e esquecidos, com tudo o que ele era: seu pensamento, sua oração, seu trabalho, sua palavra, sua mão (Mt 8,3), sua saliva (Jo 9,6), a orla de seu manto (Mt 9,20). Põe as obras de misericórdia como programa de exame final para o ingresso no Reino: "Vinde, benditos de meu Pai, tomai posse do Reino que vos está preparado desde a criação do mundo" (Mt 25,34).

Como Jesus que, com infinita sensibilidade, se identifica com os necessitados: foi o mesmo Cristo que teve fome, sede, foi hóspede, esteve nu, doente, preso.

Manso e paciente

Como Jesus, que é uma pessoa que respira infinita paz, sossego, doçura e domínio ainda quando o "apertavam", "assaltavam", "assediavam". Oferece toda bênção e todo prêmio aos mansos, aos pacíficos, aos que sofrem com paciência a perseguição (Mt 5,5ss).

Como Jesus, diante dos acusadores e juízes, com humildade, silêncio, paciência e dignidade. Não se defende, não se justifica. Antes, às grosseiras calúnias não respondeu nada diante de Caifás (Mc 14,56), de Pilatos (Mt 27,13), de Herodes (Lc 23,8), causando admiração em um e desprezo no outro.

Como Jesus, que ante a negação de Pedro "voltou-se e o olhou"; olhar de acusação, mas cheio de amor e perdão.

Como Jesus, cuja paciência na noite da Paixão foi submetida a duras provas quando o açoitaram, puseram-lhe um vestido de louco, uma coroa de espinhos na cabeça, um cetro de cana nas mãos; golpeavam-no na cabeça, jogavam com ele o "cabra-cega". Por toda resposta, ele sofre e cala. Não se deve esquecer que Jesus tinha um temperamento muito sensível.

Como Jesus, a quem acusam na cruz, até o último momento com o sarcasmo. Em resposta, ele pede perdão para eles. Essa mansidão e paciência de Jesus impressionaram tão fortemente as testemunhas, que Paulo rogava com insistência aos Coríntios "pela mansidão e bondade de Cristo"; e Pedro, depois de tantos anos, se comove quando recorda que "ele ultrajado, não retribuía com idêntico ultraje; ele, maltratado, não proferia ameaças" (lPd 2,23).

Predileção pelos pobres

Como Jesus, com o coração e as mãos abertas para as massas desamparadas (Mt 9,36; Mc 6,34). Como Jesus, que não só sente pena das turbas famintas, mas se preocupa em dar-lhes de comer.

Como Jesus, para quem os favoritos são sempre os pobres. Para eles é o Reino. O sinal de que o Messias tinha chegado era "que os pobres são atendidos". Veio expresso e quase que exclusivamente para eles (Mt 11,5; Lc 4,18).

Como Jesus, que olha com viva simpatia a pobre viúva que deposita umas moedinhas. Essa mesma simpatia é manifestada quando coloca o pobre Lázaro no seio de Abraão, enquanto afunda no abismo do inferno o rico Epulão.

Como Jesus, que não só se dedica com preferência aos pobres, mas também participa das condições sociais deles até as últimas consequências.

Compreensivo e atento

O primeiro a entrar no paraíso é um bandido. O Pai confiou, preferentemente, a Jesus, a atenção para com os fracos e desorientados.

Como Jesus, que manifestava tão indissimuladamente sua bondade com os pecadores a ponto de o qualificarem de "amigo dos publicanos e devassos" (Mt 11,19).

Como Jesus, cujo trato carinhoso e preferencial era com os publicanos como Levi, Zaqueu e aqueles outros que se sentavam à sua mesa, o que tanto indignava os fariseus.

Como Jesus, cujo princípio era: não são os que têm saúde que precisam de médico. E seu grito: "Eu quero misericórdia e não o sacrifício!" (Mt 9,13). "Digo-vos que assim haverá maior júbilo no céu por um só pecador que fizer penitência do que por noventa e nove justos que não necessitam de arrependimento" (Lc 15,7).

Como Jesus, que não se assusta com as atenções de uma meretriz, mas a defende publicamente. Para aquela adúltera, condenada a morrer apedrejada, com que carinho diz: "Vai em paz!" (Jo 8,1ss).

Como Jesus, que espalhou sua delicada sensibilidade humana e se retratou a si mesmo em algumas belíssimas parábolas (Lc 15,11ss).

Ser como Jesus, que não repeliu a ninguém, apesar de sua indissimulada predileção e simpatia pelos pobres e marginalizados.

Como Jesus, que manifestou delicada atenção para com Nicodemos, manteve amizade com José de Arimateia, honrou, com sua presença, a vários fariseus e publicanos ricos, socorreu a Jairo e à mulher fenícia. Em Cafarnaum, até se relacionou com o centurião, um dos "dominadores romanos" (Mt 15,21; Mc 7,24).

Como Jesus, ter preferências, mas não exclusividades.

Sincero e veraz

Como Jesus, falar com limpidez direta: "sim, sim, não, não" (Mt 5,37), sem as nossas "dramatizações", isto é, sem falar a uns de uma maneira e a outros, de outra.

Como Jesus, que foi valente quando procuravam enredá-lo em algum equívoco. "Hipócritas, por que me tentais? Dai a César o que é de César e a Deus o que é de Deus" (Mt 16,21).

Como Jesus, que foi magnífico quando amigos avisaram que sua vida corria perigo, porque Herodes o procurava para matá-lo: "Ide e dizei a essa raposa que agirei onde e quando achar que deva fazê-lo" (Lc 13,32).

Como Jesus, que não teve pelo na língua para desmascarar os ricos deste mundo (Mt 19,24; Mc 10,25; Lc 18,25). Entre os que conspiraram contra ele na Paixão, não estariam os ricos?

Como Jesus, defender a verdade, mesmo com riscos de vida: "Vós tratais de me matar; entretanto, nada mais fiz que anunciar-vos a verdade" (Jo 8,40ss); ainda o risco de perder discípulos: "Quereis vós também retirar-vos?" (Jo 6,66), ainda a custo de provocar escândalo e a perseguição (Mt 7,3; Lc 7,39). Nada lhe repugna tanto como a hipocrisia, a mentira e evasivas. Uma das mais belas expressões do Evangelho: "Conhecereis a verdade e a verdade vos libertará" (Jo 8,32).

Como Jesus, que à vista da eternidade resume o objetivo da sua vida: "... É para dar testemunho da verdade que nasci e vim ao mundo..." (Jo 18,37).

Depois de muitos anos, São Pedro, ao evocar a vida de Jesus, testemunha emocionado: "Ele não cometeu pecado nem se achou falsidade em sua boca" (1Pd 2,22).

Amar como Jesus amou

Os seus conservavam vivíssima a impressão: o Mestre, acima de tudo, havia amado. Por isso, entenderam perfeitamente quando lhes disse: "... amai-vos uns aos outros como vos tenho amado..." (Jo 13,34). Amou com ternura e simplicidade as crianças humildes (Mt 19,14), pegou uma delas em seus braços (Mt 9,36ss).

Como Jesus, que foi afetuoso com Marta, Maria e Lázaro (Jo 11,1ss). Antes de morrer, tratou os seus de "amigos" (Jo 15,15), mas depois de ressuscitado os chama de "irmãos" (Jo 20,17). Até o traidor foi recebido com um beijo e uma palavra de amizade.

Como Jesus que a um paralítico desconhecido chamou afetuosamente de "filho" (Mc 2,5), e de "filha" a mulher hemorroíssa (Mt 9,22). Amou seu povo tão profundamente que, sabendo-o perdido, não achou outra solução senão lamentar-se e chorar (Lc 13,34).

Como Jesus, que inventou mil formas e modos para exprimir seu amor, porque é engenhoso (Mc 10,45; Mt 20,28). Naquela brutal ironia há um enorme fundo de verdade: "... Salvou a outros, e a si mesmo não pode (quer) salvar" (Mc 15,31). Trouxe da parte do Pai um só encargo: "Como o Pai me ama assim também eu vos amo. Permanecei no meu amor!" (Jo 15,9).

Esse amor de Jesus emocionou tão profundamente que as testemunhas nos transmitiram essa recordação, gravada em frases lapidares: "De tal modo Deus amou o mundo que lhe deu seu Filho único..." (Jo 3,16); "Ele me amou e se entregou por mim" (Gl 2,20); "... um dia, apareceu a bondade de Deus nosso Salvador e o seu amor para com os homens" (Tt 3,4).

Humilde e suave

Perdoar como Jesus perdoou a Judas, a Pedro, ao ladrão, aos sinedritas, ao agressor da casa de Anás. *Humilde* como Jesus, que fugia da publicidade quando curava os doentes, multiplicava os pães, descia do monte da transfiguração. Como Jesus, quando era caluniado diante de Caifás e de Pilatos: "Não te defendes do que estes te acusam?". Jesus não respondeu nem uma só palavra (Mt 27,14). Como Jesus, que se deixou "manipular" pelo tentador, sem se queixar (Mt 4,1-11).

Ser *suave* como Jesus, que não discutiu nem vociferou; ninguém o ouviu gritar nas praças (Mt 12,15). Sem se preocupar consigo mesmo, e preocupando-se com os outros.

Como Jesus diante das multidões famintas (Jo 6,1-16), com os apóstolos no horto, com Pedro (Lc 22,51), com as piedosas mulheres, com o ladrão (Lc 23,39), com a sua Mãe ao pé da cruz (Jo 19,25). Nunca se preocupou consigo mesmo, sem tempo para comer, sem tempo para dormir, sem tempo para descansar (Mt 1,35; 2,7).

CAPÍTULO VI

JESUS EM ORAÇÃO

1. JESUS: ABANDONO NAS MÃOS DO PAI

Ter os mesmos sentimentos de Jesus (Fl 2,5)

Ser cristão consiste em sentir como Jesus e viver como Jesus. Esse "sentir" (Fl 2,5), entretanto, presta-se a equívocos. Haveria outra expressão mais adequada: *disposição*. A disposição é feita de emoção, convicção e decisão. Portanto – em outras palavras – a experiência do cristão consistiria em reproduzir na própria vida as emoções, atitudes interiores e o comportamento geral de Jesus, o Senhor.

Na hora de procurar viver essa disposição é relativamente fácil saber quais foram as preferências de Jesus, seu estilo de vida e espiritualidade, o objetivo central de sua vida.

Mas há outra coisa, tão fácil de descobrir quanto importante para viver: como captar as harmônicas interiores do Senhor? Em minha opinião, isso é o fundamental. Por que a conduta do homem total? Não, é claro, porque, afinal de contas, a conduta não é senão um eco longínquo dos impulsos, alimentados por antigos ideais e vivências remotas.

Precisamos chegar às raízes, já que o essencial sempre está embaixo. Para descobrir a temperatura interior de Jesus, precisamos descer aos mananciais primitivos e originais da pessoa, onde nascem os impulsos, as decisões e a vida. Numa palavra, precisamos descobrir e partilhar a vida profunda do Senhor.

Mas nós não dispomos, para essa "descoberta", de instrumentos exatos de "investigação" nem de comprovação. Isto é, não é possível uma objetivação de tais harmônicas profundas de Jesus. É uma tarefa específica e exclusiva do Espírito Santo, que "ensina toda a verdade" (Jo 16,13).

Que fazer? A "alma" de Jesus aparece – transparece em suas palavras e feitos. O cristão deverá começar apoiando-se em *toda palavra* com uma atitude contempladora para dar com as raízes do Senhor. Como fazê-lo?

Exercícios para olhar "dentro" de Jesus

O cristão deve colocar-se em atitude de fé, pedir a assistência do Espírito Santo e deixar-se levar docilmente por sua inspiração.

Faça logo como quem suspende a respiração interior, ficando em estado de suspense admirativo: como o suspense de quem se abisma nas profundidades do mar ou de quem, como um potente telescópico, abre-se para o infinito sideral.

Depois, com as faculdades recolhidas, com fé e paz, a alma deve entrar, com o olhar contemplador e infinda reverência, na intimidade de Jesus e lá "ficar", surpreendendo e *presenciando* algo do que "sucede" nesses abismos. Uma vez imerso nessa atmosfera, quieto e imóvel, deixe-se impregnar por aquelas vivências e harmônicas existenciais, participando assim da experiência profunda de Jesus.

Esse é o "conhecimento que supera todo conhecimento" (Ef 3,18), a eminente "sublimidade do conhecimento de Cristo Jesus, meu Senhor" (Fl 3,18), princípio de toda sabedoria, reator que gera todas as energias e grandezas apostólicas.

Para avançar pelas terras obscuras da fé, em sua ascensão fatigante e divinizadora, o cristão só dispõe de uma trilha: a do próprio Jesus. Para não se desorientar nessa travessia, precisa pisar firmemente essa terra.

Este é o método em que nunca se insistirá demasiado: colocar-se *dentro* de Jesus contemplativamente, para qualquer meditação frutífera.

Uma vez instalado lá dentro, procure "saber" (e participar) que ondas de ternura subiam desde o mais recôndito de seu ser quando repetia tantas vezes: "Abbá!" (Papai!).

Olhe atenta e contempladoramente, trate de "saber" o que "aconteceu" nos abismos longínquos e estranhos do Senhor, quando disse: "Meu Deus, por que me abandonastes?" (Mt 27,46). Que aconteceu nesses momentos nas regiões desoladas de Jesus? Apagou-se a luz? Caíram em sua alma atmosferas de alta pressão ou espaços vazios? O que foi?

Olhe o cristão para dentro de Jesus e procure "saber", no Espírito, que entranhas se rasgaram em seu interior, exalando perfumes de ternura, quando disse: "Tenho pena dessa gente" (Mt 9,36). Que será que Jesus gostaria de ter feito nesse momento: sofrer com os que sofriam? Carregar as cruzes de todo mundo?

Que terá sido aquela revoada de pássaros brancos que levantou voo de repente e cruzou os céus de Jesus quando, cheio de alegria e de surpresa, disse: "Obrigado, Pai, por me terdes escutado" (Jo 11,41)?

Que aconteceu dentro de Jesus quando "se compadeceu" das multidões? (Mc 1,41; Lc 7,13; Mt 14,14.) Que vidros se quebram em suas salas interiores? Que anelos repentinos terão chovido sobre o chão de Jesus? Que terá sentido?

Como se sentia quando lhes dizia: "Venham a mim vocês, os desbaratados, os arrojados à margem do rio pela ressaca das correntes, os últimos e esquecidos; venham e verão como a consolação estende sua sombra sobre os seus desertos" (Mt 11,28)? Como se sentia Jesus nesse momento?

Esse exercício de colocar-se *no lugar* de Jesus tem um reverso (embora da mesma medalha) e se enuncia assim: o que faria Jesus se estivesse no meu lugar?

Que sentiria o Senhor se se instalasse no coração desta favela em que estou? Indignação, compaixão, vontade de denunciar, vontade de consolar? Qual seria a reação de Jesus se lhe fizessem o que estão fazendo comigo há um mês: essa atropelação injusta e arbitrária?

Se Jesus respirasse dentro de minha pele? Que sentiria e que faria, neste momento, em que acabam de me informar que tal pai de família, com sete filhos, foi despedido do trabalho e ficou na rua?

Qual seria a atitude de Jesus se estivesse em meu lugar, agora que se manifestou esta doença rebelde, e todo mundo fala misteriosamente, e tudo faz pressupor que minha vida está em xeque? Quem me dera poder sentir a paz e o abandono de Jesus quando disse: "Em tuas mãos entrego a minha vida!".

* * *

Se a Igreja é o prolongamento vivo de Cristo Jesus, o que deve perpetuar acima de tudo, através dos séculos, é sua temperatura interior. Para isso (e para poder ser *ela mesma*) a Igreja precisa peremptoriamente de contempladores que sejam verdadeiros adoradores em espírito e verdade, que saibam "descobrir" as insondáveis riquezas de Cristo Jesus (Ef 3,15).

O crescimento da Igreja é principalmente um avançar incessante para o interior da Palavra. "Crescer" quer dizer, antes de tudo, aprofundar e esclarecer o mistério interior de Jesus Cristo. Eu diria que consiste em captar e capturar o segredo da intimidade de Cristo, o Senhor.

A Igreja não cresce por justaposição. Quero dizer que a Igreja não é "maior" porque temos 700 centros de evangelização ou porque fizemos cinco mil batizados ou realizamos duas mil sessões de catequese. A Igreja cresce, fundamentalmente, por dentro e a partir de dentro: por assimilação interior, como toda vida. A Igreja é Jesus Cristo.

E Jesus Cristo "cresce" na medida em que nós reproduzimos sua vida profunda, seu estilo e suas preferências.

Falar de dentro de Jesus

Aqueles que *presenciaram*, deverão sair do vale da contemplação para comunicarem algo do que "viram e ouviram". Essa é a tarefa essencial dos verdadeiros adoradores: falar (ou escrever) como quem fala de dentro de Jesus, depois de ter participado, em espírito e fé, da experiência profunda do Senhor, tarefa extraordinariamente árdua, mas necessária.

Entre as experiências humanas, a oração é a experiência mais profunda e distante de si mesmo. E agora que queremos falar um pouco da oração de Jesus, tenho a consciência de que não poderemos balbuciar nem a palavra mais desalinhavada sem uma assistência especial do Espírito Santo, que, neste momento, ardentemente imploro.

* * *

O caminho é eriçado de dificuldades. Em primeiro lugar vem-nos ao encontro o eterno enigma do ser humano, "esse desconhecido", que tantas vezes temos recordado: eu "sou" eu, um mistério inédito e irrepetível. Todos os outros são os "outros"; cada um, uma experiência única. Nem eles "entrarão" em mim, nem eu neles. Ninguém se *experimentará* jamais como eu. Eu nunca *me experimentarei* como os outros.

Pois bem, não parece uma loucura pretender "entrar" na experiência de Jesus? Mesmo sem tocar em sua pessoa, apenas na periferia, as ciências escriturísticas estão cheias de perguntas. Quais as palavras que Jesus realmente pronunciou? Mesmo que algumas palavras não sejam textualmente suas, quais as palavras que expressam o pensamento real de Jesus? Em que parábolas, alegorias ou alocuções está encerrado "algo" da insondável riqueza interior de Jesus?

Os Evangelhos são tentativas, mal conseguidas, de "tornar transparente" e de nos "transmitir" Jesus Cristo. O próprio intento é, de si mesmo, desproporcionado. Os Evangelhos resultaram "curtos": Jesus Cristo é imensamente Maior e mais deslumbrante do que aparece nos Evangelhos. Os traços evangélicos são vestígios, nada mais do que migalhas, pequenos lampejos de um ser cuja magnitude nos ultrapassa irremediavelmente.

Paulo é, entre as "testemunhas", um *contemplativo* que ficou deslumbrado com a "insondável riqueza de Cristo" e convida os crentes a se aproximarem do mistério de Cristo para poderem "compreender".

> Qual seja a largura, o comprimento, a altura e a profundidade do amor de Cristo que excede todo o conhecimento, para que sejais cheios de toda a plenitude de Deus (Ef 3,18).

Não será atrevimento querer "conhecer" a vida interior de Jesus com o Pai? No entanto, é o mesmo Espírito que deposita essa audaz aspiração no coração do cristão, desde que este emerja das águas batismais. Assim, arrastados pela fé e pelo amor, vamos aventurar-nos a explorar o mundo interior de Jesus e falar a partir daí.

Perspectiva

Jesus Cristo é, ao mesmo tempo, Filho de Deus e Filho do Homem, sem confusão nem divisão: duas naturezas conformando um *eu único*. Quem poderia decifrar tão formidável mistério?

Se toda pessoa humana é um circuito fechado, uma realidade única, inédita e inefável, que diremos desse poço infinito que é a pessoa de Jesus Cristo? Onde começam e onde acabam as fronteiras do divino e do humano em Cristo? O divino e humano, substantivados nesse *único eu*, acham-se em que relação recíproca? Anulam-se? Interferem um no outro? Enriquecem-se? Como é inacessível e inefável para nós esse *eu único* de Jesus!

Que contemplador haverá no mundo que nos possa dizer algo sequer do que se passa no interior dessa figura solitária, recortada na escuridão da noite sob as estrelas, nos morros que circundam Cafarnaum ou Jerusalém?

Tantas noites, tantas horas solitárias... Como era sua oração? Um olhar estático e mudo? Uma intimidade sem palavras, como a de uma pessoa que está aos pés de outra? Uma paz imperturbável? Palavras ardentes "com clamorosas lágrimas" (Hb 5,7)? Exaltação com dom de lágrimas? Uma fé pura e árida? Um estar simplesmente?

"Como são insondáveis os seus pensamentos!" (Rm 11,33). A psicologia profunda de Jesus escapa-nos irremediavelmente pelo mistério das duas naturezas em uma só pessoa.

Na reflexão das páginas seguintes vamos deixar de lado, *por questão de metodologia*, o fato de Jesus ser Filho de Deus, e concentraremos nossa focalização contemplativa exclusivamente no *Filho do Homem*. É essa a perspectiva em que nos colocamos.

Buscamos esse nosso Irmão. Ele é nosso *guia*. Guia é a pessoa que percorre solitariamente um caminho inexplorado nas cordilheiras ou nas selvas desconhecidas. Depois, toma outras pessoas e as conduz por esse mesmo caminho que havia percorrido antes. Procuramos esse nosso Irmão que já percorreu a rota que conduz ao Pai.

Considerações prévias

Para entender bem o que vamos explicar, é preciso levar em consideração as seguintes notas prévias.

Crescimento evolutivo de Jesus, nas experiências humanas e também nas divinas (Lc 2,52) – Rapaz ainda, de 15 ou 20 anos, Jesus foi avançando com velocidade acelerada pelos abismos de Deus. Para qualquer cristão é algo que pasma e deixa mudo.

Esse jovem, feito de mistério e de sonhos, em adoração sobre os morros descalvados nas noites estreladas, navegando pelas imensidades até tocar no vértice do mundo, explorando regiões inéditas até descobrir o *outro lado* do Mistério; Jesus, rapaz de uns 20 anos, cada vez mais dentro, cada vez mais adiante na Presença total. A mente humana perde-se. Que podemos dizer, nós que somos pequenos e míopes?

Temperamento sensível de Jesus – Efetivamente, Jesus era feito de fibras muito sensíveis. O Evangelho constata, em diversas oportunidades, que se derretiam suas entranhas ao ver tanta gente com fome e sem pastor (Mc 1,41; Lc 7,13).

Um dia, fatigado de tanto andar por caminhos poeirentos debaixo do Sol, quis descansar. Tomou a barca e se dirigiu para um lugar despovoado. Mas o povo adivinhou para onde ia e foi por terra, a toda pressa, chegando antes dele. Quando Jesus desceu da barca e viu toda aquela multidão, teve uma profunda compaixão e, em vez de descansar, ficou com eles todo o dia (cf. Mc 6,32-35).

Em outra ocasião, quando chegou às portas de uma cidade, Jesus encontrou um enterro. Interessou-se pelo caso e informaram que o defunto era um rapaz, filho único de uma viúva. Quando ouviu isso, o Senhor estremeceu de pena quase até as lágrimas (Lc 7,11-14).

Naquele dia, quando Jesus soube da morte de Lázaro, seu grande amigo, chorou abertamente. Os judeus, que o observavam de longe, admirados de sua sensibilidade, diziam: "Como esse homem sente as coisas! Que bom amigo era!" (cf. Jo 11,34-38).

Depois da entrada solene em Jerusalém, entristecido pela resistência obstinada da capital teocrática, Jesus não conseguiu evitar lágrimas de impotência (cf. Lc 19,41). Sentiu pena pela ingratidão dos nove leprosos (cf. Lc 17,12) e desilusão quando os apóstolos se deixaram levar pelo sono.

Foi atencioso com os amigos, cavalheiro com as mulheres, carinhoso com as crianças. Sempre manifestou predileção pelos desvalidos. Numa palavra: era muito sensível.

Sua alma era profundamente piedosa – A constituição humana é feita de qualidades e de deficiências, possibilidades e limitações, tudo substancialmente inserido no fundo vital da pessoa.

Há pessoas que servem para o estudo e não servem para os esportes, e vice-versa. Há os que têm queda para as artes, mas não para as ciências exatas. Há os que são uma nulidade na pintura e uma maravilha na música. Cada um nasce com predisposições determinadas, a que chamam de carismas.

Entre essas predisposições está a *sensibilidade* para as coisas de Deus. Há pessoas que nasceram com uma tendência tão forte para Deus, que não podem viver sem ele. Não sei se isso é graça ou natureza. Em todo caso, é dom de Deus. A essa sensibilidade ou inclinação, chamo de *piedade*.

Nesse sentido, vemos que Jesus é muito piedoso, traço de personalidade que deve ter herdado de sua Mãe, dentro das leis genéticas.

O contexto religioso em que Jesus nasceu e cresceu

Israel tinha lutado, durante séculos, contra todas as idolatrias provenientes dos grandes impérios e das pequenas tribos circundantes. Sempre em contato com outros povos e no contrário das suas divindades, sentiu a atração dos cultos importados que estavam *na moda*. Sucumbiu muitas vezes à tentação. Voltava a Deus sob a vigilância dos zelosos guardiões, os profetas, que pagavam o seu zelo com a vida. Assim, com sangue, morte e lágrimas, Israel chegou a forjar um monoteísmo radical e santamente fanático. Nessa atmosfera, nasceu e cresceu Jesus.

Essa história monoteísta havia esculpido um "credo" lapidar, chamado "shema", que todo israelita devia recitar várias vezes por dia. O "shema" não só era a viga mestra de toda a oração judia, mas também a alma daquela "cultura", o hino nacional, a bandeira da pátria, a última razão de ser de Israel. Diz assim:

> Ouve, ó Israel!
> O Senhor, nosso Deus, é o único Senhor.
> Amarás o Senhor, teu Deus,
> com todo o teu coração,
> com toda a tua alma
> e com todas as tuas forças.
>
> Os mandamentos que hoje te dou
> serão gravados no teu coração.
> Tu os inculcarás a teus filhos,
> e deles falarás,
> sentado em tua casa,
> andando pelo caminho,
> ao te deitares e ao te levantares.
>
> Atá-los-ás à tua mão como sinal,
> e levá-los-ás como uma faixa frontal
> diante dos teus olhos.
> Tu os escreverás sobre os umbrais
> e às portas de tua casa (Dt 6,4-9).

Desde que foi capaz de balbuciar as primeiras palavras em aramaico, Jesus aprendeu de cor essas palavras.

414

Diz-nos Flávio Josefo, que constituía motivo de orgulho para toda a mãe em Israel o fato de as primeiras palavras aprendidas de cor pelo filho serem precisamente as palavras do "shema".

Se isso fazia qualquer mamãe de Israel, que não seria daquela mãe que se chamou Maria de Nazaré! Ela é uma mulher normalmente silenciosa e reservada. Mas toquem na tecla de Deus que ela surge como harpa vibrante. Naquelas palavras do "shema" – que a mãe pronunciava e o pequeno repetia (cena inefável!) –, que singular carga de profundidade! Desse forte alimento se nutriu Jesus, desde os primeiros anos.

Depois, milhares e milhares de vezes repetiu Jesus essas mesmas palavras: quando se sentava ainda nos joelhos de sua mãe; quando, menino de oito anos, ia à fonte para trazer uma bilha de água ou apanhava lenha nos bosques circunvizinhos; quando, adolescente de 15 anos, saía pelas noites estreladas ou fazia, na oficina, um jugo ou um carro de bois; na sinagoga etc.

Esse é um dado de capital importância para vislumbrar a vida interior de Jesus e para afirmar, em forma de conjectura, que a primeira vivência religiosa de Jesus foi a experiência do *absoluto* de Deus.

Efetivamente, à medida que começou a dar-se conta de si mesmo e de quanto o rodeava, este menino foi acolhido e envolto por um universo espiritual impregnado e dominado pelo Absoluto, o Único, o Eterno, o Sem-Nome, o Incompreensível, o Formidável. Suas primeiras impressões conscientes foram marcadas por essa Realidade. Isso era o que se respirava em Israel, e com uma intensidade particular nos dias de Jesus, por estar o país dominado pelos romanos. E foi uma constante de Israel: sempre cresceu o sentimento religioso na ocorrência de uma dominação estrangeira.

* * *

Jesus ainda criança foi levado à sinagoga, nos braços de sua Mãe. Isso pode ter acontecido no Egito onde existia uma florescente colônia judia. "As primeiras sinagogas de que temos menção estavam no Egito".[1]

> Na sinagoga aparece um culto novo, simplificado, um culto em espírito, acessível ao pequeno número, em que a oração ocupa o lugar do sacrifício. Liturgia mais democrática, mais independente do sacerdócio, em que os leigos desempenhavam um papel importante. A sinagoga submerge a vida judia em plena oração. A sua influência é sensível nas fórmulas utilizadas pela devoção privada.[2]

Já nos dias de Jesus existia a oração por excelência, chamada *tephillah*, ou a *oração das 18 bênçãos*. Na sinagoga a *tephillah* era recitada de forma solene e cantada em coro, mas todo judeu, desde a idade da razão, devia rezá-la três vezes por dia, onde quer que estivesse, nos tempos meticulosamente marcados pela *Torah*: às nove da manhã (hora do sacrifício matutino), às 15 horas e ao cair da tarde (hora do sacrifício vespertino). Todo judeu, estivesse onde estivesse, comendo, viajando, trabalhando,

---

[1] HAMMAN, A. *La oración*. Barcelona: Herder, 1967. p. 75.

[2] ARON, R. *Los años obscuros de Jesus*. Taurus: Madrid, 1963. p. 61.

conversando, suspendia a sua ocupação, punha-se de pé, voltava-se para o templo de Jerusalém e rezava a *tephillah*. Eis aqui alguns fragmentos:

> Bendito sejas, Javé, nosso Deus e Deus dos nossos pais; Deus grande, herói e formidável, Deus altíssimo Criador do céu e da terra, nosso escudo e escudo dos nossos pais, nossa esperança de geração em geração.
> Bendito sejas, Javé, Deus santo.
> Tu és um herói que abates os que estão elevados, forte e juiz dos opressores, que vives pelos séculos; ressuscitas os mortos, trazes o vento e fazes cair o orvalho, conservas a vida e vivificas os mortos; num abrir e fechar de olhos fazes germinar para nós a saúde. Tu és Santo e teu nome é temível, e não há Deus além de ti.

> (*à noite*)
> Bendito sejas, Eterno, Deus nosso, Rei do mundo, cuja palavra faz anoitecer as noites, cuja sabedoria abre as portas do céu, cuja inteligência troca os momentos e recoloca os tempos.
> Tu que arrumas as estrelas nos seus lugares na imensidão, criando o dia e a noite, espalhando a luz ante a escuridão e a escuridão ante a luz, levando o dia e trazendo a noite, separando o dia da noite.
> O Eterno Sabaoth é o seu nome: Deus que vive, que existe sempre e que reinará sempre sobre nós até a eternidade. Bendito sejas, Eterno, que fazes "anoitecer"' as noites.

Um entusiasmo exaltado e vibrante corre por todas e cada uma das "bênçãos". Temos o direito de imaginar como a alma tão sensível do jovem Jesus seria arrebatada pelo fogo religioso que essas palavras transmitiam, quando as recitava caminhando, em coro com sua mãe, nas caravanas, no campo, no monte etc. Desde criança, a alma de Jesus *experimentou* o Eterno, com uma paixão e força insuperáveis.

Aos 5 anos, aproximadamente, Jesus começa a frequentar a escola, cuja finalidade não era a das nossas escolas. Aquela era a "casa do livro" (*beth ha sefer*) para aprender de cor o "livro", quer dizer, a Lei e os Profetas.

Ali Jesus aprendeu a cobrir o rosto com as mãos quando aparecia o tetragrama divino, as quatro sílabas do nome de Javé. "Pois o tetragrama divino, designação de Javé, vocábulo sagrado diante do qual todo judeu aprende a esconder o rosto, pondo as mãos sobre os olhos, só é escrito com consoantes".[3]

Este é, pois, o contexto religioso em que a alma de Jesus se abriu para a vida. As suas primeiras experiências religiosas com uma vivência do Absoluto.

Só Deus

Tomando em consideração o seu crescimento evolutivo na *experiência divina* e o seu temperamento sensível e piedoso, Jesus passou a primavera da sua infância e adolescência envolvido no mundo do Admirável. Pelas atitudes e expressões que aparecem depois, nos dias do Evangelho, sentimo-nos no direito de pensar como agora, nos dias da

---

[3] ADAM, K. *Jesuscristo*. Madrid: Herder, 1967. p. 128.

sua infância e juventude, o Incomparável foi ocupando totalmente a sua pessoa.

Aos 12 anos já havia experimentado a proximidade ardente do Formidável e Único. Suas palavras, respostas ao desabafo de sua mãe (cf. Lc 2,49), indicam que, nessa idade, o oceano sem fundo e sem margens, que é o Absoluto, havia-se apossado inteiramente desse rapazinho. No futuro, *só Deus* será a sua ocupação e preocupação.

Assim descobrimos em Jesus uma profunda e extensa "zona de solidão", que ninguém poderá atingir, nem mesmo sua mãe, mas *só Deus*. "Minha mãe? Quem é minha mãe? Vós sois a minha mãe? E não só vós. Todo aquele que tomar a sério o Admirável, todo aquele que declarar e constituir Deus como a Única Coisa da vida, esse é meu irmão, minha irmã e minha Mãe" (cf. Mc 3,35). Esposa? Nem cinco esposas, nem todos os amantes do mundo são capazes de satisfazer e plenificar a sede eterna do teu coração. Só Deus é a água fresca; quem a bebe nunca mais sentirá sede (cf. Jo 4,11-19). Se tu soubesses como é Deus, se tu provasses dessa água...

> O Pai era o seu mundo, a sua realidade, a sua existência,
> e com ele levava em comum a mais fecunda das vidas.

* * *

O menino, que sabia que no Sinai só Moisés podia aproximar-se da presença do Formidável, enquanto os outros só podiam olhá-lo de longe; que sabia que o Santo e Terrível morava no *sancta sanctorum* onde uma só vez por ano podia entrar uma só pessoa; esse menino foi entrando a fundo na proximidade daquele que abrange todo o tempo e todo o espaço. Sua alma sensível foi marcada pela impressão de que *Deus-é-Tudo*. Tomou esse absoluto de Deus com radicalidade e levou-o até às últimas consequências.

A vertigem

Certas perspectivas de Jesus, mesmo no terreno das conjecturas, escapam-nos irremediavelmente. Vemos que os grandes contemplativos, quando chegam ao mistério de Deus, deslumbram-se, em primeiro lugar, pela distância entre eles e Deus. A essa sensação chamamos de vertigem, porque se trata de uma mistura de fascinação e espanto, aniquilamento e assombro.

Nos salmos aparece muito expressivamente essa sensação. Por exemplo, no Salmo 8, depois de dizer: "como é glorioso o vosso nome em toda a terra", o salmista mede a distância e pergunta "que é o homem, para dele vos lembrardes?".

O típico da vertigem espiritual consiste precisamente em se tratar de uma distância terrivelmente presente, uma vertigem feita ao mesmo tempo de distância e proximidade, de transcendência e imanência.

Nesse terreno, a respeito de Jesus sinto-me perdido e só consigo perguntar: a partir da sua experiência humana, a partir da sua base de ser humano, como é que Jesus via, como media, como sentia Deus? De que modo mediu a distância entre Deus e o homem? Experimentou a vertigem do salmista: "o homem passa como uma sombra, mas tu permaneces para sempre" (Sl 101)? Nunca se poderá responder satisfatoriamente. Se é verdade que Jesus era Filho do Homem, era também Filho de Deus.

Entretanto, impressiona a infinita reverência com que se dirigiu a Deus, na noite da despedida: "Pai santo!", "Pai justo!". Toda essa oração final está repassada de profunda veneração, reflexo do sentimento de admiração e aniquilamento que Jesus sentia diante do Três Vezes Santo. Parece-me que Jesus sentia essa mesma reverência, filha da distância e da veneração, sempre que levantava os olhos para o céu (cf. Jo 11,41; 17,1).

* * *

Para vislumbrar esse enigma, vamos recorrer a um dos homens que mais intensamente sentiu e mediu essa distância: Francisco de Assis. Sentiu, como poucos, que Deus é a *outra Margem*, que Deus é *outra Coisa*, que Deus nos transcende absolutamente, que entre ele e nós se abre um abismo intransponível. Uma noite inteira sobre o escarpado cume do monte Alverne, Francisco não fez senão exclamar:

"Quem és tu, Senhor meu, e quem sou eu, servo inútil?" Admiração? Prazer? Aniquilamento?

A intimidade a que fomos chamados não preenche essa medida. A graça declara-nos filhos, mas também não cobre essa distância. Ficará de pé eternamente, como um rochedo, a verdade absoluta: *Deus-é-Tudo*. "Sabes, minha filha, quem és tu e quem sou eu? – perguntava o Senhor a Santa Catarina – "Tu és a que não és, eu sou aquele que sou".

Mas quando se aceita alegremente que *Deus-é-tudo*, a vida torna-se, para quem o aceita, uma fonte de onipotência, embriaguês e vida, porque participa da eterna e infinita vitalidade de Deus, que o converte em cantor da novidade mais declarada e absoluta: *Deus-é*. Assim foi Francisco de Assis. Nos seus últimos anos desejava, segundo dizia, que os irmãos menores fossem pelo mundo cantando, proclamando que "não há outro todo-poderoso senão só Deus".

* * *

Nos cimos da montanha sagrada, com as mãos e os pés chagados, Francisco de Assis não fazia mais do que gritar, sob as estrelas, às solidões cósmicas: "O Amor não é amado, o Amor não é amado!". Nesses momentos, era um homem incendiado pela proximidade ardente de Deus, o homem que sente uma insuportável tortura ao comprovar que tanta grandeza é desconhecida e esquecida. Media as exatas dimensões da distância.

Seu confidente e secretário, Frei Leão, estendeu-lhe um grosseiro e pequeno pedaço de papel, dizendo-lhe: "Irmão Francisco, escreve aqui o que neste momento sentes de Deus". E Francisco, com sua mão direita chagada, escreveu, com dor e dificuldade, as seguintes palavras:

> Tu és Santo, Senhor Deus único, que fazes maravilhas.
> Tu és forte. Tu és grande. Tu és altíssimo.
> Tu és o Bem, todo o Bem, o sumo Bem, Senhor Deus vivo e verdadeiro.
> Tu és caridade e amor. Tu és sabedoria.
> Tu és humildade. Tu és paciência. Tu és segurança.

Tu és quietude. Tu és prazer. Tu és alegria.
Tu és formosura. Tu és mansidão.
Tu és protetor, custódio e defensor.
Tu és a nossa fortaleza e a nossa esperança.
Tu és a nossa grande doçura.
Tu és a nossa vida eterna, grande e admirável Senhor.[4]

É, sem dúvida, uma das descrições mais profundas que se têm feito do Invisível.

2. APARECE O ROSTO DO PAI

O que dissemos até agora não é qualitativamente diferente do conceito de Deus que se vivia no judaísmo dos dias de Jesus. Muitos profetas viveram uma comunicação profunda com o Deus pessoal e transcendente ainda que sem a profundidade de Jesus. Sentimos o profeta Jeremias muito próximo da experiência religiosa de Deus-Pai. Os salmistas falam amiúde do estado de paz, abandono e confiança da alma em Deus, como uma criança no seio materno (cf. Sl 130). O profeta Oseias, para nos fazer sentir a ternura de Deus, usa expressões que poderiam ser incluídas perfeitamente na experiência religiosa do *Abbá*:

Eu ensinei o meu filho a andar,
e levantei-o nos meus braços...
Eu atraí-o com laços de amor,
com laços humanos.
Fui para ele como quem eleva

---

[4] JEREMIAS, Joachim. *Abba, el mensaje central del Nuevo Testamento*. Salamanca: Sígueme, 1983. pp. 29, 37. [Ed. bras.: *A mensagem central do Novo Testamento*. São Paulo: Paulus, 1977.]

uma criatura junto à sua face,
e eu inclinava-me para ele
para lhe dar de comer (Os 11,1-6).

Apesar desses golpes de intuição, verdadeiras aproximações do *Abbá*, não houve progresso no judaísmo posterior. E o Deus Absoluto do Sinai presidiu à vida religiosa tanto individual como coletiva de Israel.

O novo nome de Deus

Precisamos retomar outra vez o itinerário da alma de Jesus em seu crescimento evolutivo na experiência divina.

Não podemos pegar o bisturi para fazer uma vivissecção, como quem diz: na anatomia espiritual de Jesus, chega até aqui o "tecido" ou vivência de Deus Absoluto, aqui começa a zona do *Abbá*, e aqui está a região de fronteira entre as duas vivências.

A vida de Jesus é um mundo coerente e unitário. Em suas manifestações evangélicas percebemos vivências de um e de outro conceito. Contudo, elas se encontram, ao menos assim nos foi transmitido, muito entretecidas, muito entremeadas com transposições permanentes dos dois planos.

Por isso nós, por método e querendo clareza, tivemos de usar o bisturi do discernimento para separar e distinguir.

* * *

Arrisco-me a opinar, timidamente, que Jesus viveu, durante sua infância e adolescência, esse relacionamento de adoração com o Senhor Deus de acordo com a teologia do Povo dentro do qual o Senhor nasceu e cresceu. Mas, a partir de certa idade (15? 20 anos?), o jovem Jesus, em um processo progressivo de interiorização, começou a experimentar – relacionar-se com – Deus de maneira *essencialmente diferente*; da maneira que, afora fugitivos vislumbres, nenhum profeta de Israel tinha intuído nem vivido. O jovem Jesus ultrapassou a etapa do suspense e da adoração. Entrou completamente na zona da confiança e da ternura, e começou a tratar a Deus com a confiança com que se trata o pai mais querido do mundo.

Houve, portanto, uma transformação evolutiva de enorme transcendência na alma do jovem Jesus.

O que aconteceu na alma do jovem Jesus?

Com temor e reverência, vamos ingressar no sagrado recinto desse jovem, aos seus 15, 20 ou 25 anos, e vamos assistir a um espetáculo: diante de nossos olhos, ergue-se um reino sem espadas nem cetros, sem coroas nem tronos; a tristeza será enterrada e a angústia desterrada, e sobre os horizontes acender-se-á o dia imortal. Um jovem se alçará sobre o cume mais alto do mundo para proclamar: "Temos Pai, somos irmãos, estamos salvos, aleluia!".

Para entender isso, temos de levar em consideração o seguinte: Marcos nos diz que Jesus se retirou durante quarenta dias sobre um monte tão inacessível que ali só habitavam as feras (cf. Mc 1,13). Deste fato pode-se extrair a seguinte dedução psicológica: uma pessoa, se não está familiarizada com o silêncio e a solidão das montanhas, não conseguiria, repentinamente, passar tantos dias em lugares tão inóspitos. Se Jesus de fato se retirou, é sinal de que já estava habituado à solidão das montanhas.

Por outro lado, são muitos os textos evangélicos que mostram que Jesus se retirava de noite, aos montes próximos de Cafarnaum ou Jerusalém, para estar a sós com o Pai.

Isso, unido ao anterior, nos leva razoavelmente, e a modo de dedução psicológica, a pensar que Jesus, quando era jovem em Nazaré, foi-se habituando a retirar-se frequente e prolongadamente às montanhas vizinhas de Nazaré para estar com seu Pai, e que nos dias de evangelização manteve esse hábito.

A juventude de Jesus estava sendo completamente dominada pelo Admirável (cf. Lc 2,49).

A Presença iluminava tudo nesse jovem: o que estava em cima e embaixo, o que estava do outro lado das coisas. Era como quando o Sol investe a terra, inunda-a e a fecunda.

Jesus era um rapaz normal, mas não era como os outros: seus olhos estavam sempre banhados em estranho resplendor, e olhava muito para dentro de si mesmo, como quem olha outra pessoa que vai consigo. Parecia que ele não era ele sozinho, mas que ele era ele-e-Outro.

Sim. Alguém estava com ele, e ele estava com Alguém, como quando desaparecem todas as distâncias. Dizem que as pontes unem os distantes. Mas aqui se tinha a impressão de não haver pontes porque, ao que parecia, tinham sido derrubadas pela intimidade. E nesse caso, a intimidade era a presença total, feita de duas presenças. Em outras palavras, a intimidade era convergência, cruzamento e fruto de duas Infinitas Interioridades.

* * *

Jesus era um rapaz normal, mas era diferente.

A intimidade era uma árvore frutífera que, a cada outono, dava uma fruta saborosa: o amor. E sempre era outono. E o amor era, no céu desse moço, como um arco-íris que juntava todos os horizontes, porque o amor é eminentemente unitivo.

O jovem Jesus (17? 23 anos?) avançava, de sol a sol, de noite a noite, mar adentro, na direção das mais remotas periferias de Deus; e assim chegou um momento em que a intimidade e o amor travaram, no território do jovem, um duelo singular no sentido de que, quanto mais forte era a intimidade com Deus, maior era o amor, e quanto maior era o amor, mais forte era a intimidade, e assim, a velocidade interiorizante foi se acelerando progressivamente até devorar todas as distâncias.

> O amor nasce de um olhar;
> é um momento de se esquecer.
> Cresce com desejos de se dar,
> apoiado na esperança.
> Consuma-se no esquecimento total
> de um gozo recíproco.

O verão foi chegando nos jardins de Jesus. Amadureceram as maçãs. Encheram-se as colmeias de ternura e de carinho.

Quando se consumou o duelo entre o amor e a intimidade e desapareceram as distâncias, a confiança foi crescendo na alma de Jesus como um esbelto terebinto que cobriu com sua sombra todos os impulsos vitais do jovem. O rapaz era todo-abertura-confiança-ternura para com seu Deus e Senhor.

Oh! Aquelas noites de Jesus nas montanhas solitárias, escondido no manto envolvente e amoroso de seu Senhor Deus, na proximidade mais absoluta e na presença também mais absoluta: havia tantas estrelas naquelas noites...

O rapaz (20? 22 anos?) com aquele temperamento tão sensível, com aquela predisposição tão forte para Deus, dá um passo, mais outro; experimenta progressivamente diversas sensações, e percebe cada vez mais claramente que Deus não é exatamente o Temível nem o Inacessível.

Assim chegou um momento em que o jovem começou a sentir-se progressivamente como uma praia inundada pela maré da ternura, proveniente das mais remotas profundidades do Mar. Dez mil mundos convergiam para ele, amando-o, envolvendo-o, dando-lhe segurança, como se Deus fosse um oceano dilatado e ele estivesse navegando em suas águas; como se o mundo fosse (o quê? um berço? um braço? poderosas asas protetoras), tudo era segurança, certeza, júbilo, liberdade etc., e assim chegou a ter a sensação definitiva, inconfundível e inesquecível: a sensação de que o Senhor Deus é como o Pai mais querido e amoroso do mundo.

> Senhor, a vossa bondade toca os céus;
> a vossa fidelidade, as nuvens.

A vossa justiça é igual aos montes altíssimos;
os vossos juízos, como o abismo profundo.
Quão preciosos, ó Deus, os vossos favores!
Os filhos dos homens abrigam-se à sombra
de vossas asas.
Saciam-se da abundância da vossa casa;
na torrente de vossas delícias lhes dais de beber.
Em vós está a fonte da vida,
e na vossa luz é que vemos a luz (Sl 35).

Por conseguinte, nos anos da juventude de Jesus, acontece a mais revolucionária das transformações interiores de todos os tempos. Jesus experimentou, em sua própria carne, que o Pai não é antes Temor, mas Amor; que o Pai não é antes Justiça, mas Misericórdia; que o Pai nem sequer é primordialmente Santidade, o Três-vezes-Santo, como diz o profeta Isaías, mas é Ternura, Perdão, Cuidado, Carinho... E o jovem Jesus chegou à convicção de que o primeiro mandamento já não estava valendo, tinha caducado para sempre. De agora em diante, o primeiro mandamento consistirá em *deixar-se amar* pelo Pai.

* * *

Foi um *mundo novo*, mundo de surpresa e de êxtase, de alegria e de embriaguez, mundo "descoberto" e vivido por esse jovem normal e diferente, e que pode ser expresso com estas palavras: *Tudo-é-Amor*. Jesus sentiu-se vivamente amado e completamente libertado. O amor liberta do temor. Quem se sente amado não tem medo.

O Pai tomou a iniciativa, abriu-se e se entregou inteiramente a Jesus; Jesus correspondeu, abriu-se e se entregou inteiramente ao Pai. Os dois olharam-se até o fundo de si mesmos com um olhar de amor. Esse olhar foi como um lago de águas claras e profundas em que os dois se perderam em um abraço em que tudo era comum e tudo era próprio, recebiam tudo e davam tudo, comunicavam tudo, mas sem palavras... Foi algo tão inefável como quando nos chegam melodias de outros mundos.

À luz dessa experiência, Jesus analisa seus arredores cósmicos e descobre que tudo que é mais formoso no mundo, como as primaveras, a infância ou a maternidade, numa palavra, tudo o que significa amor e vida não é senão o transbordar da vitalidade inesgotável daquele que, definitivamente, não é Pai, mas Paternidade, manancial inextinguível de toda vida e amor. *Tudo-é-Amor, Tudo-é-Graça.*

Deus já tem um nome novo. De agora em diante, já não se chamará Javé. Chamar-se-á *Pai*, porque está perto, protege, cuida, compreende, perdoa, preocupa-se... De agora em diante, adorar não consistirá em cobrir os olhos e o rosto com as mãos, mas em abandonar-se com confiança incondicional e infinita nas mãos todo-poderosas e todo-carinhosas daquele que, para sempre, é e se chamará nosso *querido Pai.*

> Pai,
> vós que viveis no amor e na ventura,
> enquanto na terra uivam as tormentas
> e gemem as paixões.
> Vós que dizeis que tudo devo partilhar,
> sentindo plenamente o sofrimento de vossos filhos,
> mostrai-me vossa paz.
> Guiai-me até aquela região mais profunda,

onde a dor não chega,
onde brota a palavra, o sorriso e a paz,
onde tudo é alegria,
porque tudo é alegria.
Ó Amor, de quem eu nasci! (Bergson)

Jesus já possui a maturidade de um trigal dourado. Podemos imaginá-lo como um adulto de uns 28 anos. É um poço de paz. Um abismo repleto. A presença do Altíssimo transborda de suas mãos, de seus olhos, de sua boca...

E não termina aí o "crescimento" de Jesus. No espírito não há fronteiras. Ou melhor, Jesus arrebentou com todas as fronteiras.

Com aquele temperamento tão sensível e com aquela inclinação inata para as coisas de Deus, submergido cada vez mais frequente e profundamente em seus encontros solitários com o Pai, Jesus continua navegando, a velas soltas, pelos mares da ternura e do amor. A confiança para com o Pai perde fronteiras e controles. Passo a passo, na direção da Profundidade total.

E assim, um dia – não sei se era uma noite – arrastado pela maré, no cúmulo da embriaguez pela "torrente de todas as delícias" saiu de sua boca uma palavra completamente estranha e até escandalizadora para a Teologia e a opinião pública de Israel: *Abbá*, que quer dizer Ó querido Papai.

Nisso tocamos o mais alto cume da experiência religiosa.

Era algo novo, algo único e inaudito ter se atrevido Jesus a dar esse passo falando com Deus como uma criança fala com seu pai, com simplicidade, intimidade, confiança, segurança. Não há dúvida, então, de que o *Abbá* que Jesus usa para dirigir-se a Deus revela a base real de sua comunhão com Deus.

Abbá como tratamento dado a Deus é uma expressão autêntica e original de Jesus, e esse *Abbá* implica o título ou a reivindicação única... Estamos diante de algo novo e inaudito que ultrapassa os limites do judaísmo.

Aqui vemos o que foi o Jesus histórico: o homem que teve o poder de dirigir-se a Deus com *Abbá*, e que incluiu os pecadores e os publicanos no Reino, autorizando-os a repetir esta palavra única: *Abbá*, ó querido Papai.

O Pai me ama

Agora sim. Agora Jesus pode sair pelos caminhos e pelas montanhas para proclamar e clamar uma notícia da última hora, uma novidade "descoberta" e vivida por ele mesmo nos anos silenciosos de sua juventude: *Deus-é-Pai*. Se Deus é todo-poderoso, também é todo-carinho. Se sustém o mundo com suas mãos, com essas mesmas mãos me acolhe e me protege.

De noite fica velando meu sono e de dia me acompanha aonde quer que eu vá. Quando a gente se queixa dizendo: "Estou sozinho no mundo", o Pai responde: "Eu estou com você, não tenha medo" (Is 41,10). Quando os humanos se lamentam dizendo: "Ninguém me quer", o Pai responde: "Eu o amo muito" (Is 43,4). Está mais perto de mim do que minha própria sombra. Cuida melhor de mim do que a mãe mais solícita. Não tenho onde me perder, porque aonde quer que eu vá ele vai comigo.

Além disso, é um amor gratuito. O fato de me querer bem não depende de eu merecer ou não merecer, de eu ser justo ou pecador. O Pai me ama gratuitamente. Ele me compreende porque sabe muito bem de que barro sou feito, e me perdoa muito mais facilmente do que eu mesmo me perdoo. Não tem razões para me amar. "Concedo minha benevolência a quem eu quiser, e uso de misericórdia com quem for do meu agrado" (Ex 33,39). Ama-me porque me ama: simplesmente é o meu Pai. Por acaso alguma mãe tem de saber os *porquês* para amar seu filho?

A gente queixa-se, dizendo: "Sou um marginalizado no mundo, Deus nem sabe que eu existo". O Senhor responde com a pergunta: "Pode uma mulher esquecer-se do filho de suas entranhas que dorme no berço? Pois mesmo que esse impossível acontecesse, eu nunca me esqueceria de você" (cf. Is 49,15).

Desde toda a eternidade, carregou-me em seu coração como quem acaricia um sonho dourado. Quando chegou o momento exato de minha existência biológica, Deus, meu Pai, instalou-se no seio de minha mãe (cf. Sl 138) e, com dedos delicados e sabedoria, foi me tecendo carinhosamente, a começar das células mais primitivas até a complexidade de meu cérebro. Sou uma maravilha de seus dedos! (cf. Sl 138).

Não sou, portanto, uma obra produzida em série numa fábrica. Sou uma obra de artesanato, portentosamente elaborada. Fui concebido na eternidade pelo Amor e fui *dado à luz* no tempo pelo Amor. Desde sempre e para sempre, sou gratuitamente amado por meu Pai. "Bendito seja Deus,

Pai de nosso Senhor Jesus Cristo, Pai das misericórdias e Deus de toda consolação" (2Cor 1,3).

Livres e felizes

Basta sentir-se amado pelo Pai, e imediatamente acende-se a gloriosa liberdade dos filhos amados. É algo instantâneo como o encanto de um toque mágico. O amor liberta tudo o que toca.

Sim. A experiência do amor do Pai suscita repentinamente a impressão de sentir-se livre. Livre de quê? Do temor. O temor é o inimigo número um do coração humano. Temor de quê? Temor de não ser aceito, temor de fracassar, temor de morrer...

O mal do fracasso não é o fracasso, mas o temor do fracasso. O mal da morte não é a morte, mas o medo da morte. O mal do desprestígio não é o desprestígio, mas o temor do desprestígio.

O amor do Pai não nos vai libertar da incompreensão. As setas da inimizade continuarão a ser disparadas contra o filho amado, mas este se sentirá tão livre e seguro que elas não atingirão sequer sua pele. O fracasso vai chegar, como vão chegar a doença e a morte. O amor não os evitará. Mas o amor será para o filho amado como uma cidadela impenetrável. Sentir-se-á tão livre e seguro como se o fracasso não existisse, como se a morte e a mentira não existissem.

Em outras palavras, amanheceu a paz. Milhares e milhares de vezes escutei juntas estas duas expressões: "Que paz e que liberdade!". Diante da "magia" do amor eterno do Pai, o Filho amado percebe vivamente que a tristeza é uma rainha destronada e desterrada, que a angústia morreu e foi enterrada, e que os medos se esvaíram como aves espantadas. Já não há inimigos, estamos salvos! Sou feliz. Aleluia!

E por cima de todos os horizontes começam a tremular, como bandeiras imortais, a liberdade, a alegria e a paz.

Ser amado e amar

Jamais me cansarei de repetir: amar a Deus é difícil, quase impossível. Amar o próximo é mais difícil ainda. Mas quando o filho é atingido pelo amor do Pai, sente imediatamente uma ânsia incontida de "sair" de si mesmo para *amar*. Nesse momento, amar a Deus não será fácil, mas quase inevitável. Além disso, o filho amado sentirá uma vontade louca de encontrar-se com qualquer um, pelos infinitos caminhos do mundo, para tratá-lo como o Pai o trata e para fazer felizes os outros como Pai o faz feliz.

Só os amados podem amar. Só os livres podem libertar. Só os puros purificam, e só podem semear a paz os que a possuem.

A um filho amado não se pode dizer que não ame. Sem que ninguém o diga, uma força interior inevitável irá arrastá-lo para compreender, perdoar, aceitar, acolher e assumir todos os órfãos que andam pelo mundo, necessitados de alegria e de amor.

* * *

Para mim, o mistério de Jesus é este: Jesus foi aquele que, nos dias de sua juventude, viveu uma altíssima experiência do amor do Pai.

Naqueles anos, sentiu-se embriagado pela cálida e infinita ternura do Pai. Nos arredores de Nazaré, nos morros que cercam o povoado, o Filho de Maria sentiu-se mil vezes querido, envolto e compenetrado por uma Presença amante e amada, e como resultado disso experimentou claramente o que quer dizer ser livre e feliz.

Depois disso, não pôde mais conter-se. Era impossível permanecer em Nazaré. Precisava sair. E saiu pelo mundo para *relevar* o Pai, para gritar aos quatro ventos a grande notícia do amor e para fazer feliz todo o mundo.

E foi por toda a parte, livre e libertador, amado e capaz de amar, para tratar a todos como o Pai tinha tratado a ele mesmo.

> Assim como o Pai me amou
> também eu vos amei (Jo 15,9).

Como se pode combinar tudo o que foi dito com o fato de Jesus ser também Filho de Deus? Eu me pergunto: será que alguém pode saber? O mistério ultrapassa-nos completamente. Só sabemos que ele era também, *completamente*, filho de Maria.

O Revelador do Pai

Agora Jesus começa a descerrar o véu e a mostrar o rosto do Pai. Temos a impressão de que o revelador sente-se incapaz de transmitir o que "sabe". Como um narrador popular que reveste as grandes verdades de uma roupagem simples, Jesus lança mão da fantasia, inventa parábolas e comparações, tira explicações de qualquer fenômeno cósmico, dos costumes da vida. Mas, no fim, ficamos com a impressão de que a realidade é outra coisa, de que Jesus não disse tudo. Sua experiência era tão longa e tão larga, e a palavra humana é tão curta...

* * *

Vocês já viram alguma vez uma criança com fome pedir ao pai um pedaço de pão e receber uma pedra dura, que quebra os dentes? Ou se pedir um pedaço de peixe frito, vai receber uma cobra para que o pique, envenene e mate? Vocês, uns com os outros, são capazes de qualquer coisa, até de se morderem. Mas são sempre leais e carinhosos com os próprios filhos. Eu lhes digo: se vocês, apesar de carregarem essa maldade dentro de si mesmos, procedem com tanta delicadeza com seus filhos, como procederá aquele Pai? Se vocês o conhecessem...

Eu o "conheço" muito bem, e por isso posso garantir-lhes: peçam, chamem, batam nas portas. Tenho certeza de que as portas se abrirão, de que encontrarão o que estão procurando, de que receberão o que precisam. Sim, antes de vocês abrirem a boca, ele já está preocupado com o que necessitam. Antes de vocês irem ao encontro, há muito tempo que ele tinha ido ao encontro de vocês. Se o conhecessem...

Por que olham para frente com olhar de inquietude e coração apertado? Por que gritam: Que vamos comer? Onde vamos dormir? Em que casa vamos morar? Que vai dar o compromisso que acabamos de assumir? Ocupem-se, isso sim. Mas preocupar-se, para quê? Lutem, mas sem angústia. Arrisquem, organizem, trabalhem, mas em paz. As preocupações? Libertem-se delas e lancem-nas nas mãos do Pai. Segurança para o amanhã? Cuidado! Não a coloquem no dinheiro, que é um deus falso. Seja o Pai sua única segurança.

Contemplem esses passarinhos. Com que alegria e despreocupação voam por todos os céus. Eu lhes garanto que nem uma só dessas aves felizes cai de fome. Elas não são como nós que, para comer um pedaço de pão, temos de semear, ceifar e moer. Essas aves não trabalham e assim mesmo comem. Quem lhes dá todos os dias de comer? O Pai. E quanto vale um desses passarinhos? Vocês não valem mais do que eles? Não são filhos imortais do Amor? Para que angustiar-se?

E que diremos da roupa? Levantem os olhos e vejam essas margaridas, agora que estamos na primavera. Nem Salomão, o rei da elegância, vestiu-se com tanto esplendor como essas flores. Elas não fiam nem tecem. Quem as veste todas as manhãs tão primorosamente? O Pai. Se o Pai se preocupa tanto por umas margaridas que brilham de manhã e murcham ao anoitecer, o que não fará com vocês, que são filhos do Amor?

O que é mais importante, a roupa ou o corpo? Oh! Se vocês conhecessem o Pai...

Dizem que morreu a filha do chefe da sinagoga; e dizem ao chefe que não amole o Mestre porque já não adianta mais nada: a menina morreu. Como? Não adianta mais? Só o Filho "conhece" o Pai. E Jesus diz ao chefe da sinagoga: "Olha que bastaria você acreditar na bondade e no poder do amado Pai, e sua filha, sob a mão ressuscitadora do amor, voltaria à vida como uma flor que desperta de um sonho" (cf. Mc 5,35-42).

* * *

Era uma vez um filho tão louco quanto insolente. Apresentou-se diante do pai e lhe disse: "Pai, trabalhando como um herói durante tantos anos nestas terras, o senhor multiplicou as fazendas, levantou castelos, é praticamente um rei nesta região. Mas nem um só dia gozou da vida como um homem tem de fazer. Não quero que aconteça o mesmo comigo. Quero aproveitar enquanto sou jovem. Dê-me a minha parte da herança". E foi para terras longínquas, onde acabou com seus bens em divertimentos.

Quando o jovem sentiu que, por baixo de tantas satisfações, abria-se o poço de uma insatisfação infinita, que nada podia compensar nem substituir o calor da casa paterna, e quando as saudades e a pobreza se abateram sobre ele, sabem o que o ingrato fez? Decorou um discurso de desculpas e voltou tranquilamente para casa. Sabem por quê? Porque conhecia muito bem seu pai.

E não se enganou. Aquele homem venerável, quando soube da volta do filho, pulou da cadeira na mesma hora, desceu as escadas, montou no cavalo mais veloz, foi ao encontro do moço, abraçou-o, beijou-o, convocou os trabalhadores das fazendas, dizendo: "Servidores fiéis das minhas terras, preparem o banquete mais esplêndido de que houve lembrança na minha casa, porque este é o dia mais feliz da minha vida. Tragam o anel de ouro para colocar-lhe no dedo e uma roupa de príncipe para ele vestir...".

Ah! Se vocês conhecessem o Pai! Ele é assim: compreensão, perdão, carinho.

Se se extravia um só de seus filhos, o Pai é capaz de abandonar a tranquilidade de seu palácio e de dar um pulo no mundo, subir colinas e cordilheiras, beirar precipícios, descer às profundidades, voltar a escalar penhascos e atravessar planícies, até encontrá-lo. Então, carrega-o nos ombros com todo o carinho, e volta cantando e assobiando, dizendo a todos os ventos que aquele filho lhe dá mais alegria que toda a corte celestial. Oh! Se conhecessem o Pai!

Lembram-se daquela velhinha? Perdeu uma moeda de ouro. Para procurá-la olhou por baixo das camas, cadeiras e mesas e... nada! Pegou uma vassoura e varreu tudo. E a encontrou! Sentia que ia explodir de alegria. Saiu na rua gritando: "Amigas, vizinhas, venham ajudar-me a partilhar minha alegria". O Pai é assim. Quando um filho perdido e querido volta para casa, sua alegria é tamanha que ele convoca todas as orquestras dos paraísos dizendo: "Amigos, eu estava morrendo de pena pela ausência do meu filho, mas ele acabou de chegar e eu estou sentindo o coração pular de alegria. Vamos celebrar todos juntos".

Olhem esse Sol. Vocês acham que o astro rei só inunda e fecunda os campos dos bonzinhos? Essa bola de fogo também dá vida e esplendor aos campos dos traidores, mentirosos e blasfemos. O Pai é assim. E essa chuva? Graças a ela os desertos vestem-se de verde e as árvores, de frutos dourados. Vocês acham que há discriminação e que a chuva cai mansamente só no campo dos escolhidos? Estão enganados. Cai também nos campos dos velhacos, vadios e boas-vidas. O Pai é assim: paga o mal com o bem. Se conhecessem...

* * *

Um dia vão me levantar na cruz, entre o céu e a terra. O Sol vai me abandonar. Abandonar-me-ão também todas as realidades: o prestígio pessoal, os amigos, os resultados de meus trabalhos. Serei exilado de todas as pátrias e de todos os bens. Mas não importa. Não estarei sozinho porque "o Pai está sempre comigo" (Jo 8,29).

Já chegou a minha hora, pela qual suspirei há tanto tempo. Estou vendo o que vai acontecer: como um bando de pombas assustadas, vocês todos vão se dispersar precipitadamente em mil direções, tratando de salvar a própria pele. Todos vão me abandonar e eu ficarei sozinho, a mercê de lobos vorazes. "Não importa; não ficarei sozinho não; o Pai estará comigo" (Jo 16,32).

Essa é a temperatura interior permanente de Jesus: sempre voltado para seu amado Pai. O Filho olha para o Pai e o Pai olha para o Filho, e esse olhar mútuo transforma-se em um manto de carinho que envolve os dois em um prazer infinito. Fracasso? Agonia? Calvário? Podem rugir lá fora as tormentas. Seu fragor não chegará ao lago interior, a não ser algumas rajadas, como no Getsêmani.

Parece-me que foi por isso que Jesus atravessou as cenas da Paixão com tanta dignidade e paz. Durante toda a sua vida, Jesus não fez outra coisa a não ser cavar o poço infinito para que o Pai querido o enchesse por completo.

Noite iluminada

No cenáculo, na noite da despedida, Jesus devia estar mais inspirado que nunca. Foi como se um rio tivesse saído de seu leito: tudo ficou inundado de emoção. Foi uma noite iluminada: o Senhor abriu, de par em par, as portas de sua intimidade, e lá dentro só se viu uma paragem infinita de solidão, povoada por um só habitante: o Pai.

Foi por essa razão que lhes disse: "De agora em diante vou chamá-los de 'amigos'. Sabem por quê? Porque um amigo é *amigo* de alguém quando o primeiro manifesta ao segundo os segredos íntimos de seu coração. E eu já lhes manifestei as interioridades mais recônditas e vocês já contemplam o único e grande segredo de minha vida: o Pai".

Como quando alguém é tomado por uma obsessão sagrada, o Mestre repetia, sem parar, o nome do Pai:

> Na casa de meu pai há muitas moradas.
> Vou para o meu *Pai*.
> Ninguém vai ao *Pai* a não ser por mim.
> O *Pai* é mais do que eu.
> Eu sou a videira, o *Pai* é o agricultor.
> Saí do *Pai* e volto para o *Pai*.
> Meu *Pai*, chegou a hora.
> *Pai* santo, agora eu vou para vós.
> *Pai* justo, glorificai o vosso Filho...

Jamais alguém pronunciou ou há de pronunciar esse nome com tanta veneração, tanta ternura, tanta confiança, tanta admiração e tanto amor. Que contemplador neste mundo poderá dizer-nos alguma coisa do que vibrava no coração de Jesus Cristo, quando repetia tantas vezes essa palavra naquela noite? Quem poderá descrever a expressividade daquele olhar, feito de admiração e de carinho, quando Jesus levantou os olhos para pronunciar a oração da despedida, como se lê no capítulo 17 do Evangelho de São João?

Os apóstolos devem tê-lo contemplado nesse momento tão radiante, tão iluminado, tão embriagado, porque Felipe, assumindo e resumindo o estado de ânimo dos demais, disse: "Mestre, chega de palavras, acendeste um fogo tão ardente dentro de nós que estamos desmaiando de saudades. Descerra o véu e mostra-nos o Pai em pessoa, porque queremos abraçá-lo".

Nos dias de evangelização, quando falava tão inspirado, levantou, no coração do mundo, um profundo anelo para com o Pai. Por isso, os irmãos das primeiras comunidades sentiam-se como viajantes arrastados pela nostalgia da casa paterna, "longe do Senhor", como desterrados que estão sempre sonhando com a pátria (cf. 2Cor 5,1-10; 1Pd 2,11), até que no grande *dia da libertação*, que é a morte, apareça em todo o seu esplendor o seu bendito rosto.

Além das metáforas, Jesus nos apresenta a salvação como um viver perpetuamente na Casa do Pai, enquanto a condenação é ficar para sempre fora dos muros dourados dessa Casa.

O inferno? É a ausência do Pai, solidão, vazio, saudade irremediável. Esses conceitos tão elevados e espirituais nunca teriam sido compreendidos por aqueles discípulos se Jesus não lhes tivesse infundido antes um grande anelo pelo Pai.

A vida eterna consiste em que *"conheçam a vós, único Deus verdadeiro"* (Jo 17,3). Todo o problema da salvação ou da condenação gira em torno da ausência ou presença do Pai.

Sheol? Aniquilação? O nada? Não. A morte é um "entrar no gozo do Senhor" (Mt 25,21). O céu? O céu *é* o Pai; o Pai *é* o Céu. A casa do Pai? A Casa *é* o Pai; o Pai *é* a casa. A Pátria? O Pai *é* a Pátria inteira.

Jesus de Nazaré? Foi o enviado para revelar-nos o Pai e para tratar a todos como era tratado pelo Pai.

3. JESUS SE ABANDONA

Se entrarmos em Jesus e descermos até a profundidade de sua pessoa para lá explorarmos os impulsos que dão origem às suas inclinações e aspirações, às suas intenções e desejos, e principalmente, se nos pusermos a buscar a mola secreta que nos explique tanta grandeza moral, vamos encontrar apenas o *abandono*, o cumprimento da vontade do Pai.

Isso é seu alimento e respiração. A vontade do Pai sustenta e dá sentido à sua vida. Viveu como uma criança pequena e feliz, carregada nos braços de seu Pai: "Aqui estou para fazer vossa vontade. Eu o quero, meu Deus, e carrego vossa lei dentro de mim" (Sl 39).

Mais tarde, veremos como essa atitude incondicional de abandono dá origem a essa energia, alegria e segurança com que o vemos viver e agir. Também veremos que esse mesmo abandono enriqueceu poderosamente a sua personalidade, fazendo-o testemunha incorruptível de Deus, cheio de grandeza e valentia. O abandono, enfim, é a atitude espiritual original do Evangelho.

Uma oferenda

Para Jesus, abandonar-se significou deixar o próprio interesse e entregar-se ao Outro, colocando confiantemente sua cabeça e toda a sua vida nas mãos de seu querido Pai.

O ato de abandono é, portanto, uma transmissão de domínio, uma entrega de um "eu" a um "tu". É um gesto "ativo" porque há uma oferenda da própria vontade à vontade do ser querido.

Não se trata, portanto, de se resignar à marcha fatal dos acontecimentos. Abandonar-se é entregar-se com amor a alguém que me quer e a quem eu quero. Entrego-me porque lhe quero bem.

* * *

A reflexão teológica da primeira comunidade cristã imaginou desta maneira o destino histórico de Jesus: ao entrar neste mundo, o Senhor deparou com um solene arco de entrada, em cujo frontispício estavam escritas estas palavras, declaração de princípio que resumia o sentido de sua vida:

Eis que eu venho, ó meu Deus,
para cumprir a vossa vontade (Hb 10,7).

A primeira geração cristã via em Jesus, por excelência, o Servo de Deus, aquele *pobre de Deus* plenamente dentro da espiritualidade dos *anawim*, que não perguntam, não questionam, não resistem nem se queixam, mas se abandonam, em silêncio e paz, aos desígnios do Senhor, conforme vão se manifestando nos fatos da história. De acordo com aquela declaração, Jesus não veio principalmente para evangelizar nem sequer para remir, mas para dar cabal cumprimento à vontade do Pai. Renunciando à sua vontade para assumir a vontade do Pai, Jesus libertava-se. Tornando-se livre, era constituído Libertador.

Sou servo, porque "não posso fazer nada por minha própria vontade" (Jo 5,30). Não sou um líder. Sou um enviado. Não posso tomar iniciativas arriscadas. Não sou um profeta nem um mensageiro e sequer um redentor. Sou simplesmente um filho submisso e obediente; sou um "alerta", uma "atenção" permanentemente aberta para o que deseja meu querido Pai, porque só para isso é que fui enviado (cf. Jo 6,38).

"O Pai me ama tanto, porque cumpro sua vontade" (Jo 10,17). Esse é o mistério completo dessa relação única entre o Filho e o Pai: existe entre os dois uma concordância total de vontades porque se amam muito; e se amam tanto porque existe essa concordância de vontades. Numa palavra, o amor oblativo e o amor emotivo convergem e se identificam.

Ligados pelo vínculo de uma única vontade, os dois vivem reciprocamente o amor e a ternura, não só na doçura da intimidade, mas também nos momentos de espanto e de pânico (cf. Mt 26,37). E assim, a doce palavra *Abbá* (querido Papai) foi repetida dilacerantemente no monte das Oliveiras, na noite da grande prova, em um momento de terror e de náusea: *"Abbá*, tudo é possível para vós; por favor, afastai de mim este cálice. Mas não se faça o que eu quero e sim o que vós quereis" (Mc 14,36).

De acordo com uma escola de Cristologia, o relacionamento de Jesus com seu Pai desenvolvia-se em estado de muita emoção. Isto é evidente, se damos atenção aos textos evangélicos e à estrutura de personalidade do próprio Jesus. Nunca me cansarei de repetir: a capacidade oblativa de um crente está em proporção com a sua capacidade emotiva, quando esta é devidamente canalizada. Um Francisco de Assis despojou-se até o vazio total para poder amar a todo mundo, porque era dotado de uma grande capacidade emotiva que soube orientar admiravelmente. Se Jesus assumiu heroicamente a vontade paterna foi devido àquela corrente de carinho que circulava entre ele e o Pai.

* * *

Mestre, come alguma coisa, porque deves estar com fome. É verdade que estou com fome, mas também tenho um alimento diferente que vocês não poderão adivinhar. Meu pão de cada dia é a vontade de meu querido Pai (cf. Jo 4,34). Esse pão sustenta a minha vida.

E essa vontade manifesta-se nos pequenos detalhes de cada dia. Hoje Jesus assiste com toda a naturalidade a uma festa de casamento, onde conversa com as pessoas simples e participa da alegria de todos. No dia seguinte, viaja a pé até Cafarnaum, durante o dia todo. Pelo caminho, ajuda os pescadores, conversa com os publicanos, perdoa a pecadora, diverte-se com as crianças. Hoje se preocupa com os que têm fome no estômago. Amanhã vai preocupar-se com os que têm fome no coração. Sempre tranquilo, confiante, incansável, completamente entregue nas mãos amorosas e amadas de seu Pai. Jesus é um filho feliz. Sou livre porque estou disponível. Faça-se a vossa santa vontade nos céus, na terra e em todas as latitudes! Glorificai vosso nome, ó Pai!

Sou um simples enviado. O agricultor, que é meu Pai, deu-me um serviço: meu filho, vai semear. Cumprindo sua ordem, espalhei a semente em abundância, por todas as terras. Mas, sabem o que aconteceu? O que sempre acontece: uma parte da semente caiu no caminho limpo, vieram os pardais e acabaram com elas. Vulgarmente, chamam isso de tempo perdido. Ou também de fracasso, pelo menos de fracasso parcial. Mas no meu caso essa palavra não tem cabimento, porque meu Pai não me disse: "Filho, traga para Casa uma colheita esplêndida". Disse apenas: "Vai semear". Eu cumpri sua vontade. O resultado – a colheita – depende dele.

Outra parte da semente caiu em terreno pedregoso. O trigo nasceu. Mas a fúria do Sol e as ervas daninhas acabaram com o trigo recém-nascido. Fracasso? O crescimento e o resultado dependem do Pai. Eu estou em paz porque já cumpri sua vontade: semeei. Não existe fracasso para quem se abandona.

Amanhã os colaboradores virão dizer-me: Cuidado, semeador! Seus inimigos vieram de noite, na escuridão, e semearam a cizânia no meio do trigo. Depois desapareceram nas trevas. Agora a cizânia vai brotar e acabar com o trigo. Quer que arranquemos a cizânia antes que seja tarde? Vamos com calma, amigos. Se meu Pai quiser

ser consequente consigo mesmo, se colocou a liberdade no coração do homem como uma espada de dois fios, como uma espada que pode gerar a vida ou a morte, e se o Pai quer respeitar sua própria criatura, eu não posso tomar nenhuma iniciativa. São assuntos do Pai. Deixem a cizânia no meio do trigo. No último dia, o Pai vai pôr tudo em ordem. "Eu não posso fazer nada por minha própria conta... porque não busco a minha vontade, mas a daquele que me enviou" (Jo 5,30).

> Para Jesus, Deus não é objeto de pensamento especulativo. Deus não é para ele nem um ente metafísico nem a força cósmica nem a lei do universo, mas a vontade pessoal, vontade santa e cheia de graça.
> Jesus só fala de Deus enquanto Deus marca os prazos para a vontade do homem e determina sua existência presente por seu mandamento, seu julgamento, sua graça.
> Dessa forma, para ele o Deus longínquo é, ao mesmo tempo, o Deus próximo, porque o homem chega a apreender sua realidade sem sair de sua própria realidade concreta, pelo contrário, voltando-se para dentro dela.
> O que Jesus traz é a mensagem do Reino de Deus iminente e da vontade de Deus. Fala de Deus falando do homem, e fazendo o homem ver que está na última hora, no transe da decisão, que sua vontade tem prazo marcado por Deus.[5]

Quando os discípulos que tinham ido preparar o alojamento foram expulsos da Samaria, ergueu-se logo a

---

[5] TERESINHA DO MENINO JESUS, Santa. *Obras completas*, p. 1405.

muralha vermelha da resistência, exigindo vingança e fogo. Vocês não sabem o que estão falando. Não é o espírito de meu Pai que fala por sua boca, mas o espírito maligno do rancor. Não vim destruir, mas construir. Se meu Pai permite a resistência da Samaria, nós não podemos tirar a espada da vingança. Resistir? Não. Abandonar-nos.

"Jerusalém, Jerusalém, que matas os profetas!" Jesus se emociona (cf. Mt 23,27). Como se vê nos Evangelhos, Jesus é o homem que não tem a menor consideração consigo mesmo e é incapaz de compadecer-se de si mesmo. Essencialmente, é um pobre de coração: não tem interesses pessoais nem presta culto à sua própria imagem. Por isso foi livre, temerariamente livre. Foi por isso também que sempre procedeu sem tino "político" e jamais agiu calculadamente como quem busca a adesão dos outros. Foi insubornável porque nunca jogou nada no jogo da vida – nem tinha o que jogar –; apostou tudo, isso sim, pelo Outro. Acabou como era de esperar: rejeitado e crucificado. Se agora está chorando não é por si, mas pelo Pai, diante de quem a capital teocrática fechava obstinadamente todas as portas.

Pois bem, chorando, triste e tudo o mais, Jesus não se encarapita sobre nuvens de anátemas e fogo, mas se abandona entre lágrimas como um menino frágil diante do mistério da impotência divina.

Que é isso, Pedro? Organizar uma resistência à espada contra essas tropas de assalto? Se eu quisesse, teria agora mesmo à minha disposição poderosas legiões de anjos que, num instante, aniquilariam esse punhado de mercenários. Mas, quantas vezes tenho de dizer que o que se vê é uma coisa e o que não se vê é outra! Aqui, o que se vê é uma mesquinha confabulação de âmbito religioso-político-militar, promovida por um tipo frustrado e ressentido que é esse Caifás. Isso é a superfície, a aparência. A realidade – que sempre está oculta por trás do que se vê – é a vontade de meu Pai que permite essa conjunção de fatos, os quais já estavam consignados na Escritura. Põe a espada no lugar, Pedro. Vamos abandonar-nos aos desígnios do Pai (cf. Mt 26,52).

Dirigindo-se aos assaltantes, diz-lhes: "Vocês vieram armados até os dentes, como se fossem capturar um famoso delinquente internacional. Quando eu falava no templo, vocês eram os ouvintes mais assíduos e jamais se atreveram a tocar-me com a pétala de uma rosa. Agora estão se atrevendo. Vocês não sabem por que essas coisas acontecem. Mas eu sei: desde os tempos antigos, meu Pai decidiu que tinha de ser assim, e assim ficou consignado nas Escrituras. Podem abaixar as espadas, que aqui não há resistência. Sou eu que me entrego voluntariamente" (cf. Mt 26,55).

Quando estava, um dia, ensinando em uma casa de Cafarnaum, seus parentes chegaram e lhe comunicaram: "Sua mãe e seus irmãos estão lá fora, perguntando por você". Jesus respondeu: "Minha mãe? Quem é minha mãe? Vocês todos são minha mãe. E digo mais: todos os que levam a sério a vontade de meu Pai realizam entre si o prisma completo da consanguinidade. A vontade do Pai é o motor totalizante e nivelador" (cf. Mt 3,31).

No último dia, virão os velhos amigos batendo na porta e gritando: "Senhor, Senhor, abre as portas do paraíso, porque somos os que comiam e bebiam convosco". Ele lhes responderá: "As portas do paraíso vão ser abertas não para os que se emocionam, mas para os que assumem em silêncio a vontade de meu Pai" (cf. Mt 7,21).

> Faça-se a vossa vontade: esse é o denominador comum do Sermão da Montanha. Acabou-se toda relativização da vontade de Deus.
>
> Já não valem o entusiasmo piedoso nem a pura intencionalidade; só vale a obediência de sentimento e de ação. O homem é pessoalmente responsável diante do Deus próximo, do Deus que chega.
>
> Só cumprindo a vontade de Deus, decididamente e sem reservas, o homem poderá participar das promessas do reinado de Deus.

Prelúdio

Assim falou Jesus. Também viveu assim. Nos últimos dias, entretanto, Jesus sofreu uma crise, prelúdio da grande crise por que haveria de passar na noite escura do Getsêmani. Era o dia seguinte à entrada solene em Jerusalém. Os gregos, vindos da Diáspora, queriam entrevistá-lo. O Mestre embarcou em estranhas metáforas. Disse, por exemplo, que para viver é preciso morrer, que a vida do trigo nasce da morte do trigo.

De repente, o sobressalto se apoderou improvisamente de seu coração como um esquadrão de morte. Assustou-se. Vacilou. Por um momento, recuou. Foi uma crise momentânea.

Esse momento de confusão está registrado em João (12,27-28). É provável que João – que não refere a crise do Getsêmani – tenha trazido para cá a síntese daquele grande drama. Seja como for, nos dois versículos alternam-se e se perseguem, como relâmpagos noturnos, quatro cenas com quatro reações antitéticas. A contradição tomou posse da alma de Jesus e a desintegrou. Foi a crise da contradição.

> Minha alma está agora conturbada. Que direi?
> Pai, salva-me desta hora?
> Foi precisamente para esta hora que eu vim.
> Pai, glorifica o teu nome (Jo 12,27-28).

Na perturbação acontece o seguinte: toda propriedade ameaçada sacode o proprietário, dizendo: "Defende-me". Então o proprietário libera energias para a defesa das propriedades. Isso é a perturbação. A primeira e primária propriedade do ser humano é a vida. Quando sentiu sua vida ameaçada, Jesus se perturbou.

Na segunda cena, surgiu no meio de sombras azuis o rosto do medo: ter de morrer. O ignoto. O absurdo: uma vida que acaba assim, quase sem sentido, intempestivamente. Era demais! Não haverá outra maneira de salvar? Por que tem de ser precisamente esse cálice? "Livrai-me desta hora. Adiai-a, pelo menos".

Depois, como quem acorda banhado no suor de um pesadelo, Jesus abre os olhos, sacode a cabeça como para afugentar maus sonhos, e deixa cair aquela palavra que ressoou em seus abismos mais profundos: "Lembra-te, filho de Maria. Foi para isso que eu vim, esta é a minha hora".

Já livre do medo, respirando tranquilo, levantou os olhos para dizer: "Sim, Pai! Faça-se a vossa vontade. Seja glorificado o vosso nome".

Ninguém me tira a vida

Que aconteceu na alma de Jesus nas horas da Paixão? Enquanto as cenas iam se sucedendo, enquanto o réu era levado de um tribunal para outro, teria Jesus sofrido algum desfalecimento? Quando se pronunciou a sentença: "Irás para a cruz", teria Jesus tido algum "arrependimento", como o daquele que diz: "Que pena! Se não tivesse cometido aquela imprudência temerária, se não tivesse soltado aqueles anátemas, agora eu não estaria nesta situação"?

Humanamente falando, teria Jesus podido evitar a morte? Teria podido interromper o encadeamento dos fatos? Quando sentiu a proximidade dos perseguidores, porque não escapou para as colinas de Golan ou para as montanhas da Samaria? Faltaram-lhe estratégias defensivas, técnicas de retirada, sentido de orientação, ou talvez um conselho acertado? Será que usaram com ele a tática da surpresa e, quando percebeu, já estava cercado, sem saída?

Betânia, a poucos quilômetros da capital, era um lugar de repouso ou era um refúgio contra os detetives do Sinédrio? Por que não ficou calado nas últimas semanas? Quando sentiu o rancor do Sinédrio, por que não se retirou para a Galileia por uns tempos, até que os ânimos se acalmassem? Por que continuou fustigando e desafiando as autoridades até o último momento? Quando Caifás e Pilatos, respectivamente, convidaram-no a se defender, por que ficou em silêncio?

* * *

Que aconteceu realmente: um desenvolvimento normal e fatal dos acontecimentos históricos, ou uma decisão livre e voluntária de Jesus? Teve de ir ou foi por conta própria?

Eu me explico. O rio da história vinha de longe, antes de Jesus nascer, arrastando fatores concretos: os altos e baixos da política de Israel, o imperialismo romano, a estrutura temperamental de pessoas concretas como Caifás e Judas, iniciativas da política contingente do Sinédrio etc. Todos esses fatores em cega combinação foram se desenvolvendo como as águas da torrente, envolveram Jesus e o arrastaram para a morte. Foi isso?

Tudo isso existiu, é certo. Mas só com isso não teria havido redenção. Era necessário que Jesus assumisse, livre e voluntariamente, tudo isso. Aqueles acontecimentos eram *história*, não, porém, *história da Salvação*. Para que houvesse salvação, Jesus tinha de infundir uma "alma" naqueles acontecimentos externos.

A fatalidade histórica e a morte derrotavam Jesus, ou Jesus derrotava a morte. Quando se sentiu cercado e perdido, Jesus podia ter reagido resistindo, defendendo-se. Podia ter morrido blasfemando contra o Sinédrio. Nesse caso, não teria havido salvação. Jesus podia ter olhado os fatos em uma perspectiva sociopolítica ou psicológica, como quem diz: "Tudo isso começou com a reação invejosa de um tipo frustrado como Caifás, consumou-se com a reação covarde de um tímido inseguro como Pilatos, e estava tudo combinado com o fato de que minha morte trazia bons dividendos políticos para uns e outros". Se Jesus tivesse olhado assim os fatos, se ele se tivesse sentido arrastado e derrotado pela fatalidade cega da história, não teria acontecido a salvação.

Mas não foi assim. Jesus não olhou os fenômenos, e sim a *realidade*. Não analisou os fatos em sua superfície; antes, por trás de toda a tempestade viu o rosto do Pai. Não se rendeu aos fatos, mas à vontade do Pai. Para o Pai nada é impossível. Em termos absolutos, o Pai podia ter interrompido a sucessão dos acontecimentos. Se não o fez, foi porque sua vontade permitiu que tudo seguisse seu curso, e que seu Filho desaparecesse queimado na pira de um desastre.

A diferença entre fatalidade cega ou morte redentora estava no fato de Jesus ter de ver (ou não) em tudo aquilo a vontade do Pai e *assumi-la* (ou não).

Diante dos fatos consumados ou do acontecimento inevitável em que o ser humano não pode alterar nada, Jesus vê e assume a vontade do Pai. Com essa atitude, Jesus liberta-se do medo e é constituído libertador. Como nos dirá Paulo, Jesus entregou-se, submisso e obediente, até a morte, e morte de cruz. Devido a isso, Jesus não só é libertado da morte, mas também recebe a categoria de libertador da humanidade e Senhor do universo. Dessa maneira, Jesus realizou sua missão e transformou os acontecimentos históricos na etapa decisiva do Reino de Deus.

Não tem tanta importância a pergunta: Teria Jesus podido evitar a morte? Se podia ter evitado a morte e não o fez, permitiu que a morte se apoderasse dele, mesmo sem a procurar. Há muitos dados evangélicos que confirmam a impressão de que não quis evitar a morte, como dissemos acima. Por exemplo, o fato de ter continuado até o fim desafiando as autoridades e, em vez de dar uma trégua aos combates fugindo para outras regiões, ter permanecido ali, ao alcance da mão dos perseguidores. Não abriu a boca para defender-se nas duas oportunidades em que foi convidado, dando a impressão de que não se importava em morrer.

O importante, porém, não era isso. O decisivo era outra coisa: teria podido evitar a morte ou não. De qualquer forma, morreu voluntariamente porque assumiu tudo, considerando-o como expressão da vontade do Pai. Os fatos consumados ou inevitáveis não se assanharam com ele como se fosse uma vítima impotente; não se assanharam porque ele não resistiu. Entregou-se sem violência à violência dos fatos; entregando-se em paz e silêncio nas mãos do Pai permitiu tudo isso.

* * *

Por isso Jesus atravessou as cenas da Paixão com tanta dignidade e paz. Os quatro evangelistas prodigalizam detalhes, confirmando essa impressão. E se com todos esses detalhes fizéssemos uma síntese e a expressássemos em um quadro, teríamos o famoso quadro *Cristo* de Velásquez.

Esse quadro é a resposta histórica e pictórica à pergunta sobre a voluntariedade da Paixão, por parte de Jesus. Com os braços abertos, entregue nas mãos do mundo, dos homens, de Deus, abandonado, adormecido, morto, satisfeito? Sim, com a satisfação de ter-se *dado* todo. Há nesse rosto, coberto por uma cabeleira negra, com os olhos fechados, uma paz infinita, uma serenidade imperturbável, como dizer? Uma estranha doçura. Certamente esse morto não lutou com a morte. Aqui não houve nem combate nem resistência. No vértice dessa cruz, poderíamos pôr o rótulo: "missão cumprida". E aquela outra inscrição: "Ninguém me arrebata a vida, mas eu a dou livremente... este é o preceito que recebi do Pai" (Jo 10,18).

A grande crise

Na atitude de abandono, mantida sem vacilação por Jesus durante toda a sua vida, houve uma forte queda emocional.

Durante sua vida, Jesus tinha sido a resposta plena e fiel do Filho ao Pai. Foi a "testemunha fiel e veraz" (Ap 3,14). Sempre me chama a atenção a forma com que o autor da *Carta aos Hebreus* apresenta Jesus como modelo de fidelidade no meio das fragilidades e tentações em que esteve envolvido, e em que também nós estamos envolvidos. Convida-nos a ter "os olhos fixos em Jesus" (Hb 12,2): "Considerai, pois, aquele que suportou tal contradição, para não vos deixar fatigar pelo desânimo" (Hb 12,3).

Jesus começou percorrendo todos *os caminhos do homem* até o fim, exceto o pecado. Foi "provado em tudo como nós, com exceção do pecado" (Hb 4,15). Temos um irmão a quem custou muito ser plenamente fiel ao Pai, e isso é enormemente consolador para nós.

Quando se encarnou, privou-se do resplendor da glória divina, "aquela glória que tinha antes que o mundo existisse" (Jo 17,5). Pelo fato da Encarnação, renunciou a todas as vantagens de ser Deus e se submeteu a todas as desvantagens de ser homem. Provou a si mesmo com todas as limitações humanas como a lei da contingência, a lei da transitoriedade, a lei da mediocridade, a lei da solidão e a lei da morte.

Numa palavra, aceitou-se como um *homem*; aceitou-se sem fugas nem compensações, sem recorrer a sua divindade nas horas de aperto. Nunca aproveitou seu poder divino para utilidade própria, mas sim para a utilidade dos outros. Foi completamente *fiel* ao homem. Nunca "atraiçoou" sua condição humana. Tudo isso se reflete quando a Escritura diz que Jesus "desceu" até a condição de servo, feito igual a qualquer homem (Fl 2,5ss).

Mas nessa experiência humana estava faltando para Jesus o bocado mais amargo: a morte.

Não há nenhuma vantagem em manter-se ereto como um álamo em uma tarde serena. O mérito da fidelidade está em permanecer em pé quando todas as tempestades movem uma guerra sem quartel. Foi precisamente então, na hora da grande prova, que Jesus se abandonou à vontade do Pai com pureza e radicalidade, sem distinções nem atenuantes. Foi o momento da alta fidelidade.

No Getsêmani, Jesus transformou-se no *grande miserável*, não no sentido de que carregou todas as misérias humanas, mas no sentido de que experimentou a *miséria de sentir-se homem* até a última limitação da contingência humana, até sentir covardia, nojo e contradição. Desceu aos níveis mais baixos da condição humana.

Distinguiu com aterradora clareza duas vontades que se enfrentaram violentamente. Jesus vinha a ser nesse momento um campo de batalha onde duas forças antagônicas travavam seu combate final: "o que eu quero" e "o que vós quereis".

* * *

Diante da imaginação viva e sensível de Jesus apareceu bem perto o rosto da morte. Ou melhor, o medo da morte.

É fácil teorizar sobre a morte e inventar bonitas filosofias, quando ela não aparece diante de nós. Pode ser também que a morte, em si mesma, seja um vazio, algo tão insubstancial como a palavra *nada*. Mas somos nós que damos "vida" à morte, povoando esse vazio com nossas fantasias e medos. Sim. Nós "vivemos" a morte. No Getsêmani, Jesus "viveu" a morte.

Tudo o que vive – vegetal, animal, homem – tem mecanismos apropriados para não se extinguir. É o instinto de conservação: são poderosas forças defensivas, mais fortes no animal que no vegetal e muito mais fortes no homem que no animal. Um animal, uma vez tendo entrado no processo de extinção, deixa-se morrer, não resiste, apaga-se como uma vela: a morte "realiza-se" nele.

Só no homem existe a agonia, porque o humano toma consciência da extinção e resiste. Só o homem *morre*. O animal *deixa-se morrer*. Para muitos, a vida é uma lenta agonia, principalmente nos anos do ocaso, porque vivem dominados pelo medo.

Por outro lado, a morte é a região ignorada e a mente sempre tem medo do que é ignorado. Com a morte ficam definitivamente cortadas tantas coisas bonitas: não poder desfrutar mais a alegria deste sol, desta primavera ("agora que chega a primavera, ter de morrer", dizia-me uma pessoa), desta amizade, do apreço que tantas pessoas têm para comigo, não poder sonhar mais, não poder fazer felizes os outros, nunca mais poder ver nem conversar com os familiares, amigos, conhecidos etc. Numa palavra, é a grande despedida. Vou embora, e ninguém pode vir comigo.

Uma vez morto, o homem não sofre nada com essas despedidas. Enquanto vive é que o ser humano vai "vivendo" o desprender-se de todas as despedidas. E como o medo é a defesa das propriedades, e como com a morte perdemos todas as propriedades, é natural que a proximidade da morte cause o supremo medo que, por sua vez, não é senão a máxima descarga de energias para a defesa da propriedade geral da vida.

* * *

Jesus viveu tudo isso no Getsêmani. Viveu-o em *alta voltagem*, porque para lá convergiam outras circunstâncias que tornavam muito mais dilacerante aquela partida.

Para quem defronta a proximidade da morte como Jesus, deve constituir um motivo de consolação comprovar que muita gente vai sentir muito essa morte, vai se lamentar e chorar. A solidão – fenômeno essencial da morte – pode ser parcialmente aliviada por essa solidariedade.

Mas no caso de Jesus, não havia essa solidariedade, e sim hostilidade e indiferença. A maioria ia se alegrar com esse desastre, ou ia ficar completamente indiferente.

Símbolo dessa última realidade eram seus discípulos, tranquilamente adormecidos enquanto ele se debatia numa agonia trágica. Nessa situação, uma pessoa deve sentir-se absolutamente infeliz e miserável. Como não sentir fastio e náusea?

Depois, tudo tinha aspecto de absurdo. Se eu assumo, com suor e sangue, esse bocado amargo para salvar a esses aí, e se a esses aí nada importa essa salvação, nem a reconhecem nem a agradecem, chegamos ao cúmulo. É um holocausto inútil!

O Novo Testamento apresenta-nos esse combate dentro de um contexto vital que assusta e espanta. O evangelista médico fala do suor de sangue, fenômeno que a ciência chama de *hematadrose*. O coração é um músculo poderoso que tem por função bombear sangue. É todo repassado por fibras nervosas motoras justamente para manter o músculo em perpétuo movimento. Quando a situação emocional sobe a alta pressão, esse nobre músculo pode começar a bombear com tanta violência e rapidez que os capilares podem arrebentar-se, produzindo o suor de sangue. Por isso, o fenômeno físico não é mais do que um eco longínquo das altas temperaturas interiores.

A Carta aos Hebreus recolheu, guardou e consignou uma tradição muito emotiva, segundo a qual Jesus suplicou ao Pai, naquela noite, "com clamores e lágrimas" (Hb 5,7). Marcos informa-nos que invocava a Deus usando a palavra *Abbá*, expressão da maior ternura (cf. Mc 14,36). E Mateus acrescenta que rezava "caído em terra" (Mt 26,39). Estranho, porque os judeus rezavam invariavelmente em pé. Poder-se-ia interpretar essa posição como a de quem foi abatido pelo vendaval. Quem entende esse conjunto misterioso: chorando e gritando como uma criança rebelde, embora com palavras de ternura, açoitado e derrubado pelo espanto?

Os sinóticos transmitem-nos todas as características de uma agonia. Por isso Jesus declara sentir uma "tristeza de morte" (Mt 26,37). Um agonizante é, antes de tudo, aquele que não quer morrer: sente terror da morte. Os evangelistas (cf. Mc 14,33; Mt 26,37) usam a palavra *pavor*, que quer dizer a mesma coisa. Ao mesmo tempo, o agonizante sente-se tão mal física e psiquicamente, que não gostaria de continuar vivendo. Sente *tédio* (expressão dos evangelistas) pela vida. *Náusea*, dizemos vulgarmente. Se não quer morrer, se não quer viver, o agonizante é um ser desintegrado por forças contraditórias que puxam de diversos lados.

Jesus foi justamente – e essencialmente – isso naquela noite: um ser puxado brutalmente em duas direções por duas forças contrárias: "o que eu quero" e "o que vós quereis".

"O que eu quero" dominou o primeiro tempo. Em nome da razão, da piedade e do senso comum levantaram-se todas as interrogações. A voz de Jesus vinha das regiões mais profundas. Cercear uma juventude quando brilhavam tantas esperanças? Por quê? Pai santo, um final sem utilidade e sem sentido, por quê? A vida era tão bonita, Pai! Eu me sentia tão feliz fazendo os outros felizes e agora me tirais a alegria de comunicar felicidade, por quê? Uma pessoa pode perder batalhas e ganhar uma guerra; ou pode ganhar batalhas e perder uma guerra, e vós me fechais nesta alternativa, por quê? Não me quereis tanto? Não sois meu Pai? Não é verdade que podeis tudo? Não poderíeis trocar este cálice por outro? Por que tem de ser justamente este cálice?

E assim foram surgindo todas as vozes de protesto. Mas no fim, não sei de onde Jesus tirou as energias oblativas, e sufocando todas as vozes, disse: "Meu Pai, até agora foram só palavras néscias. Não fui eu quem falou, foi a 'carne'. Agora sim. Agora vou dar a minha palavra: *não o que eu quero, sim o que vós quereis!*".

Os sinóticos esclarecem que Jesus repetia muitas vezes as mesmas palavras. Podemos ter convicções, mas o importante é que elas cheguem ao fundo emocional de onde nascem as decisões. Também é possível que Jesus estivesse, naquela noite, em suma aridez. E por isso precisava repetir muitas vezes as mesmas palavras.

Jesus nunca atingiu tanta grandeza como nesse momento, "obediente até a morte e morte de cruz" (Fl 2,8). Identificado com "o que o Pai quer", entrega-se, cheio de paz, nas mãos de seus algozes.

Que consolação foi aquela do anjo? (cf. Lc 22,43). Vou arriscar uma interpretação dessa cena em seu sentido psicológico-espiritual. Jesus resistiu à proposição do Pai com "suor de sangue" (Lc 22,44). É possível até que, em algum momento, pensasse que estaria arriscando a vida temerariamente, por exemplo, com as invectivas contra os sinedristas ou com sua intervenção no templo. Mas já estava cercado. Não podia escapar.

Por fim, Jesus abandonou a resistência e se entregou como um filho submisso nas mãos do amado Pai com o "faça-se o que tu queres". E o abandono foi a libertação da "angústia e do terror" (Mt 26,37) e produziu na alma de Jesus os frutos habituais de todo abandono: consolação, paz, tranquilidade e sobretudo uma satisfação de ter feito o ato supremo de amor por seu querido Papai.

Observamos também que, tendo-se acovardado nas cenas anteriores, desde o momento em que se abandona à vontade do Pai, levanta-se animado, valente, e sereno predispõe os seus para o duro momento. Enfrenta sozinho, com grande serenidade, as tropas munidas de paus, espadas e armas (cf. Jo 18,3). Tal serenidade deixou paralisadas as tropas de assalto.

Desse momento até expirar na cruz, Jesus é, nos anais da história da humanidade, um caso único de grandeza: ele aparece como oferenda de amor. Não descobrimos nenhum *rictus* de amargura, nenhuma queixa. Avança através das cenas sem resistência, com uma paz infinita, com uma serenidade invulnerável, abandonado como um menino humilde nas mãos de seu querido Pai, em meio a uma tormenta de pancadas, insultos e açoites. Caluniam-no; não se defende. Insultam-no; não responde. Golpeiam-no; não protesta. Com tal majestade que os sucessivos juízes parecem réus e seu silêncio parece o juiz. Como uma ovelha ante o tosquiador, como o cordeiro que é levado ao matadouro, Jesus "é levado" pela tormenta, abandonado incondicional e confiadamente nos desígnios de seu amado Pai até que, como um símbolo do abandono que foi sua vida inteira, terminará dizendo: "Meu amado Pai, em tuas mãos entrego minha vida".

* * *

Contentamento – Abandonado nas mãos de seu querido Papai, sua vida transcorre feliz e gozosa, apesar das hostilidades e fracassos. Em meio a grandes problemas, vive em profunda e contagiosa paz.

> Apenas me deito, logo adormeço em paz porque a segurança de meu repouso vem de vós, Senhor! (Sl 4,9).

Se por alegria entendemos a serenidade imperturbável de quem está acima das alternativas da vida, podemos afirmar que Jesus foi sempre alegre, feliz.

Um dos temas permanentes, quando fala em particular com os discípulos, é o contentamento de que seu coração estava transbordante como efeito da cordialidade e confiança com que se abandonava à vontade de seu Pai.

"Não tenham medo, não permitam que seu coração seja assaltado pela confusão, vivam contentes e felizes porque vou para meu querido Pai" (cf. Jo 14,28). "Desejo vivamente que vocês participem do meu prazer e de minha alegria. Como o Pai está sempre comigo e por isso vivo feliz, quisera fazê-los participantes da mesma alegria".

"Shalon" – uma espécie de bem-aventurança plena – é o que lhes deixa como herança. "Deixo-vos a paz, dou-vos a minha paz" (Jo 14,27). Sempre tinha vivido envolto nessa paz (felicidade). Ao deixá-la como a maior riqueza, significa que os seus o haviam visto viver (com admiração?) nessa serena felicidade, e que a deixa para eles em herança, mas com a condição de que também eles vivam no mesmo estado de fé e abandono confiado nas mãos do amado Pai. Só uma vez Marcos consigna um grito de impaciência: "Até quando estarei convosco?" (Mc 9,19).

Aqui está a grandeza original de Jesus e dos cristãos: poder viver, em meio aos fracassos e tempestades, com a alma cheia de serenidade e calma, poder ser profundamente felizes, vivendo entre adversidades. Este é o fruto mais saboroso do sentir a Deus como um querido Papai e do viver confiadamente abandonados em suas mãos benditas.

"Permanecei em meu amor como eu permaneço no carinho de meu amado Pai para que eu me alegre em vós e a vossa alegria seja plena. Agora vou para ti, meu Pai, e falo estas coisas diante destes para que também eles tenham minha alegria realizada neles mesmos" (cf. Jo 17,13). Quer dizer que a finalidade da sua vida foi fazer a todos participantes de sua profunda felicidade.

* * *

Deixando-se levar confiadamente pelo Pai, Jesus de Nazaré adquiriu uma estatura moral única, convertendo-se em testemunha incorruptível do Pai, cheio de liberdade interior.

Pela autoridade com que ensina, pela franqueza com que se dirige a amigos e inimigos, por seu proceder a todo momento sem acepção de pessoas, sem medo de perder a vida, sem se importar com a honra pessoal, Jesus é um homem valente.

Uma pessoa atua com soberania quando é livre. Quando está intimamente cheia de interesses, então a insegurança e os medos a arrocham e fazem de sua vida um mendigar pelo apreço e a estima das pessoas, alienando sua liberdade.

Vemos Jesus profundamente livre, porque não descobrimos nele nenhuma ansiedade, nenhuma necessidade de estabelecer ou esclarecer sua identidade ou sua categoria. Simplesmente se apresenta, nem mais nem menos, como o servidor do Pai e dos homens. É livre porque não tem interesses pessoais. Não veio para dominar, mas para servir e cumprir a vontade de seu amado Pai.

Confiante, carinhoso, entregue nas mãos de seu querido Papai, oferece-se a todos. Entrega-se sem se preocupar com sua pessoa, preocupado com os outros.

Sente-se livre para servir a todos, sem preconceitos moralistas, sejam pagãos ou prostitutas, sentando-se à mesa com publicanos e pecadores. Sente-se livre para servir a todos sem preconceitos nacionalistas ou patrióticos, aos romanos como ao centurião, aos samaritanos que eram considerados "hereges", aos pagãos de Tiro, Sidônia e Cesareia de Felipe. Está decididamente do lado dos pobres, mas é livre para estar também com os ricos. Está decididamente pela gente humilde, mas é livre para atender a fariseus e sinedristas como Nicodemos e José de Arimateia.

Jesus não é "político", e menos ainda diplomático. Nunca agiu com "tino", com "prudência" ou por cálculos humanos. De outro modo, não teria morrido em uma cruz, e sim numa cama. Não lhe importa nem sua honra nem sua vida, mas só a glória de seu amado Pai. Atirou-se todo inteiro, e foi coerente.

Seus próprios adversários fizeram uma perfeita fotografia psicológica dele: "Mestre, sabemos que és sincero e que não lisonjeias a ninguém, porque não olhas para as aparências dos homens, mas ensinas o caminho de Deus, segundo a verdade" (Mc 12,14).

Infância espiritual

Quando morreu Miguel de Unamuno, entre os manuscritos encontrados sobre a mesa do seu escritório, estavam estes versos:

> Alarga a porta, Pai,
> porque não posso passar.
> Fizeste-a para as crianças
> e eu cresci, a meu pesar.
>
> Se não me alargas a porta,
> diminui-me por piedade.
> Volta-me àquela idade
> em que viver era sonhar!

Nicodemos, homem sincero mas comprometido com a sua casta, pede a Jesus uma entrevista noturna. "Mestre, sabemos que vieste da parte de Deus". Como bom fariseu, é especialista nas Escrituras, mas intui no seu interlocutor alguém que "sabe" de outra maneira as coisas e pede-lhe algo assim como uma receita secreta, uma atitude fundamental e totalizadora para "entrar" no Reino.

"Nós dizemos o que 'sabemos'" (cf. Jo 3,11), disse Jesus. Efetivamente Jesus ensina aquilo que experimentou anteriormente: a vivência e revelação do *Abbá*, fazer-se pequenino e voltar para os braços do Pai. É preciso nascer outra vez (cf. Jo 3). É preciso regressar à infância, sentir-se pequenino e desvalido, esperar tudo do outro e confiar de forma audaz no infinito amor do Pai amantíssimo. Assim foi proclamada a primeira bem-aventurança, e só a estes foi prometido o Reino.

"Que é isso? Voltar ao seio materno?", pergunta Nicodemos.
"Como! És doutor e não sabes estas coisas?"

Ironia não isenta de certa estranheza. Jesus joga com a palavra "saber", e aí está a chave. Nas coisas do espírito não pode "saber" quem não as experimentou. "Só se sabe aquilo que se viveu", dizia São Francisco. E a estranha receita de salvação que Jesus lhe revela – o renascimento – só pode "saber" quando se experimentou na intimidade com o Pai querido. De outra maneira, vem a ser um paradoxo insuportável.

* * *

Salvar-se, segundo Jesus, é *fazer-se progressivamente criança*. Para a sabedoria do mundo, isso é completamente estranho porque estabelece uma inversão de valores e juízos. Na vida humana, segundo as ciências psicológicas, o segredo da maturidade (salvação) está em afastar-se progressivamente da unidade materna e de qualquer tipo de simbiose até chegar à completa independência e em manter-se em pé sem nenhum apoio.

Pelo contrário, no programa de Jesus, dentro de uma verdadeira inversão copernicana, a salvação consiste em fazer-se cada vez mais dependente, em não se manter em pé senão apoiado no outro, em não agir por própria iniciativa, mas por iniciativa do Outro e em avançar progressivamente até uma identificação quase simbiótica, até – se possível – deixar de ser um em si mesmo para ser um com Deus, porque o amor é unificante e identificante. Numa palavra, viver da sua vida e do seu espírito. Essa dependência, por suposto, é a suprema liberdade, como logo se verá.

> Permanecer criança é reconhecer o seu próprio nada, esperar tudo de Deus, como um menino espera tudo do seu pai; não se inquietar por nada, não pretender fortuna...
> Ser pequeno significa não atribuir a si mesmo as virtudes que se praticam, acreditando-se capaz de alguma coisa, e sim reconhecer que Deus põe esse tesouro da virtude na mão da criança. Mas é sempre tesouro de Deus.[6]

Estamos mesmo no centro da Revelação trazida por Jesus, a revelação do Deus-Pai (*Abbá*). O Reino será dado somente aos que confiam, aos que esperam, aos que se entregam nas mãos fortes do amado Pai. Tudo é graça. Pura gratuidade. Tudo se recebe. Para alguém receber tem de abandonar-se. Só se abandonam os que se sentem "pouca coisa". É preciso fazer-se pequenino, menino, "menor". Mas uma vez que, abandonando-nos, nos colocamos na órbita de Deus, então caducam todas as fronteiras e

---

[6] BERNANOS, Georges. *Diálogo das Carmelitas*. Rio de Janeiro: Agir, 1960. Quadro II, Cena 8.

participamos do poder infinito do amado Pai, da sua eternidade e imensidade.

"Se não vos transformardes e vos tornardes como criancinhas, não entrareis no Reino dos céus" (Mt 18,1-4). Fazer-se criança! A criança é um ser essencialmente pobre e confiado; confiado porque sabe que à sua debilidade corresponde o poder de alguém; numa palavra, a sua pobreza é a sua riqueza. Por si, a criança não é forte, nem virtuosa, nem segura. Mas é como o girassol que todas as manhãs se abre para o Sol; dele espera tudo, dele recebe tudo: calor, luz, força, vida.

Fazer-se criança, viver a experiência do *Abbá* (Papai querido) não só na oração, mas sobretudo nas eventualidades da vida, vivendo confiadamente entregue ao que dispuser o Pai querido, tudo isso parece coisa simples e fácil. Na realidade, trata-se da transformação mais fantástica, de uma verdadeira revolução no velho castelo do homem, um castelo argamassado de autossuficiência, egocentrismo e loucuras de grandezas.

> Suceda o que suceder, não abandoneis a simplicidade. Ao ler os nossos livros, poderíamos acreditar que Deus prova os santos como um ferreiro prova uma barra de ferro para medir a sua resistência.
>
> Todavia, atua sobretudo à maneira dum curtidor que apalpa com as pontas dos dedos uma pele de veado para apreciar a sua macieza. Ó filha minha, sê sempre essa coisa doce e maleável nas suas mãos.[7]

---

[7] Ibid., Quadro II, Cena 1.

* * *

A tecnologia conquistou e transformou a matéria. A psicologia pretende conhecer a fundo o ser humano. Vã ilusão. No momento do diagnóstico, a psicanálise consegue bons resultados, mas na hora do tratamento (salvação) a pessoa, na sua profunda complexidade, é uma sombra perpetuamente errante, fugidia e inalcançável. Diariamente somos testemunhas da sombria impotência das terapias psiquiátricas para qualquer libertação interior.

Não se descobriu outra "ciência" nem outra revolução para a transformação do ser humano a não ser aquela revelação trazida por Jesus: renunciar aos sonhos de onipotência, reconhecer a incapacidade da salvação pelos meios humanos, tomar consciência da nossa miséria e fragilidade, entregar-nos confiada e incondicionalmente nas poderosas mãos de Deus, e permitir, dia após dia, abandonados com absoluta "passividade" nas suas mãos, sermos transformados desde as raízes. Só Deus é o Poder, o Amor e a Revolução.

Nos meios eclesiásticos penetrou a obsessão – quase mania – da libertação interior mediante as ciências psicológicas, fato que reflete uma profunda depressão da Fé. Reconhecendo que essas ciências são uma boa ajuda, se não começarmos por reconhecer a Jesus Cristo como o único Salvador e por nos entregarmos à sua graça como a única salvação, iremos de queda em queda para os despenhadeiros da frustração.

* * *

Jesus, depois de fazer uma emocionante descrição de como o universo e os homens estão nas mãos de Deus e de lhes dizer que não se preocupem com outra coisa senão em apoiar-se no Pai, cheio de alegria acaba dizendo-lhes: "Não temais, pequeno rebanho, porque foi do agrado de vosso Pai dar-vos o Reino" (Lc 12,32).

> [...] essa simplicidade de alma, esse terno abandono na majestade divina é a meta da nossa vida, que queremos alcançar ou voltar a encontrar se alguma vez a conhecemos, pois é dom da infância, que muito amiúde não lhe sobrevive.

Este espírito de infância tem inimigos sutis, difíceis de descobrir porque se revestem de pele de ovelha. Inventaram primorosas etiquetas que ameaçam o espírito da infância, cujo espírito, por outra parte, é tão frágil e vulnerável. Fala-se de autorrealização, personalização, independência, liberdade, respeito pela autonomia etc. É necessário salvaguardar-se contra toda a apropriação, poder, suficiência, atitudes que aparentemente "salvam" e amadurecem, mas que, na realidade, escravizam e atrofiam.

Aparentemente, esse abandono nas mãos de Deus é uma atitude passiva. Mas quem começar a vivê-la saberá que nela estão contidas todas as bem-aventuranças. Eu diria que este espírito de infância é a síntese de todas as virtudes ativas. É como se houvessem conquistado todas as fortalezas da alma, e, uma vez submetidas, se abandonassem ao querer e agir do castelão, como dono único.

Os setenta e dois regressaram da sua primeira missão apostólica. Estavam felizes e contavam as suas "façanhas". Eram quase analfabetos. Entre eles não havia nenhum doutor, escriba ou *rabi*. Escutando aqueles desabafos, Jesus, sempre tão sensível, sentiu uma imensa alegria e disse: "Eu te bendigo, Pai, Senhor do céu e da terra, porque escondeste estas coisas aos sábios e entendidos e as revelaste aos pequenos. Sim, Pai, eu te bendigo, porque assim foi do teu agrado" (Mt 11,25-26).

Definitivamente, a linha da salvação passa pelo meridiano dos pobres de espírito, dos humildes e pequenos, dos que têm consciência da sua debilidade e estão convencidos da necessidade de serem salvos pelo Outro, em cujas mãos se atiram como crianças pequenas, com uma audácia imensa.

> A santidade não é esta ou aquela prática, mas consiste numa disposição do coração que nos faz humildes e pequenos nos braços de Deus, conscientes da nossa debilidade e confiados, até a audácia, na sua bondade de Pai (Santa Teresinha).

CONCLUSÃO

DUELO ENTRE O DESÂNIMO E A ESPERANÇA

FALA O DESÂNIMO

Sou um homem curvado ao peso da desilusão e da experiência da vida. Já vivi 50, 60 anos. Sou um velho lobo do mar. Nada me entusiasma, nada me entristece, tudo resvala por mim, estou curtido pela vida e imunizado.

Fui jovem. Sonhei; porque só os que ainda não viveram é que sonham.

Nesse tempo, minhas árvores floresciam de ilusões. Mas cada tarde soprava o vento e carregava algumas. Levantei-me e caí. Tornei a levantar-me e tornei a cair. No horizonte de minha vista cravei as bandeiras de combate: obediência, humildade, paciência, pureza, contemplação, amor...

Vi que os sonhos e as realidades estavam tão distantes como o Oriente do Ocidente. Disseram-me: "Você ainda pode". E eu embarquei de novo na nave dourada da ilusão. Os naufrágios se sucederam. Gritaram outra vez: "Ainda é tempo". E, mesmo curvado pelo peso de tanta derrota, galguei outra vez o pináculo da ilusão. A queda foi pior.

Hoje sou um homem decepcionado.

Eu não nasci para ser *homem de Deus*. Enganei-me no caminho. Contudo, não é possível voltar à infância feliz ou ao seio materno, para começar outra vez.

Olho para trás, e só vejo ruínas. Olho a meus pés, e tudo é desastre. Não sei se sou culpado disso ou não. Nem me interessa mais sabê-lo. Não sei se lutei com tudo o que tinha ou se pus toda a carne para assar. Tem alguma importância? Ninguém volta atrás.

Só tenho certeza de uma coisa: para mim não há esperança. O que fui até hoje e sou agora é o que vou ser até o fim. Minha sepultura vai se levantar sobre as ruínas de meu próprio castelo.

FALA A ESPERANÇA

Você tinha levantado a sua casa sobre a espuma da ilusão. Por isso ela desmoronou mil vezes, com o vaivém das ondas. A areia loura das praias foi o fundamento das suas edificações, e a ruína era inevitável.

Suas regras do jogo foram o cálculo de probabilidades e as constantes psicológicas, e os resultados estão aí. Mas tenho uma palavra final para lhe dizer neste amanhecer: ainda pode ser; a esperança ainda é possível; amanhã vai ser melhor.

Vamos começar outra vez.

Se até agora houve ruínas, de agora em diante, vai haver castelos de luz apontando com sua proa para vértices eternos. Se até agora você colheu desastres, lembre-se: estão chegando primaveras cintilantes.

Por trás da noite fechada há altas montanhas, e, por trás das montanhas noturnas, vem galopando a aurora. Só é belo acreditar na luz quando é noite.

Por trás do silêncio, respira o Pai. A solidão é habitada por sua presença, e lá em cima esperam-nos o descanso e a libertação.

Venha. Vamos começar outra vez.

Eu nasci numa tarde escura, em um morro pelado, molhada de sangue, quando todos repetiam em coro: está tudo perdido; não há o que fazer; o sonhador morreu; acabaram-se os sonhos.

Nasci do seio da morte. Por isso a morte não pode destruir-me. Sou imortal porque sou filha primogênita do Deus imortal. Mesmo que você diga mil vezes que tudo está perdido, vou responder mil vezes que ainda estamos em tempo.

Se até agora os êxitos e fracassos foram se alternando em sua vida como os dias e as noites, desde agora, cada manhã Jesus ressuscitará em você e florescerá como primavera sobre as folhas mortas do seu outono. Ele vencerá em você o egoísmo e a morte. Sim, o Irmão vai tomar a sua mão para dirigi-lo pelas colinas transformadoras da contemplação. Voltarão a tremular as suas antigas bandeiras: fortaleza, amor, paciência...

A pureza vai alçar sua cabeça nua de prata em seus laranjais, e a humildade vai florir, invisível, por baixo de todas as flores do seu jardim.

Você vai resplandecer com o fulgor dos antigos profetas no meio do povo sem conta. Quando o virem, todos dirão: "é um prodígio do nosso Deus".

Venha. Vamos começar outra vez. Os pobres vão ocupar o recanto mais privilegiado do seu jardim. Quem são esses que, como um enxame, acorrem pressurosamente para você? São todos os esquecidos do mundo, os que não têm voz, nem esperança, nem amor. Vêm beber das suas primaveras acendidas pelo Ressuscitado.

Olhe: essas estrelas azuis ou vermelhas faíscam desde a eternidade e até a eternidade. Seja como elas: não se canse de brilhar. Semeie pelos campos secos e cumes agrestes da misericórdia a esperança e a paz. Não se canse de semear, mesmo que seus olhos nunca vejam as espigas douradas. Os pobres, um dia, hão de vê-las.

Caminhe. O Senhor Deus será luz para os seus olhos, alento para os pulmões, óleo para as feridas, meta para o seu caminho, prêmio para o seu esforço. Venha. Vamos começar outra vez.

SUMÁRIO

APRESENTAÇÃO 9

CONTEXTO 11

Capítulo I – REFLEXÕES SOBRE CERTAS "CONSTANTES"
DA ORAÇÃO 19
    Quanto mais se ora, mais se quer orar 19
    Quanto menos se reza, menos vontade de rezar 24
    Quanto mais se reza, Deus é "mais" Deus em nós 27
    Quanto menos se reza, Deus é "menos" Deus em nós....... 30

Capítulo II – COMO SE VISSE O INVISÍVEL 39
    1. O drama da fé 40
        A prova do deserto (Ex 17,7) 41
        Novas provações em novos desertos 44
    2. Desconcerto e entrega 49
        A história de uma fidelidade 51
        A prova do fogo 54
        A esperança contra toda a esperança 57
        Tédio e agonia 59
        Para além da dúvida 60
    3. O silêncio de Deus 65
        Onde te escondeste 65
        A última vitória 70
        Três alegorias 74
        Um sinal 82
        Os derrotados pelo silêncio 84
        Os desconcertados pelo silêncio 86
        Os confirmados 88
        Fortaleza no silêncio 89
    4. Para a certeza 92
        A noite escura 94
        Qual é teu nome 99

Analogias, vestígios e símbolos 102
O grande salto no vazio 105
Noite transfigurada ou certeza 109
Como eu sei bem 113

Capítulo III – ITINERÁRIO PARA O ENCONTRO 117
Sentido deste capítulo 118
Orar não é fácil 119
Orar é uma arte 120
Em rápido olhar 121
A paciência 123
A perseverança 130
1. Para o abandono na paz 135
Gênese das frustrações 137
Os "inimigos" da pessoa 138
Experiência do amor oblativo 139
O espírito de fé 142
Abandono 143
Os impossíveis 146
Janelas de saída 149
Que é que nós sabemos? 151
Diante do futuro 154
Caminho de alta velocidade 157
2. Exercícios práticos de abandono 161
Aceitação dos próprios pais 161
Aceitação da figura física 163
Aceitação da doença, da velhice e da morte 164
Aceitação da própria personalidade 168
Aceitação dos irmãos 172
Aceitação da própria história 176
Radiografia do abandono 179
Oração de abandono 183
3. Silêncio interior 184
Dispersão e distração 185
Exercícios para se acalmar 190
Tempos fortes 202
"Deserto" 206
4. Posições e circunstâncias 209

Posições para orar 210
Onde orar? 214
Quando orar? 214
Espontaneidade completa? 215
Falar com Jesus ou com o Pai? 218
5. Primeiros passos 219
Oração vocal 220
Salmos 223
Leitura meditada 226
Meditação comunitária 230
Oração comunitária 232
Oração litúrgica 233
Oração carismática 234
6. Devoção e consolação 237
Devoção 237
Consolação 239
7. Disposições 242
Secura 243
Atrofia espiritual 249
Aridez 253
Uma "rainha" para as "noites" 258

Capítulo IV – ADORAR E CONTEMPLAR 263
Para o interior 265
1. O encontro 271
Além da evocação 272
Última estância 274
Entra e fecha as portas 278
Ficar com o Pai 285
Relacionamento de amizade 288
Intimidade 290
Diversidade 292
2. Exercícios práticos 294
Primeiro exercício: saída e projeção 294
Exercícios transformadores 300
Exercício visual 303
Exercício auditivo 303
Exercícios de imaginação 304

3. Encontro profundo 307
 Transfiguração 311
 Além do tempo e do espaço 315
 Gratuidade 320
 De claridade em claridade (2Cor 3,18) 322
4. Silêncio e presença 325
 Em silêncio e solidão 326
 Contemplação e combate 330
 Chama de fogo 333
 A travessia do Verbo 335
 Meditação e contemplação 336
 Adesão 337
 Notícia geral, confusa e amorosa 340
 Com total plenitude 344
 Exercício de silêncio e presença 345

Capítulo V – ORAÇÃO E VIDA 349
1. Libertação 353
 Salvar-se desde as raízes 354
 Dar a Deus um lugar 356
 Livres para amar 360
 Pobres para serem maduros 362
 Aristocratas do espírito 364
 Circuito vital 365
 Retificação 370
 Caminho do amor 372
 Subida para o cume 373
 Mortificar-se, para quê? 376
 Almas vítimas: substituição ou solidariedade? 382
 Em lugar de 386
 O Corpo da Igreja 389
 O combate noturno de Jacó 391
 Ser e viver com Jesus 393
 Misericordioso e sensível 394
 Manso e paciente 395
 Predileção pelos pobres 396
 Compreensivo e atento 397

Sincero e veraz 398
Amar como Jesus amou 399
Humilde e suave 400

Capítulo VI – JESUS EM ORAÇÃO 403
1. Jesus: abandono nas mãos do Pai 403
Ter os mesmos sentimentos de Jesus (Fl 2,5) 403
Exercícios para olhar "dentro" de Jesus 404
Falar de dentro de Jesus 408
Perspectiva 410
Considerações prévias 411
O contexto religioso em que Jesus nasceu e cresceu ..413
Só Deus 418
A vertigem 420
2. Aparece o rosto do Pai 423
O novo nome de Deus 424
O que aconteceu na alma do jovem Jesus? 425
O Pai me ama 432
Livres e felizes 434
Ser amado e amar 435
O Revelador do Pai 436
Noite iluminada 442
3. Jesus se abandona 444
Uma oferenda 445
Prelúdio 452
Ninguém me tira a vida 454
A grande crise 458
Infância espiritual 469

CONCLUSÃO 477

Rua Dona Inácia Uchoa, 62
04110-020 – São Paulo – SP (Brasil)
Tel.: (11) 2125-3500
paulinas.com.br – editora@paulinas.com.br
Telemarketing e SAC: 0800-7010081